Dieter David Scholz

Wagners Antisemitismus

Dieter David Scholz

Wagners Antisemitismus

Jahrhundertgenie im Zwielicht –
Eine Korrektur

Peter Wapnewski in memoriam

Die Deutsche Nationalbibliothek verzeichnet diese Publikation
in der Deutschen Nationalbibliografie;
detaillierte bibliografische Daten sind im Internet über
http://dnb.d-nb.de abrufbar.

Das Werk ist in allen seinen Teilen urheberrechtlich geschützt.
Jede Verwertung ist ohne Zustimmung des Verlags unzulässig.
Das gilt insbesondere für Vervielfältigungen,
Übersetzungen, Mikroverfilmungen und die Einspeicherung in
und Verarbeitung durch elektronische Systeme.

Aktualisierte Neuauflage
© 2013 by WBG (Wissenschaftliche Buchgesellschaft), Darmstadt
Die Erstausgabe erschien 2000 im Parthas Verlag, Berlin.
Die Herausgabe des Werkes wurde durch
die Vereinsmitglieder der WBG ermöglicht.
Umschlaggestaltung: Finken & Bumiller, Stuttgart
Satz: SatzWeise, Föhren
Umschlagabbildung: Wagner und das Judentum,
erschienen 1879 in der Zeitschrift „Der Floh", Wien
Gedruckt auf säurefreiem und alterungsbeständigem Papier
Printed in Germany

Besuchen Sie uns im Internet: www.wbg-wissenverbindet.de

ISBN 978-3-534-25802-4

Elektronisch sind folgende Ausgaben erhältlich:
eBook (PDF): 978-3-534-73614-0
eBook (epub): 978-3-534-73615-7

Inhalt

Vorwort zur Neuausgabe 2013 7

Vorwort zur ersten Ausgabe 10

Einleitung 15

I. Der Antisemitismus Richard Wagners in Forschung und
   Wagner-Literatur. Ein Problemaufriss 23
   Allgemeines 23
   A. Biographische Probleme 36
      1. Vermeintlich jüdische Herkunft 36
      2. Jüdische Konkurrenten 39
      3. Der Quellenwert der Tagebücher Cosimas 40
   B. Konzeptionsprobleme 42
      1. Theoretisches Werk 42
      2. Dramatisches Werk 45
   C. Rezeptionsprobleme 48
   Schlussfolgerungen 52

II. Abstammungsfragen 56
    A. Richard Wagners Herkunft 56
       1. Geburt auf dem Brühl, dem vermeintlichen
          Judenviertel Leipzigs 56
       2. Schulmeister, Organisten, Kantoren:
          Die Herkunft der Eltern 58
       3. „Wahlverwandtschaften" oder
          Die Vaterschaftsfrage: Ludwig Geyer 59
    B. Die Großmutterfrage: Cosima Wagners Abstammung ... 61

Inhalt

III. Die Tagebücher Cosimas 64
    Grundsätzliches 64
    A. Cosimas Antijudaismus und Wagner-Idolisierung 67
    B. Wagners Antisemitismus: Ein Lernprozess in fünf Stufen . . 77

IV. Wagners musikdramatisches Œuvre 88
    Grundsätzliches 88
    A. Wie antisemitisch kann Musik sein? 89
    B. „Der Fliegende Holländer" 94
    C. „Der Ring des Nibelungen" 96
    D. „Die Meistersinger von Nürnberg" 100
    E. „Parsifal" 105
    F. Exkurs über Wagners Religiosität 114

V. Wagners theoretische Schriften im antisemitischen Umfeld 120
    A. Abriss der Geschichte des modernen Antisemitismus in Deutschland 120
    B. „Das Judentum in der Musik" und sein Stellenwert im Entstehungsprozess der antisemitischen Bewegung 130
    C. Wagners Beiträge in den „Bayreuther Blättern". Die große Rücknahme und Absage an die antisemitische Bewegung . 143

VI. Von Wagner zu Hitler: Die Wirkungsgeschichte von Wagners Antisemitismus 154
    Wagnerismus im „Bayreuther Kreis" und nationalsozialistische Wagner-Vereinnahmung 154

Anmerkungen 169

Abkürzungen 201

Literaturverzeichnis 202

Register 218

Vorwort zur Neuausgabe 2013

Noch immer ist Richard Wagner ein Stein des Anstoßes. Bis heute scheiden sich an ihm die Geister. Vorurteile, Unkenntnis und Missverständnisse bestimmen nahezu jede Wagner-Debatte. Das hat vor allem zu tun mit dem zwar nur 12-jährigen, aber folgenreichen düsteren Kapitel deutscher Geschichte, das 1933 begann und 1945 endete. Daher kommt, wer sich heute – nach dem Holocaust – mit Wagner beschäftigt, nicht umhin, den nationalsozialistischen Wagner-Missbrauch mit zu bedenken, der wesentlich zu tun hat mit Wagners unleugbarem Antisemitismus, der allerdings nach wie vor kaum je sachlich betrachtet wurde. Wobei eine sachlich differenzierte Analyse und historische Einordnung dieses unappetitlichen Phänomens eben nicht bedeutet, es zu verharmlosen oder gar abzustreiten. Bis heute werden ja aus der Post-Hitler'schen Perspektive immer wieder die gleichen Vorurteile und Missverständnisse in Sachen Wagner, seines Antisemitismus und seines Missbrauchs durch die Nationalsozialisten repetiert. Dieter Borchmeyer hat völlig recht, wenn er beklagt, dass es „kaum eine Kontinuität und einen Fortschritt"[1] in der Wagner-Forschung gibt. Und man kann ihm nur beipflichten: „Selbst ernsthafte Wissenschaftler verlieren bei Wagner mehr als einmal ihren Verstand und beginnen zu schwadronieren."[2]

Schon zur Hundertjahrfeier der Bayreuther Festspiele – 1976 – hat der damalige deutsche Bundespräsident, Walter Scheel, in seiner bemerkenswerten Rede auf ein weitverbreitetes Missverständnis hingewiesen: „Ich glaube nicht an die direkte Linie Wagner–Hitler. Man hat noch mehr solche ‚historischen' Linien gezogen. Sie beruhen alle auf Geschichtsbildern, die allzu simpel sind."[3] Und er fügte hinzu: „Sicher, Wagner war ein Antisemit. Aber es ist einfach falsch, zu behaupten, Hitler habe seinen Antisemitismus von Wagner übernommen. Beide, Hitler und Wagner, sind Teil einer unheilvollen antisemitischen Unterströmung des europäischen Geistes. Aber Hitler wäre sicher auch ohne Wagner Antisemit geworden."[4]

Friedrich Nietzsche hat als Erster bemerkt, dass Wagner „unter Deutschen bloß ein Missverständnis ist."[5] Dieses Missverständnis begann schon im Bayreuth Cosima Wagners. Sie hat Wagner nach seinem Tod idealisiert, beweihräuchert, ideologisch verfälscht und ihn damit dem nationalsozialistischen Wagnermissbrauch ausgeliefert, aus dem ihre Schwiegertochter Winifred Kapital schlug. Dieser nationalsozialistische Wagnerismus hat bis heute jede sachliche Wagner-Rezeption in Deutschland verhindert. Übrigens schon 1886, drei Jahre nach Wagners Tod, stellte ein Besucher der Bayreuther Festspiele, Maurice Barrès, fest: „Gerade in Bayreuth ist man, sagen wir es deutlich, am weitesten von Wagner entfernt."[6]

Richard Wagner hat ähnlich wie Heinrich Heine, wie Giacomo Meyerbeer oder Jacques Offenbach (als Exilant, aber auch nach seiner Amnestierung) einen Großteil seines Lebens im europäischen „Ausland" verbracht. Fern der „Heimat" – ein Begriff, der Wagner mit fortschreitendem Alter immer suspekter wurde – hat er die meisten seiner utopischen, pseudo- oder quasimythischen, rebellischen, politischen, gesellschaftskritischen Werke (auch der frühen, der vollendeten wie der nach wie vor unterschätzten unvollendeten[7]) konzipiert und ausgearbeitet. Schon als junger Mann hatte Wagner davon geträumt, als Künstler „europäisch-universell" zu sein. Wie ein roter Faden zieht sich durch Wagners Vita denn auch der Traum von europaweiter Mobilität.[8] Der 22-jährige Student Wagner bekannte seinem Leipziger Studienfreund Theodor Apel: „Hinweg aus Deutschland gehöre ich!"[9] Nicht zufällig wird Wagner außerhalb Deutschlands, im europäischen „Ausland", um diesen (in Zeiten der Globalisierung, des Internet und nahezu grenzenloser Mobilität, in denen wir doch alle gleichermaßen Ausländer wie Einheimische sind) völlig unzeitgemäßen Begriff zu verwenden, wesentlich unverkrampfter und sachlicher als hierzulande betrachtet und bewertet. Der Wagner-Biograph Martin Gregor-Dellin hat bereits beim Internationalen Wagner-Kolloquium 1983 in Leipzig betont:

Vorwort zur Neuausgabe 2013

„Das gestörte Verhältnis der Deutschen zu Richard Wagner ist das gestörte Verhältnis zu ihrer Geschichte."[10] Daran hat sich bis heute nichts geändert.

Da nahezu alle Publikationen zum Thema des Wagner'schen Antisemitismus inzwischen vergriffen sind, möchte ich mit der um einige Aktualisierungen erweiterten und auf den neuesten Stand der Literatur gebrachten Wiederveröffentlichung meiner weit ausholenden und sich um Sachlichkeit bemühenden Untersuchung diese Lücke wieder schließen.

Dieter David Scholz, Berlin im Januar 2013

Vorwort zur ersten Ausgabe

Dass die Dialektik der Aufklärung Mythen stiften und Vorurteile in die Welt setzen kann, hat sich gerade im Falle Wagners erwiesen. Es versteht sich von selbst, dass nach dem Holocaust unmöglich über Wagners Antisemitismus reflektiert werden kann, ohne nicht auch immer Hitlers Wagnerismus und Antisemitismus mitzubedenken. Dennoch ist es ein Irrtum, zu glauben, es führe ein direkter Weg von Wagner zu Hitler oder gar, Wagners Antisemitismus habe den Hitler'schen vorweggenommen bzw. vorbereitet, wie die Nationalsozialisten behaupteten.

Die Geschichte der Wagner-Rezeption, die Geschichte der Wagner-Literatur ist voll von entstellenden Vereinfachungen, von ideologischen Hilfskonstruktionen, von biographischen Verrückungen, philologischen Verzerrungen, Ausblendungen von Unliebsamem und von Missverständnissen, um nicht zu sagen Vorurteilen, die sich offenbar hartnäckig jeder Korrektur, jeder sachlichen Klarstellung widersetzen, trotz inzwischen vorliegender gegenteiliger Erkenntnisse und Fakten der Wagner-Forschung. Nun wissen wir aus der Geschichte, dass alle Vernunft und Aufklärung versagt, wo Ideologien und politische Interessen, Emotionen und Leidenschaften, Identifikationsbedürfnisse und Fanatisierungsprozesse das Sagen haben. Das trifft nicht nur, aber eben auch und ganz besonders im Falle Wagners zu!

Ziel dieses Buches ist es, das vor allem durch die Optik des Nationalsozialismus nachhaltig verfälschte Wagner-Bild zu korrigieren, historische Missverständnisse zu klären und wirkungsgeschichtliche Vorurteile aus der Welt zu räumen, soweit dies kraft sachlicher Argumente möglich ist. Die entscheidenden Fragen konzentrieren sich dabei auf den unleugbaren Wagner'schen Antisemitismus in seinen musikdramatischen und theoretischen sowie privaten Äußerungen. Als oberstes Gebot habe ich das Bemühen um historisches Verständnis betrachtet, so wie es der israelische Historiker Jacob Katz in seiner, wenn auch nur einen Ausschnitt des Problemfelds behandelnden, dennoch wegweisenden Arbeit fordert: „Die Beachtung der chronologischen Reihenfolge in der Darstellung und Deutung der Ereignisse ist die erste Pflicht des Historikers, die auch in diesem Fall unter Überwindung der verständlichen Widerstände streng einzuhalten ist."[1]

Dass es einem Stich ins Wespennest gleicht, sich mit dem heiklen und beklemmenden Thema des deutschen – speziell des Wagner'schen – Antisemitismus zu befassen, zumal es gilt, sich zwischen extrem polarisierten Standpunkten zu bewegen, versteht sich von selbst. Die konträren Pressereaktionen auf die Erstausgabe dieses Buches vor sieben Jahren haben es veranschaulicht. Die Rezensentin der Berliner taz demonstrierte nur einmal mehr, wie sie genau jenen für sie anscheinend unverrückbaren Vorurteilen auf den Leim ging, deren Infragestellung das Thema meines Buches sind. Die Süddeutsche Zeitung dagegen druckte den überschwänglichsten der vielen Zusprüche, die das Buch erhielt. Die gutgemeinte Schlussforderung des Rezensenten allerdings, dass der Schlusssatz meines Buches „das letzte Wort in der Debatte" sein solle, bleibt sein frommer Wunsch und mehr als nur fraglich. Dass mich die in den vergangenen Jahren anberaumten Symposien zu Wagners Antisemitismus in Bayreuth und in Schloss Elmau schlichtweg ignorierten, zeigt nur die ideologisch aufgeladenen und verhärteten Fronten in der aktuellen Wagner-Debatte, in der ein sachlicher, unparteiischer Standpunkt – aus welchen Interessen heraus auch immer – offenbar nicht gewünscht wird.

Ich gebe mich keineswegs der Illusion hin, dass die Debatte um Richard Wagner mit dieser Arbeit abgeschlossen sein wird. Wenn es mir aber gelungen ist, deutlich zu machen, dass Wagners musikdramatisches Werk frei ist von jeglichem Antisemitismus, dass der Wagner'sche Antisemitismus (der hier nicht im Geringsten geleugnet noch zähneknirschend verharmlost oder bagatellisiert werden soll, wie Christian Niemeyer anmaßend in einem unsachlichen Aufsatz in den Nietzsche-Studien behauptete) sich grundlegend unterscheidet vom Rassenantisemitismus eines de

Lagarde, Dühring oder gar Hitler und dass die nationalsozialistische Berufung auf Wagner auf eigentlichem Unverständnis Wagners beruht und nur als Missbrauch bezeichnet werden kann, zumal sich der nationalsozialistische Antisemitismus wesentlich aus ganz anderen Quellen speist, wie zu zeigen sein wird, dann ist der Zweck meines Buches erreicht. Vielleicht gelingt es mir, wenigstens einige der postnationalsozialistischen Wagner-Vorurteile abzubauen, um so einer Versachlichung des Themas den Boden zu bereiten. Der Sisyphusarbeit solchen Vorhabens bin ich mir selbstverständlich bewusst.

Walter Levin, der sowohl in jüdischer Tradition als auch in früher Kenntnis der Wagner'schen Werke aufgewachsene Gründer des LaSalle-Quartetts, mit dem ich noch unlängst sehr anregende Gespräche über das Thema dieses Buches führte, hat das Problem auf den Punkt gebracht: „Im Amerikanischen sagt man: ‚Don't bother me with the facts, my mind is made up!' Die Fakten interessieren bei einem Vorurteil überhaupt nicht. Das Vorurteil dient einem ganz anderen ideologischen Zweck und es braucht die Konstruktion dessen, was mit Ruhe besehen zwar falsch ist, aber es nützt dem Zweck, den man verfolgt. Und so werden diese ideologisch begründeten Vorurteile immerfort tradiert und werden unbesehen auch immer weiter übernommen vom Einen zum Andern. Die meisten Wagnerbücher, die geschrieben werden, sind ja eigentlich Abschriften zusammengesuchten Zeugs aus anderen Büchern."

Dieses Buch ist das Ergebnis langjähriger wissenschaftlicher Beschäftigung mit der Person und dem Werk Richard Wagners, aber auch zahlreicher Gespräche und Auseinandersetzungen über Wagners Antisemitismus und seine Folgen.

Die Erstfassung des Buches basierte auf meiner Berliner Dissertationsschrift an der Technischen Universität Berlin 1992 und erschien ein Jahr später als selbständige Veröffentlichung, die schnell vergriffen war. Das Thema dieser Neuausgabe des Buches hat allerdings, wie die nach wie vor polarisierte, in verhärteten Fronten verharrende Wagner-Debatte zeigt, nichts an Aktualität eingebüßt. Im Gegenteil: Meine Grundthese, dass im Falle

Vorwort zur ersten Ausgabe

Wagners vor allem Missverständnisse und Vorurteile repetiert, anstatt mit zunehmendem Erkenntnisgewinn der Wagner-Forschung abgebaut werden, hat sich auch in den zurückliegenden sieben Jahren nur bestätigt. Selbstverständlich habe ich das Buch gründlich überarbeitet, aktualisiert und auf den neuesten Stand der Forschung und Literatur gebracht.

Dank noch einmal an alle streitbaren Gesprächs- und brieflichen Konversationspartner, darunter besonders herzlichen Dank an Prof. Dr. Dénes Zoltai (Budapest), Walter Levin (USA), Prof. Dr. Jacob Katz (Israel) und an zwei getreue Freunde für anregende Debatten und vielfältige Unterstützung: Kamillus Dreimüller, dem ich auch wertvolle Literaturhinweise verdanke, sowie Prof. Dr. Ingo Kowarik, ohne dessen Ermunterung diese Arbeit wohl kaum zustande gekommen wäre.

Zu danken habe ich nach wie vor dem ehemaligen Leiter der Richard-Wagner-Gedenkstätte Bayreuth, Herrn Dr. Manfred Eger und dem Bibliothekar des Archivs, Herrn Günter Fischer. Er hat mir in ungewöhnlicher Hilfsbereitschaft alles verfügbare Material des Bayreuther Wagner-Archivs zugänglich gemacht. Nicht zuletzt danke ich Prof. Dr. Peter Wapnewski und Prof. Dr. Norbert Miller.

Dieter David Scholz, Berlin im Februar 2000

Wagner und das Judentum.
Karikatur veröffentlicht 1879 in der satirischen Zeitschrift
„Der Floh", Wien.

Einleitung

> „R. drückte sein Erstaunen gestern darüber aus, dass, trotzdem er so bemüht sei, die Leute immer mehr die Sachen über ihn läsen als seine eigenen; selbst von der Judenbroschüre gelte dies."
>
> (Cosima Wagner, Tagebuchnotiz vom 29.3.1878)

> *„Wenn es heute gelingt, dem Menschen Richard Wagner und seinem Werk mit Unbefangenheit gegenüberzutreten, so wird damit nicht Entsühnung oder gar Erlösung praktiziert, was undenkbar wäre, sondern historische Gerechtigkeit geübt."*
>
> (Hans Mayer)

Richard Wagner ist noch immer ein Politikum. Obwohl die Auseinandersetzung mit ihm und seinem Werk schon mehr als hundert Jahre andauert, ist sie in Vielem so emotional und kontrovers wie eh und je. Nur über wenige Gestalten der Weltgeschichte ist so viel geschrieben worden wie über Richard Wagner. Er gehört neben Friedrich Nietzsche mit „Karl Marx, Sigmund Freud und Martin Heidegger zu denjenigen Autoren des deutschsprachigen Raumes, die die europäische Geistesgeschichte bis heute am nachhaltigsten beeinflusst haben"[1] (Ulrich Müller). Was Wunder: Richard Wagner war ohne Frage der schreib-, mitteilungs- und selbsterklärungsfreudigste, essayistisch wie kunsttheoretisch produktivste, schließlich der dezidiert politischste Komponist des neunzehnten Jahrhunderts.

Sein Œuvre ist unter allen nur erdenklichen Aspekten analysiert worden: Musikwissenschaftler, Historiker, Germanisten, Philosophiehistoriker, Altphilologen und Komparatisten haben sich mit der wissenschaftlichen Erhellung des künstlerischen und theoretischen Werks, seiner Entstehung, seiner literarhis-

Einleitung

torischen, musikhistorischen und soziologischen Bedingtheit, mit der Biographie Wagners und – bisher nur in recht einseitigen Ansätzen – mit der Wirkung Wagners befasst.

Unmengen nichtwissenschaftlicher, meist biographischer, aber auch journalistischer Publikationen haben dazu beigetragen, dass die Wagner-Literatur ins Gigantische anwuchs. Trotzdem kann man Lore Lucas nur beipflichten, wenn sie schreibt: „Widersprüchlich, grenzenlos subjektiv und unkritisch spiegelt sich das Phänomen Richard Wagner ... im Urteil seiner Zeitgenossen und der folgenden Generation. Es fehlt in wissenschaftlicher Hinsicht ein objektiver Standpunkt zum Werk und Ideengut Richard Wagners – den auch unsere Zeit noch nicht gefunden hat."[2] Wie kein anderer Künstler des neunzehnten Jahrhunderts hat Richard Wagner unter seinen Verteidigern und Verächtern kontroverse und emotionsgeladene Debatten hervorgerufen – im Grunde bis heute. Wissenschaft und öffentliche Meinung sind noch immer von divergierenden Urteilen über Wagners Stellung in der deutschen Kulturgeschichte, speziell aber in der Geschichte der Entstehung des modernen deutschen Antisemitismus geprägt. Gegenstand der kontroversen Auseinandersetzungen in der Forschung, die zuweilen wissenschaftliche Disziplin und das Bemühen um historische Objektivität vermissen lassen, sind primär nicht Musik und Drama Richard Wagners, sondern Intention, Weltanschauung und politische Haltung Richard Wagners. Dies betrifft vor allem Wagners unbestreitbaren Antisemitismus[3], dem die Forschung allerdings bis heute nicht die nötige Aufmerksamkeit und Gründlichkeit umfassender Untersuchungen gewidmet hat. Entweder wurde das Thema – vor allem nach 1945 – aus Pietät Wagner gegenüber bagatellisiert, wenn nicht gar als Tabu behandelt, oder aber es wurde derart polemisch hochgespielt, dass Wagner zum Ahnherrn Hitlers und seines Antisemitismus erklärt werden konnte.

Erst in den letzten vierzig Jahren ist der Antisemitismus als Thema wissenschaftlicher Erörterungen – vornehmlich essayistischer Arbeiten – in den Vordergrund der Wagner-Diskussion getreten. Das 100-jährige Bestehen der Bayreuther Festspiele

Einleitung

1976 und das Bühnenweihfestspiel „Parsifal", 1982, hundert Jahre nach seiner Uraufführung, waren Anlass erneuter, heftiger Wagner-Debatten und zahlreicher Veröffentlichungen, vor allem zum Antisemitismus Richard Wagners.

Der Münchner Germanist Hartmut Zelinsky im Besonderen ist durch Publikationen hervorgetreten, die Wagners Vorläuferschaft zu Adolf Hitler beweisen sollten, was die Antisemitismus-Debatte zunächst mächtig auflodern ließ. Im Gefolge seiner Bemühungen, diesen Standpunkt durch mehrfache Veröffentlichungen zu erhärten, setzte entschiedener Widerspruch ein, der schon aufgrund berechtigter methodischer Kritik zu essentiellen Relativierungen, wenn nicht Zurücknahmen der Thesen Zelinskys hätte führen sollen. Stattdessen schien das hartnäckige Auftreten Zelinskys nur mehr Rückendeckung zu bieten für weitere Veröffentlichungen, die vornehmlich darauf hinzielten, Wagner „in jener ideologiekritischen Beleuchtung von links" sichtbar werden zu lassen, der es „um den Aufweis einer verhängnisvollen Kontinuität von Luther über Friedrich den Zweiten, Hegel, Bismarck und Wagner bis Adolf Hitler geht"[4] (Jürgen Söring). Der jüngste und gegenwärtig wohl radikalste Exponent solcher historisch vereinfachender, negativer Wagner-Exegese ist Paul Lawrence Rose[5], der in geradezu staunenerregender historischer Unbekümmertheit und Ignoranz neuerer Veröffentlichungen und Forschungserkenntnisse Wagners Revolutionsverständnis per se antisemitisch nennt und dessen pauschale Wagner-Verdammung in der Behauptung gipfelt: „Wagners Antisemitismus ist nichts Nebensächliches ... Durch praktisch alle Opern Wagners zieht sich wie ein roter Faden der Hass auf das Jüdische."[6] Der Politikwissenschaftler Udo Bermbach hat in seiner Rezension des (im englischen Original bereits 1992 in London erschienenen) Buches in der Frankfurter Allgemeinen Zeitung vom 10.1.2000 das Nötige hierzu gesagt: „Die sachlich verdienstvolle, wenngleich nicht neue Erinnerung an die antijüdischen Beimischungen im deutschen demokratischen Denken – Beimischungen, die es natürlich auch in anderen europäischen Ländern gab, teilweise, wie etwa bei der französischen Linken, sogar mit sehr viel massiveren Invektiven – führt sich in ihrem obsessiven Bezug auf Wagner am Ende selbst ad absurdum. Denn selbst bei diesem, der gewiss kein genuiner politischer Denker war, ist das Revolutionsverständnis um vieles komplexer, als Rose es darstellt. Wagners antikapitalistische und antimoderne Vorbehalte, die Forderung seiner ‚negativen Ästhetik' nach radikaler Gesellschafts- und Bewusstseinsveränderung auch für die Deutschen lassen sich nicht auf Antisemitismus reduzieren."

Nach wie vor herrschen zum Wagner'schen Antisemitismus divergierende Meinungen: Auch hier stehen sich Wagnerianer und Anti-Wagnerianer gegenüber, einander entweder Verharmlosung oder aber Dramatisierung des Themas vorwerfend. Obwohl es doch sollte, scheint es in Sachen Wagner und seines Antisemitismus nicht selbstverständlich zu sein, was der Historiker Peter Gay in seiner bemerkenswerten Studie über Deutsche und Juden anmerkt: „zu historischem Verständnis aufzurufen und Einsicht walten zu lassen, bedeutet nicht zugleich, abzustreiten und zu verniedlichen, was geschah."[7]

Das spezifisch Parteiische und Emotionale der Wagner-Debatte hängt wohl mit immer noch existierenden Schwierigkeiten der Aufarbeitung und Bewältigung des vergangenen Kapitels deutscher Geschichte zusammen. Immerhin wurde Wagner im Dritten Reich zu einem der Ahnherren der herrschenden antisemitischen Ideologie erklärt.

Bei aller Betroffenheit darüber, dass Millionen von Menschen unter der Herrschaft der Nationalsozialisten einem verbrecherischen Antisemitismus zum Opfer fielen, einem Antisemitismus, der sich durch die Berufung auch auf Richard Wagner legitimierte: Von Wagners Antisemitismus eine direkte Linie zum Antisemitismus der Nationalsozialisten ziehen zu wollen, ist, will man historische Gerechtigkeit walten lassen, ebenso unzulässig, wie es wäre, wollte man etwa Nietzsches Philosophie zur Grundlage nationalsozialistischer Rassenlehren erklären, Goethes Faust zum Urbild nationalsozialistischen Sendungsbewusstseins und Expansionsdranges abstempeln, Liszts sinfonische Dichtung „Les Préludes" als nazistische Sieges-Musik,

Bruckner als „Sinnbild der geistigen und seelischen Schicksalsgemeinschaft des gesamten deutschen Volkes", Beethovens 5. Symphonie als musikalische Darstellung des „Lebenswegs des Führers" (wie der nationalsozialistische Musikwissenschaftler Arnold Schering ausführte), die Opern Mozarts als „völkisch", die Werke von Bach, Buxtehude und Schütz als „nordisch"[8] auffassen, nur weil Nationalsozialisten Nietzsche, Goethe und Liszt, Bruckner, Beethoven, Mozart, Bach, Buxtehude und Schütz ihrer Kulturideologie und ihrem Kult gewaltsam einverleibten.

So unabsehbar folgenreich die Wirkung Wagners im 20. Jahrhundert sein sollte: Den Antisemitismus Wagners vom Betroffensein der Nachwelt aus zu betrachten und zu beurteilen hieße, die Kausalität der Geschichte, wenn es denn eine gibt, auf den Kopf stellen, es hieße aber auch, das Spezifische des Wagner'schen Antisemitismus zu ignorieren, seine Brüchigkeit, Widersprüchlichkeit und seine politische Intention, die frühsozialistischem Gedankengut verpflichtet ist und letztlich auf Assimilation abzielt und im krassen Gegensatz zum aufkommenden Rassenantisemitismus steht.

Auch für die Untersuchung des Wagner'schen Antisemitismus hat die Einsicht Theodor W. Adornos Gültigkeit, dass jegliche Dimension Wagners Ambivalenzen zum Wesen habe: „Ihn erkennen heißt, die Ambivalenzen bestimmen und entziffern, nicht, dort Eindeutigkeit herstellen, wo die Sache zunächst sie verweigert."[9]

Insofern darf Joachim Köhlers Buch „Wagners Hitler"[10] geradezu als exemplarischer Fall von wirkungsgeschichtlicher Simplifizierung und Geschichtsverdrehung gelten, weil es den historischen Zusammenhang auf den Kopf stellt. Der Titel „Hitlers Wagner" wäre der geschichtlichen Chronologie der Beziehung zwischen Wagner und Hitler weit angemessener. Immerhin handelt es sich um einen Prozess der Usurpierung: Ein Vorgeborener wird in die Ideologie eines größenwahnsinnigen Nachgeborenen einverleibt. Was nur funktionierte, indem Hitler und die Seinen wesentliche Aspekte Wagners ausblendeten, ja ignorierten. Aber auch Gottfried Wagners autobiographische Aufzeichnungen[11] – die nicht frei sind von persönlicher Ranküne eines Zukurzgekommenen – schlagen in diese Kerbe und disqualifizieren sich schon durch historische Ungenauigkeit und allzu private, schamlose familiengeschichtliche Polemik.

Es gilt in jedem Falle, sich vor falschen historischen Rückschlüssen zu hüten, wie der britische Historiker Peter Gay ausführt: „Für den Historiker des modernen Deutschland ist die Suche nach schädlichen, unheilvollen oder gar tödlichen Ursachen problematischer und riskanter geworden, als es sonst unvermeidlich ist – sie wird ihm zu einer Zwangsvorstellung, so dass er die ganze Vergangenheit nur noch als ein Vorspiel zu Hitler sieht und jeden angeblich deutschen Charakterzug als einen Baustein zu jenem schrecklichen Gebäude, dem Dritten Reich."[12]

Der methodischen Prämisse des israelischen Historikers Jacob Katz fühle ich mich verpflichtet: „Der Historiker, der seiner wissenschaftlichen Überzeugung gehorchend die Vergangenheit aus ihren Gegebenheiten verstehen, darstellen und beurteilen möchte, muss sich vor der Gefahr hüten, sich von Tendenzen der Gegenwart bestimmen zu lassen."[13]

Es soll also im Folgenden der Antisemitismus Richard Wagners in seiner vielfachen Bedingtheit, seinen widersprüchlich-brüchigen Manifestationen untersucht werden, und zwar entstehungsgeschichtlich als auch wirkungsgeschichtlich vor dem Hintergrund des aufkommenden modernen deutschen Antisemitismus im 19. Jahrhundert, aber auch vor dem des revolutionären sozialistischen antisemitischen Gedankengutes, das Wagners Denken prägt. Dabei bin ich mir der Tatsache bewusst, dass noch immer jede Auseinandersetzung mit dem deutschen Antisemitismus, auch des 19. Jahrhunderts, aber auch jede Auseinandersetzung mit Richard Wagner, eine heikle Angelegenheit ist angesichts dessen, was Peter Gay zu Recht das „deutsche Trauma"[14] nennt. Und wer in der extrem polarisierten Diskussion um Wagners Antisemitismus differenziert, wird leicht zum Wagner-Apologeten abgestempelt oder aber zumindest von der einen wie der anderen Seite als unbequem empfunden und ausgegrenzt, weil er das vorherrschende ideologische Argumentationsschema stört.[15]

Um die Genese und um die Modifikationen des keineswegs systematischen Antisemitismus Richard Wagners, seine Bedeutung für das dramatisch-musikalische Werk und seine Bedeutung für die Geschichte des modernen deutschen Antisemitismus zu ermitteln, genügt es nicht, sich dem Phänomen von musikwissenschaftlicher, historischer oder bloß biographischer Warte aus zuzuwenden. Des Philologen Recht auf Wagner, auf das nicht zuletzt Peter Wapnewski[16] pochte: Hier wird es zur Pflicht, denn es ist schon philologische Disziplin notwendig, einmal das gesamte Werk Wagners daraufhin zu untersuchen, inwieweit sich in ihm antisemitisches Gedankengut manifestiert. Vor allem sind die Texte des theoretischen (programmatischen, essayistischen, journalistischen) Werks, aber eben auch die Dramentexte – und wo möglich auch die Musik – eingehender entstehungs- und ideengeschichtlicher Analysen zu unterziehen. Die Frage, ob in den Musikdramen antisemitische Intentionen enthalten sind, eine meist mit Nachlässigkeit behandelte Frage, ist insofern von Bedeutung, als Richard Wagner in erster Linie dichtender Komponist war, dessen Wirkung vor allem von seinem Theater, seiner Musik und seiner Dramaturgie ausging. Natürlich wird auch die Biographie Wagners zu berücksichtigen sein, werden seine autobiographischen Schriften, seine Korrespondenz und andere private Dokumente seines Denkens heranzuziehen sein.

Von ganz zentraler Bedeutung für die Ermittlung der weltanschaulichen, politischen und künstlerischen Intentionen Wagners, aber auch für die Ermittlung der bisher meist unterschätzten Rolle seiner Frau im Prozess des entstehenden, so folgenreichen „Wagnerismus" sind die Tagebücher der Cosima Wagner. Sie sind bis heute nicht umfassend unter dem Aspekt des Wagner'schen Antisemitismus ausgewertet worden. Genau dies macht sich vorliegende Arbeit zum Ziel: die Analyse und Auswertung der Cosima-Tagebücher als einer der wichtigsten Quellen der Wagner-Forschung. Die Enthüllungen der Tagebücher Cosimas machen in mancherlei Hinsicht Revisionen bisher als gültig erachteter Erkenntnisse und Urteile notwendig. Sie sind nicht zuletzt Schlüssel auch zum Verständnis der Wirkung, d. h. der bewussten ideologischen Auslegung und Beanspruchung des Wagner'schen Werks nach seinem Tod durch Cosima und den „Bayreuther Kreis". Es wird schließlich zu zeigen sein, dass die Weichen für eine Inanspruchnahme des Wagner'schen Werks durch die Nationalsozialisten gestellt wurden durch Cosimas borniertem und starren Antisemitismus, der sich erheblich unterscheidet von dem ihres Gatten.

Nach der „Pionierarbeit" Cosimas, ihrer Mythen- und Legendenbildung, der ideologischen Zementierung eines antisemitischvölkischen Wagnertums und der Weihung Bayreuths zum Gralstempel einer in ihrem Sinne verstandenen Wagner-Gemeinde durch Cosimas Bayreuther Kreis hatte ihre Schwiegertochter Winifred leichtes Spiel, die Freundschaft Adolf Hitlers und seine Begeisterung für das Werk Wagners zu gewinnen, woraus dann jener deutschtümelnde, falsche, aber folgenreiche Wagner-Kult der Nationalsozialisten hervorging, der die Grundlage aller nach 1945 kursierenden Vorurteile und Missverständnisse in Sachen Wagner bildet.

I. Der Antisemitismus Richard Wagners in Forschung und Wagner-Literatur. Ein Problemaufriss

Allgemeines

Wer sich auf die Auseinandersetzung mit Wagners Antisemitismus in Forschung und Literatur einlässt, sieht sich einer Reihe ungewöhnlicher Schwierigkeiten gegenübergestellt. Man muss sich grundsätzlich darüber im Klaren sein, worauf unlängst auch John Deathridge[1] hingewiesen hat: dass es heute fast unmöglich ist, einen vollständigen Abriss auch nur eines speziellen Aspekts der Wagner-Forschung zu erstellen.

Dies hat mehrere Gründe: Schon rein quantitativ ist die Literatur über Wagner nahezu unerschöpflich und wächst weiterhin an[2], woraus der Zwang zur qualitativen Auswahl und quantitativen Beschränkung der Publikationen hinsichtlich ihres forschungsgeschichtlich und problemgeschichtlich repräsentativen Werts erwächst.

Die Wagner-Literatur weist eminente Widersprüche auf, die zusammenfassende Aussagen verhindern: Für die einen ist Wagner exponierter Wegbereiter des modernen, ja des Hitler'schen Antisemitismus, für die anderen bloß ein ungefährlicher Mitläufer antisemitischer Zeitströmungen. Die Forschung hat sich bis heute noch nicht auf einen allgemein geltenden Konsens einigen können.

Eine wirklich sachlich-neutrale Auseinandersetzung mit dem Thema ist wegen emotionaler Befangenheit und differierender ideologischer Standpunkte und Interessen vieler Autoren noch immer mehr Wunsch als Wirklichkeit.

Problematisch ist auch die Tatsache, dass sich die Wagner-Forschung keineswegs auf Publikationen innerhalb einer einzigen wissenschaftlichen Disziplin beschränkt. Literaturwissenschaftler, Musikwissenschaftler, Politologen, Soziologen, Psychologen, Theaterwissenschaftler und Historiker haben sich des Themas angenommen. (Ganz zu schweigen von den unzähligen Autoren einer bloß biographisch-belletristischen oder journalistisch-polemischen Wagner-Literatur.)[3]

Es kann für den Großteil heutiger Wagner-Literatur, einschließlich der wissenschaftlichen, immer noch als gültig betrachtet werden, was Moshe Zimmermann vornehmlich für die belletristische Literatur des 19. Jahrhunderts formulierte: „Für den Antisemitismus als Vorurteil war die Literatur stets ein Bezugsobjekt – ein Feld, wo Freund und Feind sich gegenseitig bekämpften und einander ihre Existenzberechtigung streitig machten!"[4]

Die Auseinandersetzung mit Richard Wagner, die „Wagnerfrage"[5], war immer auch eine Auseinandersetzung mit der „Judenfrage", selbst wenn sie nicht explizit gestellt wurde – jedenfalls seit der Erstveröffentlichung seiner berüchtigten Schrift über „Das Judentum in der Musik" (1850)[6], die Wagner in aller Öffentlichkeit unmissverständlich als Antisemiten auswies und mit der er sich buchstäblich ins Buch der Geschichte des deutschen Antisemitismus hineinschrieb.

„Wagnerianer" und „Antiwagnerianer", die es, als Wagner-Verteidiger und Wagner-Verächter, noch immer gibt, so anachronistisch es anmutet, liefern sich in der Debatte um Wagners Judenhass seit mehr als hundert Jahren eine Auseinandersetzung, in der es nicht immer in erster Linie um historische Gerechtigkeit und sachliche Erkenntnis zu gehen scheint.

Verwunderlich ist das nicht angesichts der unter den Deutschen (spätestens) seit der deutschen Reichsgründung 1871 stets aktuellen „Judenfrage", denn der Name Wagner weckt noch immer negative historische Assoziationen und Ressentiments angesichts des Hitler'schen Wagnerismus; Vorbehalte, deren Ergebnisse sich schließlich in einer Reihe historisch fragwürdiger Schlussfolgerungen dokumentieren, die bis heute in der Wagner-Literatur, auch der wissenschaftlichen, existieren.

Den Ausgangspunkt der Auseinandersetzung mit Wagners

Antisemitismus bildete ohne Zweifel die schon genannte Veröffentlichung seiner Schrift „Das Judentum in der Musik" im Jahre 1850. Mit diesem Werk griff Wagner vehement in die öffentliche Diskussion der „Judenfrage" ein, eine Frage, die (mehr noch zum Zeitpunkt der zweiten Veröffentlichung seiner Judenschrift im Jahre 1869) die Gemüter der Zeitgenossen sehr bewegte. In der zweiten Hälfte des 19. Jahrhunderts, im Umfeld des Zeitpunktes der „formellen Emanzipation der meisten deutschen Juden"[7], die ja durch Reichsgesetz von 1871 fürs Erste vollzogen war, in den Anfangsjahren des neugegründeten Deutschen Reiches also, flammte ein qualitativ neuer, vor allem aber die Massen bewegender Antisemitismus auf.

Der Historiker Theodor Mommsen verurteilte ihn (1893) in vernunftgläubigem Optimismus als eine „schimpfliche Krankheit der Zeit"[8], die bald vorübergehen werde. Mommsen irrte, wie die deutsche Geschichte gezeigt hat. Der Antisemitismus der Gründerzeit war der Geburtsakt des modernen militanten (Rassen-)Antisemitismus, der in Hitlers Holocaust gipfelte.

Die Reaktionen der Zeitgenossen auf Wagners Judenartikel reichten von Äußerungen der Enttäuschung, entsetzten Aufschreien und polemischen Attacken bis hin zu betulichen Verharmlosungs- bzw. Verteidigungsschriften[9].

Zum Zeitpunkt der ersten Publikation der Judenschrift, mehr noch zum Zeitpunkt der zweiten, gab es bereits so etwas wie eine, wenn auch quantitativ noch relativ bescheidene Wagner-Literatur, die sich allerdings vornehmlich mit der Musik und den Dramen Wagners befasste.

Seit Wagners Veröffentlichung des Judenpamphlets aber setzte eine Flut von literarischen Auseinandersetzungen mit Wagner und dem Phänomen seines Antisemitismus ein. Alle Wagner-Literatur hatte sich von nun an auch mit Wagners Judenhass auseinanderzusetzen. Und damit begann die erste von vier Phasen der literarischen Auseinandersetzung mit Wagners Antisemitismus, die im Folgenden charakterisiert werden sollen.

Kennzeichnend für diese erste Phase war, dass in dem Maße, in dem die, wenn auch scheinbar in fortschreitender Assimilierung sich lösende Judenfrage immer noch kontrovers diskutiert wurde, auch die Auseinandersetzung mit Wagner widersprüchlich blieb hinsichtlich einer Bewertung seines Antisemitismus. Wagnerianer und Antiwagnerianer standen sich gegenüber, aber auch Antisemiten und Philosemiten.

Die Reaktion auf den (sehr schnell seines Pseudonyms entkleideten) Autor der antisemitischen Schrift war ungeheuerlich: Es entbrannte für Jahre, ja Jahrzehnte ein regelrechter Wagner-Streit, in dem sich Anwälte wie Ankläger Wagners eine Schlacht vor allem (wenn auch nicht nur) um Wagners Antisemitismus lieferten. Dieser stand nunmehr für Jahre beinahe im Mittelpunkt einer jeden Auseinandersetzung mit Wagner und seinem Werk. Wo der Name Wagner fiel, und das ist bezeichnend für die Wagner-Debatte nicht nur jener Zeit, wurde oft nicht mehr differenziert und nicht mehr unterschieden zwischen Person, Werk und Wirkung.

Auf die zweite Veröffentlichung der inzwischen als „Juden-Broschüre"[10] bezeichneten Schrift im Jahre 1869 sollen in kurzer Zeit bereits mehr als 170 Gegenschriften[11] veröffentlicht worden sein. Spätestens von diesem Zeitpunkt an, so sollte man meinen, hätte es eigentlich keine biographisch verfahrende Literatur mehr über Wagner geben können, die nicht auch immer Wagners Antisemitismus zu reflektieren gehabt hätte.

Gleichwohl gab es schon damals (und gibt es noch heute) Wagner-Literatur, die, wie Julian Schmidt (1869), Wagners Judenhass als „nur eine von den verschiedenen Marotten Wagners"[12] bagatellisierte, wenn nicht völlig ignorierte. Bei Durchsicht der immensen Wagner-Literatur[13] entsteht der Eindruck, dass es sogar die überwiegende Mehrzahl aller Publikationen über Richard Wagner ist, die das Riff seines Antisemitismus zu umschiffen sich bemüht.

Im Folgenden sollen zwei repräsentative Beispiele aus der Wagner-Literatur zitiert werden, die typische Strategien der Verharmlosung des Wagner'schen Antisemitismus dokumentieren.

Einer der ersten Autoren, die sich wissenschaftlich mit Wagner auseinandersetzten, war der jüdische Musikhistoriker Guido Adler. Seine Verharmlosungsstrategie kann als durchaus typisch gelten: In seinen 1903/1904 gehaltenen Wagner-Vorlesungen, die, der Autor verschweigt es nicht, „von Ehrfurcht erfüllt"[14] waren, wird Wagners Judenhass, der sich zu Adlers Zeit nicht totschweigen ließ, zumindest großzügig entschuldigt mit dem Hinweis darauf, dass er, Wagner, ja nicht als Theoretiker, sondern als Künstler schreibe. Folglich habe man Wagners Äußerungen über das Judentum nicht gar so ernst zu nehmen: „Wagner bezeichnet die große Opposition glattweg als ‚Judenschaft in der Musik'. ... Er jagt da nach einem Phantom, welches der Gegenstand vieler Treibjagden gewesen ist. Etwas mehr Maß hätte man auch von dem erregten Künstler erwarten dürfen."[15]

Die offensichtlich auch für Adler unübersehbaren „Widersprüche und auch die einzelnen Unsinnigkeiten seiner Axiome"[16] bemüht sich der Autor mit einem methodisch fragwürdigen Ausweichmanöver zu überspielen, das interpretatorischer Willkür Tür und Tor öffnet. Hinsichtlich des Judenaufsatzes von 1850 heißt es: „Seine theoretischen Abhandlungen für sich sind ein Irrgarten, in welchem sich nur derjenige zurechtfinden kann, welcher Wagners Kunstwerke kennt, genau kennt."[17] Adler entschuldigt und rechtfertigt also Wagners Theorie, indem er sie ausschließlich aus der künstlerischen Praxis verstanden wissen möchte.

Etwa siebzig Jahre nach Adler wird sich Hartmut Zelinsky – wenn auch mit entgegengesetztem Vorzeichen – der gleichen Methode bedienen (auf die noch detailliert einzugehen sein wird), um Wagners Kunst, sein Musikdrama also, ausschließlich aus (willkürlich zusammengesuchten und zu einem künstlichen System montierten) theoretischen Äußerungen von ihm erklären zu können.

Auch der Musikschriftsteller Paul Bekker, um ein Beispiel der Wagner-Literatur aus der Zeit der Weimarer Republik heranzuziehen, versucht in seinem ohne Zweifel bedeutenden Wagner-Buch von 1924, den Wagnerschen Antisemitismus gewaltig zu entschärfen. Bekker betrachtet diesen „ebensowenig realpolitisch"[18] wie auch andere theoretisch-diskursiv geäußerte Gedankenbildungen Wagners, etwa seine sozialistischen Ideen. Dabei lässt Bekker erstaunlicherweise seine gedankliche Sensibilität und Differenziertheit vermissen, mit der er in der Erörterung musikalischer Fragen besticht. Er ignoriert schlichtweg den konkreten Antisemitismus Wagners und wirft ziemlich unbekümmert den Juden-Aufsatz von 1851 kurzerhand in einen Topf mit den frühen Kunst- und den späten Bayreuther Regenerations-Schriften. Wagner ist für Paul Bekker auch als Verfasser antisemitischer Schriften theoretisch nicht ganz ernst zu nehmender Künstler – ein Künstler, dessen Ideen und Abhandlungen, seien sie auch mit dem Anspruch theoretischer Geltung vorgebracht, nur mehr als Versinnbildlichungen künstlerischer Assoziationen und Vorstellungen zu betrachten seien. Bei Wagners Antisemitismus, so Bekkers Argumentation, liege etwas völlig „anderes vor als persönliche oder sachliche Gegnerschaft".[19] Wagners „Judenbegriff" wird in Verkennung oder Leugnung auch damals bereits bekannter Fakten als ein „in der Besonderheit seiner Künstlerentwicklung begründetes Phänomen" betrachtet: Er beruhe auf dem „Bedürfnis kritisch-spekulativer Vorstellungsbildung, wie die Entstehung seiner Schriften und gedanklichen Darlegungen überhaupt".[20] Für Paul Bekker bedeutet der Begriff „Jude" in Wagners Schriften schließlich nichts weiter als ein Symbol, als Veranschaulichung einer künstlerischen Idee: „Der Jude ist die Dissonanz, die die Harmonie der Welt stört", ist „plastisches Modell", das der „Entfaltung zur Dämonie des Dunkels fähig ist". Warum gerade der Jude, so fragt man sich bei heutiger Lektüre. Und da verrät sich Paul Bekkers eigenes antisemitisches Vorurteil: „Als solches Modell bietet sich der Jude, wie er in der Hervorhebung aller niedrigen Eigenschaften seiner Rasse durch Jahrhunderte in der Volksphantasie lebt."[21]

Mit der Machtergreifung Hitlers und der damit einhergehenden nationalsozialistischen Wagner-Beweihräucherung wie -Einverleibung begann ein neues, zweites Kapitel der Wagner-Forschung, sofern man von der Literatur jener Zeit überhaupt von „Forschung" sprechen darf. Ein einheitliches, der herrschenden antisemitischen Doktrin gefügiges Wagner-Bild wurde mit Brachialgewalt propagiert: Wagner sollte gewissermaßen als pränationalsozialistischer Muster-Antisemit und deutschester der Deutschen dastehen.

Im Vorgriff auf den rezeptionsgeschichtlichen Teil dieses Buches soll dieses Wagner-Bild schon an dieser Stelle kurz charakterisiert werden. Ich will es hier allerdings dabei bewenden lassen, in nuce die Tendenz dieses zwar wirkungsgeschichtlich auf so fatale Weise bedeutsamen, doch bei nüchternem Verstande besehen geradezu absurden Schrifttums darzustellen:

Da die ‚Judenfrage' eine zentrale Frage, der Antisemitismus eine tragende Säule der nationalsozialistischen Ideologie darstellte, war den Ideologen des Dritten Reiches alles willkommen, was sich in den Dienst der herrschenden Weltanschauung stellen ließ, und sei es durch bewusst verfälschende Auslegung. Wenn das auch keineswegs nur für Richard Wagner gilt (auch Goethe und Nietzsche, um nur zwei namhafte Autoren zu nennen, wurden zu Ahnherren nationalsozialistischer deutscher Gesinnung erklärt), war doch vor allem er es, auf dessen Antisemitismus sich die Nationalsozialisten berufen zu können glaubten. Hitler soll gar behauptet haben, er sehe in Wagner seinen einzigen Propheten.[22]

Freilich fiel es den Nationalsozialisten nicht allzu schwer, das antisemitische Vokabular der einschlägigen Schriften und das (besonders aus heutiger Sicht) nationalistisch anmutende Vokabular mancher Dramen Wagners im Sinne ihrer Ideologie auszulegen. Und so wurden sie nicht müde, Wagner von ihren gleichgeschalteten Kulturschaffenden als geistigen Ahnvater der nationalsozialistischen Bewegung und deren militanten Judenhasses deklarieren zu lassen, wie ein reichhaltiges Schrifttum belegt.[23]

In diesem Zusammenhang muss schon hier wenigstens darauf hingewiesen werden (was im Folgenden en détail dargestellt werden wird), dass in Übereinstimmung mit dem kulturellen Sendungsbewusstsein Cosima Wagners die völkisch-national gesinnten Autoren des „Bayreuther Kreises"[24] die nationalsozialistische Wagner-Auslegung vorbereiteten. Zu nennen sind in erster Linie

Autoren wie Leopold von Schroeder, Hans von Wolzogen, Heinrich von Stein, Ludwig Schemann und vor allem Houston Stewart Chamberlain, der das Werk seines Schwiegervaters und die Kulturinstitution Bayreuth den politischen Intentionen Adolf Hitlers ideologisch dienbar zu machen verstand – so wie Winifred Wagner dem Hitler'schen Wagnerismus tatkräftig unter die Arme griff.

Mit dem Ende der nationalsozialistischen Diktatur setzte nach 1945 eine neue, die dritte Phase der Wagner-Rezeption ein, eine Phase, die keineswegs einheitlich genannt werden kann. Im Gegenteil: Seit 1945 hat die Wagner-Forschung durchaus sehr verschiedene Wege eingeschlagen und hat sich sehr unterschiedlicher Methoden bedient. Erstmals aber, und das ist das Neue und Gemeinsame, was alle Wagner-Literatur nach 1945 verbindet (von Ausnahmen sei bei diesem Versuch eines skizzenhaften Überblicks einmal abgesehen), setzte jetzt methodisch-systematische Forschung ein.

Bewegte sich die Wagner-Literatur vor der nationalsozialistischen Wagner-Deutung zum größten Teil im extrem subjektiven Spannungsfeld zwischen Hagiographie und Attacke, beschäftigte sie sich nach 1945, vorsichtig zunächst im Bereich der Musikwissenschaft, dann auch in der Literaturwissenschaft und in weiteren wissenschaftlichen Disziplinen betont sachlich mit dem Thema Wagner – freilich mit veränderten weltanschaulichen Voraussetzungen.

Oft waren diese Vorzeichen jedoch mit einem der kritischen Erkenntnis nicht immer förderlichen Tabu besetzt, das einer Aufarbeitung des nationalsozialistisch belasteten Wagner-Komplexes im Wege stand. Auch handelte es sich oftmals um die unveränderte Übernahme der gleichen, falschen Wagner-Mythisierung der Jahre 1933–1945, nur eben mit umgekehrten Vorzeichen, „in der Tendenz nunmehr gegen Wagner" gerichtet, die dazu führte, dass Wagner zu einem der vielen Kinder gemacht wurde, „die im Nachkriegs-Deutschland ‚mit dem Bade ausgeschüttet' wurden",[25] wie Paul Arthur Loos zu Recht bemerkte. Eine neue, sozusagen antinationalsozialistische Wagnerfeindschaft flammte nach 1945 auf, eine Feindschaft, die sich im besten Falle aus der alten unhinterfragten und doch so fragwürdigen Nietzsche-Kritik speiste, auf die ich noch zu sprechen komme.

Dabei ließ sich folgende Ambivalenz beobachten: Einerseits schien die Auseinandersetzung mit Wagner geradezu mit dem Tabu jedweder ideologischen oder politischen Fragestellung besetzt. Wagners weltanschauliche Theoreme wurden ebenso ignoriert wie seine antisemitischen Vorstellungen und Bekundungen, was hieß, dass seine theoretischen Schriften (die frühen kunsttheoretischen ausgenommen) meist nicht berücksichtigt wurden. Die Wagner-Literatur der ersten zwei Jahrzehnte nach 1945 spiegelt deutlich eine Berührungsangst vor dem Thema des Antisemitismus Richard Wagners. Es wurde fast ausschließlich über rein musikwissenschaftliche, entstehungsgeschichtliche, ideen- und mythengeschichtliche oder sonstwie literaturwissenschaftliche Fragestellungen geschrieben. Man scheute sich, Wagners weltanschauliche, kulturanthropologisch-philosophische, religiös-nationalistische Theoreme und Ideologeme, geschweige denn seine ideologische Wirkung wahrzunehmen und man scheute nicht zurück vor Verharmlosungstaktiken. Um den durch die Nazis in Misskredit gebrachten, ja ramponierten Künstler Wagner zu retten, ignorierte man den Theoretiker und Schwadronierer Wagner.

Eine der typischen Verharmlosungstaktiken dieser Zeit findet sich bei dem Musikschriftsteller Curt von Westernhagen, einem Autor, der es sich noch 1935 zur Aufgabe gemacht hat, ganz im Sinne der nationalsozialistischen, antisemitischen Ideologie ein Buch über „Richard Wagners Kampf gegen seelische Fremdherrschaft"[26] zu veröffentlichen. In seinem Wagner-Buch von 1956 allerdings, wo der Autor seine frühere Publikation vergessen zu haben scheint, bagatellisiert Curt von Westernhagen den Wagner'schen Antisemitismus (wie schon Paul Bekker) mit der bloßen Bemerkung, es sei derselbe doch gar nicht „realpolitisch"[27] zu verstehen. „Juden, die wußten, worum es Wagner ging", so von Westernhagen, „haben denn auch an seiner Schrift (gemeint ist die Judenbroschüre, D. S.) niemals Anstoß genommen."²⁸ Des Weiteren weist der Autor (wie so viele vor und nach ihm) auf den nahen, freundschaftlichen Umgang Wagners mit zahlreichen Juden hin, was als Indiz für einen vermeintlichen Philosemitismus Wagners gelten soll.

Schließlich sei, wie mit einem Zitat des französischen Mediävisten Gabriel Monod belegt wird, Wagners Antisemitismus als durchaus verzeihlich abzutun: „Wenn du ein Jude bist, so bist du geneigt, ihm (Wagner, D. S.) sein Pamphlet über das Judentum in der Musik zu verzeihen, ... Du nimmst ihn, wie er ist, voller Fehler – ohne Zweifel, weil er auch voller Genialität ist – aber unbestritten als ein höheres Wesen, als einen der größten und außerordentlichsten Menschen unseres Jahrhunderts."²⁹

Eine andere, für die Unbekümmertheit der Wagner-Retuschierung der 50er und 60er Jahre bezeichnende Methode lässt sich anhand einer populären Bildbiographie Walter Panofskys³⁰ verdeutlichen. Der Autor dieser Biographie glaubt, mit der bloßen Zitierung eines aus dem Kontext herausgerissenen und keines Kommentares gewürdigten Briefes des Dirigenten Hermann Levi Wagner vom Vorwurf des Antisemitismus auf einfache Weise befreien zu können: „Er ist der beste und edelste Mensch. Auch sein Kampf gegen das, was er ‚Judentum' in der Musik und in der modernen Literatur nennt, entspringt den edelsten Motiven – und dass er kein kleinliches Risches hegt, wie etwa ein Landjunker oder ein protestantischer Mucker, beweist sein Verhalten zu mir, zu Rubinstein, zu Tausig ..."³¹

Andererseits gab es erstmals Autoren, in erster Linie angelsächsische Autoren wie Peter Viereck³², Oscar Meyer³³ und Ernest Newman³⁴, die sich in Sachen Wagner um kritische Vergangenheitsbewältigung bemühten und die politische Dimension des Phänomens nicht ausklammerten. Doch es dauerte lange, bis auf breiter Ebene ein kritisches, ideologiekritisches, die historischen Entstehungsbedingungen und -voraussetzungen mitbedenkendes, aber auch die völkische und die nazistische Rezeption reflektierendes Nachdenken über Wagners Antisemitismus einsetzte, obwohl Ernest Newman mit seiner wegweisenden (der bis heute bedeutendsten) Wagner-Biographie früh schon Maßstäbe setzte.

Zwar erschien bereits 1952 Theodor W. Adornos (1939 konzipierter und in Auszügen schon publizierter) geradezu Schule machender „Versuch über Wagner"[35], in dem zum ersten Mal rigoros der Antisemitismus Wagners (als Idiosynkrasie) zu einem konstitutiven Strukturelement des Wagner'schen Denkens, mehr noch: seiner Musikdramen erklärt wurde. Diese Publikation ist allerdings als eine für die Wagner-Literatur der Nachkriegszeit durchaus unrepräsentative, wenn auch folgenreiche Auseinandersetzung mit Wagner anzusehen. Adornos Buch zog in den Sechzigerjahren mindestens vier Veröffentlichungen nach sich, die seiner These nachdrücklich verpflichtet waren,[36] sie allerdings im Wesentlichen auch nur paraphrasierten, ohne nennenswert Neues mitzuteilen.

Die Phase der vorwiegend „ideologiefreien" Auseinandersetzung mit Wagner, eine Zeit, in der bedeutende Musik- und Werkanalysen veröffentlicht wurden, endete spätestens 1976 endgültig. Es war der Zeitpunkt der hundertsten Wiederkehr der Bayreuther Festspiele, zu dem eine Reihe radikal kritischer, zuweilen aber bloß polemischer, wenn auch die öffentliche Meinung mächtig aufrüttelnder Arbeiten über Wagners Antisemitismus erschienen. Seither hat sich das Hauptinteresse der Wagner-Forschung deutlich verändert, in deren Mittelpunkt bis heute die Rezeptionsgeschichte Wagners gerückt ist.

Es ist wohl nicht übertrieben, zu behaupten, dass das spezielle Thema des Wagner'schen „Antisemitismus" erst seit diesem Datum eigener wissenschaftlicher Auseinandersetzungen, wenn auch meist nur zu Einzelfragen und in Form kleinerer Beiträge in Periodika, für wert befunden wurde.

Hartmut Zelinsky[37] machte 1976 den Anfang mit einer vielbeachteten ideologiekritischen, wirkungsgeschichtlichen Dokumentation über Richard Wagner. Der Autor ist zweifellos als rigorosester Initiator des Interesses an rezeptionsgeschichtlichen Fragestellungen zu würdigen. Er hat seither in zahlreichen Veröffentlichungen, die allerdings oft über bloße Wiederholungen und Paraphrasierungen seiner 1976 vorgetragenen Kernthese nicht hinausgingen, viele widersprüchliche Veröffentlichungen zum Thema provoziert und eine nachhaltige Debatte um Wagners Antisemitismus entfesselt, die in ihrer emotionalen Heftigkeit in der Geschichte der Wagner-Literatur des zwanzigsten Jahrhunderts einmalig ist.

Bemerkenswerterweise zeichnet sich die wissenschaftliche Auseinandersetzung um Wagners Antisemitismus dadurch aus, dass von einem sukzessiven, kontinuierlichen Erkenntniszuwachs, von einer fortschreitenden Klärung anstehender Probleme durchaus nicht die Rede sein kann, von einem Konsens ganz zu schweigen.

Es ist vielmehr so, dass neben neu gewonnenen Erkenntnissen, die in den meisten Fällen mehr methodischer Sorgfalt und historischer Genauigkeit als neuen Quellen[38] zu verdanken sind, der weitaus größte Teil der Literatur aus einem relativ gleichbleibenden Repertoire von Vorurteilen, Behauptungen, Thesen und Hypothesen schöpft, die unverändert oder doch bloß modifiziert übernommen und fortgeschrieben werden, je nach ideologischem Standpunkt und Interesse des Autors.

Als besonders befremdlich muss zum Beispiel gelten, dass ein Autor wie Martin Gregor-Dellin, Mitherausgeber der Tagebücher Cosima Wagners, in einer umfangreichen Wagner-Biographie[39], die zum Zeitpunkt ihres Erscheinens als das Nonplusultra der Wagner-Biographik gepriesen wird, sich einer bemerkenswert diffusen Vernebelungstaktik bedient, um Wagners Antisemitismus zu entschärfen, anstatt die ihm erstmals zur Verfügung stehenden Quellen zur Erhellung des heiklen Themas zu nutzen und auszuwerten. Mit romantisch-pathetischer Verklärung, in zuweilen blumig-poetischer Sprache und unter Zuhilfenahme eines pseudo-psychoanalytischen Argumentationsschemas versucht Gregor-Dellin, Wagner von seinen charakterlichen Defekten, als deren einer auch dessen Antisemitismus als Folge einer als außerordentlich leidvollen Vita, insbesondere einer traumatischen frühen Kindheit betrachtet und erklärt wird, reinzuwaschen: „Irgend etwas hatte ihm eine Wunde zugefügt, die nicht heilen wollte"[40], heißt es bei Gregor-Dellin. „Die tiefen seelischen Verstörungen"[41] der Kindheit, als da genannt werden:

„Verlust- und Existenzangst"[42], extrem „starke Mutterbindung"[43], auch vom „vielfachen Einbruch des Todesschreckens"[44] in das kindliche Leben ist die Rede, hätten „jene Funken in die Seele des Kindes gegraben, die das widersprüchliche Bild Richard Wagners mit prägten"[45]. Und mit Wagners Lebensangst, die in seiner Kindheit ihre Ursachen gehabt habe, wird schließlich Wagners Antisemitismus als eine Art verkappte Religion und Heilslehre entschuldigt.[46] Gregor-Dellin betrachtet Wagners Antisemitismus als „Ersatzlösung für das unbewältigte Lebens- oder Gesellschaftsproblem"[47]. Auch wenn Gregor-Dellin auf Wagners Ressentiments gegen Meyerbeer und Mendelssohn, Wagners Hass gegen die Reichen, Wagners Vaterlosigkeit und Wagners „Wut aus schlechtem Gewissen"[48] als Motive eines Judenhasses zu sprechen kommt, er löst leider nicht ein, was er als Postulat aufstellt: „Der Antisemitismus Wagners bedarf ... einer eingehenden Analyse, da sich in ihm Privates, Ökonomisches und Rassistisches zu einer gefährlichen Pseudo-Ideologie vermischten."[49] Nicht zuletzt Gregor-Dellins bis heute uneingelöste Aufforderung motivierte mich, dieses Buch zu schreiben.

Um einen Überblick über den aktuellen Stand der Wagner-Forschung (hinsichtlich ihrer Behandlung des Antisemitismus Richard Wagners) und ihrer noch offenen Fragen und unbewältigten Probleme zu geben, versuche ich zunächst, einen systematisch orientierten, kritisch Bilanz ziehenden Abriss der in der Forschung noch immer kontrovers diskutierten Probleme zu geben. Ein chronologischer Abriss der Wagner-Forschung und ihres Niederschlags in der Literatur wäre so unsinnig wie unmöglich, weil, wie ich schon erwähnte, eben kein sukzessiver Erkenntniszuwachs, keine kontinuierliche, aufbauende Erforschung des Problems des Wagner'schen Judenhasses existiert. Stattdessen kennzeichnen Wiederholungen und Rückgriffe die Literatur zum Thema.

Noch eine Vorbemerkung zur Auswahl der Literatur: Um dem Thema des Wagner'schen Antisemitismus in seiner Ernsthaftigkeit gerecht zu werden und es nicht unnötig zu verwässern, sind im Rahmen dieser Untersuchung in erster Linie wissenschaftliche Auseinandersetzungen berücksichtigt. Nur wo es aus forschungsgeschichtlichen Gründen geboten scheint, ist auch nichtwissenschaftliche Literatur einbezogen worden.

Nach systematischer Durchsicht der Wagner-Literatur wird deutlich, dass es im Wesentlichen drei Problemfelder sind, in die die zur Debatte stehenden Fragen eingeteilt werden können – Problemfelder, denen jeweils spezielle Einzelfragen zuzuordnen sind. Dabei werden biographische Probleme, Konzeptionsprobleme und Rezeptionsprobleme scharf voneinander zu trennen sein. Leider ist eine solche Differenzierung in der Forschung bis heute nur in Einzelfällen und nur in Ansätzen vorgenommen worden. In der mangelnden Unterscheidung, ja zuweilen in der Verwechslung von Rezeptions- und Konzeptionsproblemen liegt sogar die Hauptursache der widersprüchlichen und diffusen Forschungslage.

A. Biographische Probleme

1. *Vermeintlich jüdische Herkunft*

Eine der von Wagner-Verächtern am häufigsten nicht selten mit Häme benutzten Thesen zur Erklärung des Wagner'schen Antisemitismus erweist sich bei genauerem Hinsehen als bloßes Gerücht, allerdings als eines der anscheinend unausrottbaren Gerüchte der Wagner-Literatur: das von der vermeintlich jüdischen Abstammung Richard Wagners. Es ist geradezu kennzeichnend für die Wagner-Literatur, wie an dieser These, allen neueren Erkenntnissen zum Trotz, bis heute immer wieder und immer noch festgehalten wird.

Das Gerücht von Wagners angeblich jüdischer Abstammung ist ja bereits von Zeitgenossen Wagners ausgestreut und verbreitet worden[50], vor allem von einem der intimsten Wagner-Kenner, von Friedrich Nietzsche: „War Wagner überhaupt ein Deutscher? Man hat einige Gründe, so zu fragen. Es ist schwer, in ihm irgendeinen deutschen Zug ausfindig zu machen. Er hat, als der große Lerner, der er war, viel Deutsches nachmachen gelernt – das ist alles. ... Sein Vater war ein Schauspieler Namens Geyer. Ein Geyer ist beinahe schon ein Adler ..."[51]

Eine medisante Unterstellung, die sich hartnäckig halten sollte, auch wenn bereits Julius Kapp[52] in seiner populären Wagner-Biographie (1910) zu berichten wusste, dass die Vorfahren Ludwig Geyers, Wagners Stief- und, Spekulationen zufolge, möglicherweise auch Wagners leiblicher Vater, keinesfalls jüdischer, sondern protestantischer Abstammung gewesen seien. Doch die „Vaterschaftsfrage"[53] Wagners hat dadurch nicht im Geringsten an Interesse verloren. Selbst Thomas Mann hat noch 1940 eine jüdische Abstammung Wagners für möglich gehalten, als er schrieb: „Nur aus deutschem Geist konnte dies Werk kommen. Vielleicht – nicht sicher – hat jüdisches Blut Anteil daran."[54] Die Wagner-Literatur ist voll von solchen und ähnlich pikanten Unterstellungen, Wagners Judenhass gründe sich im Tiefsten auf so etwas wie „jüdischen Selbsthass"[55], der sich nähre durch die Angst Wagners, leiblicher Abstammung von seinem vermeintlich jüdischen Stiefvater Ludwig Geyer zu sein. (Dessen Vaterschaft reine Spekulation ist, wie zu zeigen sein wird.)

Obwohl schließlich auch Ernest Newman[56] in seiner bahnbrechenden, weil ersten kritischen, sich sachlich mit einem überwältigenden Faktenmaterial auseinandersetzenden Wagner-Biographie (1943–46) die Behauptung als fragwürdiges Gerücht darstellte, dass Wagners Stiefvater, Ludwig Geyer, jüdischer Abstammung sei, wird sie noch in jüngsten Publikationen immer wieder als unhinterfragte Argumentationsgrundlage benutzt. Noch immer wird mit der Hypothese von Wagners vermeintlich jüdischer Abstammung sein zuweilen aggressiv-affektgeladener Antisemitismus motiviert. Ein solchermaßen verinnerlichter Antisemitismus müsse schließlich als „Eckstein Wagnerschen Denkens über Kunst und Politik"[57], wo nicht gar seines ganzen, also auch des musikdramatischen Werks, zu betrachten sein. Auch und gerade Theodor W. Adorno hat (im Zeichen aufklärerischer Vernunft) jenes Nietzsche'sche Vorurteil übernommen: Wagners Antisemitismus bekenne „sich als individuelle Idiosynkrasie, die verstockt aller Verhandlung sich entzieht"[58]. Adorno bekräftigt – mit den Worten Walter Benjamins übrigens – das lange gehegte Gerücht von der Angst Wagners, „vom ekelhaften Objekt als dessengleichen erkannt zu werden"[59]. Mit diesem Satz hat Adorno die Deutungsgeschichte Wagners festgeschrieben. Die Interpretation einiger Gestalten der Wagner'schen Musikdramen als Judenkarikaturen begründete Adorno mit vermeintlichem jüdischen Selbsthass Richard Wagners. Die Nachwelt sah sich dadurch legitimiert, Adorno nachzueifern.[60] Bereitwillig wurde der Adorno'sche Ansatz seither immer wieder (und ungeprüft) paraphrasiert, in großem Stile zuletzt von Robert Gutman[61] (1970). Radikalster Adept Adornos ist aber ohne Zweifel Hartmut Zelinsky, der geradezu so etwas wie eine postume Abstammungs-Diskreditierungs-Kampagne gegen Wagner startete. Im Jahre 1976 behauptete er, bei Wagner das „Bewusstsein" zu bemerken, „ein oder wie ein Jude zu sein". Dieses vermeintlich jüdische Bewusstsein Wagners ist für Zelinsky der „psychische Knotenpunkt seiner Existenz"[62] und der Autor glaubt hieraus ableiten zu dürfen, „dass das Judenthema im Grunde Wagners einziges Thema überhaupt"[63] sei.

Des Weiteren leitet Zelinsky daraus eine zentrale antisemitische „Werkidee", einen „präzisen und kalkulierten Lebens- und Werkplan"[64] Wagners ab, der den Kerngehalt des gesamten theoretischen und musikdramatischen Werks bestimme und den es entsprechend dieser Gedankenkonstruktion des Autors zu dechiffrieren gelte. Gemäß solch jüdischem Selbsthass müsse dann, nach Zelinsky, „der Untergang der Juden" als „die Hauptspur seines Denkens und seiner Werke"[65] angesehen werden.

Eine monumentale These, die sich auf eine einzige, unbeweisbare, ja allen sachlich überprüfbaren Erkenntnissen zufolge falsche Annahme stützt. Schon 1980 hat Martin Gregor-Dellin[66] in seiner sich großer Popularität erfreuenden Wagner-Biographie die Erklärung von Wagners Antisemitismus durch vermeintlich jüdischen Selbsthass als „Unfug"[67] abgetan. Dennoch ist auf einem internationalen Wagner-Symposium in Salzburg (1983) wiederum jene anscheinend unausrottbare These (leicht modifiziert) vorgetragen und als Ergebnis heutiger Wagner-Forschung vorgestellt worden: Richard, aber auch Cosima Wagners Antisemitismus sei auf nichts weiter als „einen veritablen Verfolgungswahn"[68] gegründet, der seinen Grund habe in tiefgreifenden Zweifeln an der „Deutschblütigkeit ihrer Abstammung"[69] – eine These, die in diesem Falle, ungeachtet übriger Erkenntnisse, schon deshalb jeder Grundlage entbehrt, weil der Autor, Peter Gradenwitz, seine Behauptung auf sehr fragwürdigen Zitaten zweifelhafter Gerüchte aufbaut, Gerüchte von der angeblich jüdischen Herkunft Cosima als auch Richard Wagners. Es sind aber eben nur Gerüchte. Im Mittelpunkt der Argumentation steht ein bisher unveröffentlichter, aber deswegen keine neuen und profunden Erkenntnisse liefernder polemischer Essay Arnold Schönbergs von 1931. Darin behauptet dieser nicht nur, Wagner sei „von der Geyer-Abstammung fest überzeugt" gewesen, sondern darüber hinaus, dass Cosimas Mutter „reine Jüdin" gewesen sei; Behauptungen, die jeder nachprüfbaren Grundlage entbehren, wie noch zu zeigen sein wird. Es handelt sich hier um ein zwar in seiner gegen den nationalsozialistischen Wagnerismus gerichtetes, aus seiner Zeit heraus verständliches, dennoch aber die Tatsachen ignorierendes, antiwagnerisches Pamphlet, das in der Polemik gipfelt: „Trotzdem verbündete er (Wagner, D. S.) sich mit dem Pogromisten Hitler!"[70]

2. Jüdische Konkurrenten

Schon zu Wagners Lebzeiten wurde immer wieder behauptet, Wagners Judenhass sei im Grunde nichts weiter als das Resultat von Erfolgsneid gegenüber „jüdischen" Konkurrenten und des geradezu krankhaften Komplexes, künstlerisch mit ihnen verglichen zu werden. Als da waren vor allem Giacomo Meyerbeer und Felix Mendelssohn-Bartholdy. Auch Jacques Fromental-Halévy[71] wird genannt. Und gemeint sind alle jüdischen Künstler, Musiker, Virtuosen und Theaterimpresarii, gemäß der wiederholt vorgetragenen Behauptung Wagners, diese hätten sich gegen ihn verschworen. Der Historiker Jacob Katz[72], der 1985 eine der am meisten ernstzunehmenden Arbeiten der Wagner-Forschung zum Problem des Wagner'schen Antisemitismus veröffentlichte, hat mit Nachdruck die Hypothese vom Konkurrenzkampf als entscheidender Ursache des Wagner'schen Antisemitismus verfochten.

Seine Publikation fasst indes nur zusammen, was zumindest seit 1869 (dem Zeitpunkt der zweiten Veröffentlichung der Schrift „Das Judentum in der Musik") immer wieder in der Wagner-Literatur behauptet wurde, dass nämlich Wagners Judenhass nichts weiter sei als eine Art künstlerischer Abrechnung mit seinen Konkurrenten Mendelssohn und Meyerbeer, wobei ihm, Wagner, „seine persönliche Abneigung gegen alles jüdische Wesen trefflich zu statten kommt".[73]

3. Der Quellenwert der Tagebücher Cosimas

Wenn hier die Tagebücher Cosima Wagners eigens hervorgehoben werden, so deswegen, weil ihnen als Quelle der Wagner-Forschung große Bedeutung zukommt. Von 1869 bis zu Wagners Tod im Jahre 1883 von seiner zweiten Frau penibel geführt, enthalten sie gerade zum Problem des Wagner'schen Antisemitismus eine Fülle an aufschlussreichen Äußerungen. Trotz des großen, positiven Echos, das ihre Veröffentlichung in der Wagner-Forschung hervorrief, sind sie „bis heute nicht als das kulturelle Ereignis verstanden worden, das sie darstellen".[74] Und Hans Mayers Behauptung gilt noch immer! Cosima Wagners Tagebücher stellen, 1976 erstmals veröffentlicht, zweifellos eine „historische Quelle von höchstem Rang"[75] dar. Gegen die Vermutungen mancher Zweifler, es handele sich bei diesen Tagebüchern um nicht mehr als ein neu erschlossenes Medium stilisierter Selbstdarstellung der Autorin und idealisierter Darstellung ihres Mannes, kann man nur verweisen auf die oftmals geradezu naive Offen- und Treuherzigkeit, mit der die Diaristin einer Verklärung ihres Gatten und „Meisters" zuweilen gar nicht so Förderliches zu

Biographische Probleme

Papier gebracht hat. Ganz zu schweigen von den notierten negativen Äußerungen ihres Mannes über sie selbst. Auch wenn Cosima manches biographische Ereignis einfach unterschlagen und natürlich auch nicht alle Aussprüche Wagners notiert hat, so ist doch die Authentizität der von ihr notierten Aussprüche Richard Wagners kaum zu bezweifeln. Es kann angesichts ihres fast pathologischen Unwertgefühls, das gepaart war mit einem Rollenverständnis als Frau und Künstler-Gattin, welches von ihr völlige Selbstverleugnung und Unterwerfung unter den Willen ihres Genie-Gatten forderte, wohl für bare Münze genommen werden, was Cosima am 16. Januar 1871 in ihrem Tagebuch bekennt: „Jedes Wort von ihm ist mir ein Glaubenssatz."[76]

Menschliches, Allzumenschliches hat Cosima überliefert, Episoden, die in das Altarbild, das die Nachwelt von Wagner zu malen sich auf unterschiedlichste Weise bemühte, nicht so recht passen wollen. Auch hat sie in (wie es scheint) naiver Gewissenhaftigkeit und Demut kritische, allzu kritische Bemerkungen ihres Mannes über sie selbst, die „Hohe Frau" von Bayreuth notiert, Bemerkungen, die ein neues Nachdenken über die Rolle Cosimas in einer bisher vornehmlich als ideal verklärten Ehe- und Geistesgemeinschaft nötig machen, eine Ehe, die so ideal und ungetrübt nicht war (ganz zu schweigen von Cosimas frömmelnden Selbstanklagen und selbstverachtenden Bekenntnissen ihres Inferioritätsbewusstseins). Nicht ohne Grund haben, dilettantisch zwar und (glücklicherweise) in töricht-harmloser Absicht, einige fromme Tempeldiener Bayreuths versucht, diese Tagebücher einer reinigenden Zensur zu unterziehen.[77]

Aus der Vielzahl der nicht immer wesentlichen Verlautbarungen und Veröffentlichungen zu Cosimas Tagebüchern seien stellvertretend für die gegensätzlichen Auffassungen von ihrem Quellenwert die Meinungen zweier konträr argumentierender Autoren zitiert: Hans Mayer erhob zwar nicht nur, aber auch in Bezug auf die Tagebücher Cosimas zu Recht jene vielzitierte Forderung: „Wer sich mit Richard Wagner abgibt, muss sich auf das Ganze einlassen. Hier ist in jedem Fall, was immer Adorno einwenden mochte, das Ganze als das Wahre zu interpretieren."[78]

Und bezüglich des Ganzen stellt Mayer fest, „dass Richard Wagner, wie die Aufzeichnungen Cosimas von 1869 bis Februar 1883 ausführlich belegen, alle geistigen Stationen seines Lebens, auch alle Lebenserfahrungen eines geistigen Mitläufers, in fast unschuldsvoller Gleichzeitigkeit bis zum Schluss für sich aufbewahren konnte: Heinse und Feuerbach, Proudhon und Bakunin, Schopenhauer und die Rassentheorien des Grafen Gobineau"[79].

Im Gegensatz hierzu will Hartmut Zelinsky auch die Tagebücher Cosimas der Belegsammlung seiner mit geradezu obsessiver Hartnäckigkeit verteidigten, radikalen Wagner-Exegese aus der Nach-Hitler-Perspektive einfügen: „Diese Tagebücher beseitigen nun auch den letzten Zweifel daran, dass Wagner sich als Religionsstifter und Bayreuth als religiöses Erlösungszentrum verstand, dass das Judenproblem das zentrale Problem seines Lebens war und seit der Veröffentlichung seiner Schrift ‚Das Judentum in der Musik' im Jahre 1850 geblieben ist."[80]

Wie gegensätzlich auch immer sie bewertet werden mögen, ich betrachte die Tagebücher Cosimas, und im dritten Kapitel dieses Buches werde ich es begründen, als die wichtigste der in jüngster Zeit erst erschlossenen Quellen der Wagner-Forschung, aus der im Folgenden reichlich geschöpft werden soll.

B. Konzeptionsprobleme

1. *Theoretisches Werk*

Die Wagner-Forschung hat sich nur relativ beiläufig mit den theoretischen Schriften Richard Wagners beschäftigt. Ihr Augenmerk galt und gilt unter Vernachlässigung der musiktheoretischen Essays und programmatischen Aufsätze vornehmlich dem musikalischen und dramatischen Werk Wagners. Freilich sind immer wieder die späten theoretischen Schriften Wagners zitiert, aber (meist) nur pauschal bewertet worden, eingehende Untersuchungen jedoch stehen bis heute aus.

Nun ist Wagner ohne Zweifel in erster Linie Komponist und Dramatiker gewesen, praktischer Theatermacher also und nicht Essayist oder Kulturtheoretiker. Was nicht heißen soll, dass seine Aufsätze und Essays nicht ernst zu nehmen wären. Aber sie sind doch mehr das Nebenprodukt eines ungestüm red- und schreibseligen, extrem subjektiven, komponierenden Theatermannes als schriftliches Elaborat streng diskursiven Denkens.

Es ist zu bezweifeln, dass man die theoretischen Arbeiten gleichwertig neben die musikalisch-dramatischen Arbeiten Wagners stellen darf. Ob sie wirklich als die Musikdramen ergänzende, weil deren „Werkidee" erläuternde „antisemitisch-rassistische ... Kampf- und Agitationsschriften"[81] anzusehen sind, wie Hartmut Zelinsky behauptet, ist allerdings fragwürdig.

Es versteht sich von selbst, dass Wagners musikdramatischem Werk vorrangiges Interesse gebührt, was ja auch die Rezeption Wagners bezeugt, die hauptsächlich die seines Musiktheaters ist[82].

Vom theoretischen Werk Wagners wurden fast nur seine revolutionären Kunstschriften, vor allem „Die Kunst und die Revolution" (1849) und „Oper und Drama" (1851) zur Kenntnis genommen und (zumeist von Musikwissenschaftlern) in größeren Zusammenhängen eingehender Untersuchungen für nötig erachtet.

Die späten, nach 1860 veröffentlichten Aufsätze Wagners, Aufsätze, in denen Wagner zu Fragen der deutschen Kultur und Politik, des Zusammenhangs von Religion und Kunst, aber auch zu Problemen des Antisemitismus öffentlich Stellung nimmt, sind in der Wagner-Literatur dagegen nur peripher behandelt worden. Die meisten Autoren haben um diese Arbeiten einen Bogen gemacht oder sie pauschal abgetan als wirre und konfuse, nicht eigentlich ernst zu nehmende Altersschriften eines ansonsten „genialen" Künstlers. Von verklärenden Autoren wie Erich Schubert, die von vornherein zur dekretieren: „in dieser versöhnlichen Stimmung, die in Wagners letzten Schriften erklingt, wollen wir auch zu ihm aufsehen und in Parsifal-Streben ihn zu verstehen suchen"[83], soll hier gar nicht erst die Rede sein.

I. Der Antisemitismus Richard Wagners in Forschung und Wagner-Literatur

Die größte Aufmerksamkeit wurde in der Wagner-Forschung neben den revolutionären Zürcher Kunstschriften Wagners dem 1850 erstmals veröffentlichten Aufsatz über „Das Judentum in der Musik" gezollt. Das Interesse an dieser Schrift galt übrigens vornehmlich ihrer Entstehungsgeschichte, die in zahlreichen Veröffentlichungen dargestellt wurde, am präzisesten bisher von Jacob Katz (1985)[84].

Doch Wagners Haltung zur Judenfrage hat sich in dieser Schrift keineswegs endgültig und unwiderruflich erschöpft, weshalb sie auch durch die Lektüre nur dieser einen Schrift nicht hinreichend erfasst werden kann. Dennoch wird in zahlreichen Veröffentlichungen der Wagner-Forschung, vor allem auch in historischen Publikationen, die sich mit der Geschichte des deutschen Antisemitismus befassen, meist ausschließlich auf Wagners Schrift über „Das Judentum in der Musik" rekurriert, als wäre sie Wagners einziges und letztes Wort zu diesem Thema gewesen. Dieser Irrtum wird im Folgenden zu korrigieren sein.

Drei typische Beispiele solcher Arbeiten sind die (publizistisch erfolgreichen und nicht unwesentlich auf die Entstehung des öffentlichen Wagner-Bildes einwirkenden) Veröffentlichungen Wanda Kampmanns[85], Gordon A. Craigs[86] und des Judaisten Hermann Greive[87]. Alle drei Autoren stellen Richard Wagner relativ undifferenziert und ohne eingehende Prüfung der Sachlage als gewichtigen antisemitischen Autor im Prozess der Entstehung des modernen Antisemitismus in Deutschland dar. Dass der Wagner'sche Antisemitismus tatsächlich in einigen Punkten im krassen Gegensatz zum aufkommenden Rassenantisemitismus steht, erfährt man bei keinem der genannten Autoren.

Hartmut Zelinsky hat zwar auch Wagners Bayreuther Schriften (er spricht von „antisemitisch-rassistischen Kampf- und Agitationsschriften"[88]) im System seiner obsessiven Wagner-Exegese berücksichtigt, er hat mit ihnen seine These von „Wagners Systemdenken"[89] als einer „religiös-rassistischen Vernichtungsideologie"[90] untermauert, doch hat auch Zelinsky, der diese Schriften ausgiebig zitiert, keine wirklich ernst zu nehmende sachliche Analyse der Schriften vorgelegt, wie er auch die erste antisemitische Schrift Wagners bloß nach Belieben zitiert, statt sie einmal methodisch seriös im Kontext ihrer Entstehung zu untersuchen.

So ist aufs Entschiedenste in Frage zu stellen, ob man dem Phänomen des Wagner'schen Antisemitismus beikommt, indem man, wie Zelinsky, die Schrift über „Das Judentum in der Musik" als „zentrale autobiographische Bekenntnisschrift"[91] auffasst, aus der sich ein präziser und kalkulierter „Lebens- und Werkplan"[92] ableiten lasse mit der zentralen Idee der „Erlösung" der deutschen Kultur durch „Vernichtung"[93] des Judentums, was im Musikdrama als dem Bayreuther „Erlösungstheater"[94] zu künstlerischem Ausdruck gebracht werde.

Ich werde in den folgenden Kapiteln aufzeigen, dass Wagners Antisemitismus weder Teil einer systematischen Theorie war, noch statisch und konstant. Wagners Judenfeindlichkeit unterlag Entwicklungen und Wandlungen und er offenbart sich in mehrfach modifizierten, ja einander widersprechenden Äußerungen und Stellungnahmen, die es – wenn man sie denn registriert – nicht erlauben, Wagner in einen Topf mit den Rassenantisemiten zu werfen, die den nationalsozialistischen Antisemitismus in einem folgenden Jahrhundert vorbereiteten.

2. Dramatisches Werk

Die Antisemitismus-Debatte hat sich immer auch mit der nun wahrlich zentralen Frage beschäftigt, inwieweit in Wagners Kunst, in seinem Theater, seinen Musikdramen also, antisemitische Tendenzen erkennbar seien. Dabei kaprizierte sich die Fragestellung in erster Linie darauf, ob – und, wenn ja, in welchem Kontext – in den Dramentexten Wagners jüdische Figuren – als Judenkarikaturen – aufzufinden seien. In der heutigen Forschung jedenfalls stehen sich in diesem Punkt zwei konträre Meinungen anscheinend unversöhnlich gegenüber.

Schon in Paul Bekkers bedeutendem Wagner-Buch von 1924[95] werden, wie schon angedeutet, in sehr eigenwilligem Verständnis des Wagner'schen „Judenbegriffs", einige Gestalten des „Rings" als jüdische Figuren interpretiert: Aus einem „künstlerisch bedingten Zweckbegriff des Judentumes treten die Gestalten Alberichs, Loges, Hundings, Mimes, Hagens hervor"[96]. Wobei zu fragen wäre, ob Bekkers Interpretation des Judenbegriffs nicht doch auf bereits vorhandenen, im völkisch-deutschnationalen Antisemitismus gängigen Deutungen der Wagner'schen Gestalten fußte, sie lediglich vom rassistischen Element reinigen wollend.

Wagners Antisemitismus wird bei Bekker in einem Atemzug mit seinen Schriften in den „Bayreuther Blättern", die sich programmatisch um den „Parsifal" gruppierten, als nichts weiter verstanden als bloß „begriffliche Konzeption einer Vorstellungswelt, in der das künstlerische Genie aus intuitiver Erkenntnis des Leidens das Heilsamt der Erlösung durch Mitleid übt"[97]. Dabei gehe es, so interpretiert Bekker das letzte Werk Wagners, wesentlich um den Kampf zwischen christlicher und unchristlicher Lehre, zwischen Gott und dem Teufel. „Dieser Teufel, Unheilige und Dämon, dessen Wirken das Leiden der Welt bestimmt, ... ist der Jude. Er ist die dramatische Antithese, durch die diese Welt der Liebe, des Glaubens, der Hoffnung in Bewegung gesetzt wird"[98] und sich im „Parsifal" in den Gestalten der Kundry und des Klingsor manifestiere. Gerade die nationalsozialistischen Wagner-Exegeten machten sich dieses Bekker'sche Interpretationsmodell der Wagner'schen Gestalten zunutze. Die Gestalten Mime und Alberich, der Holländer, Beckmesser, Kundry und Klingsor wurden mit Vorliebe als diskreditierende Juden-Karikaturen betrachtet, so wie Wagners Dramen als theatralische Propagandaopern zur Verklärung eines erklärtermaßen hehren, antisemitischen „Deutschtums" benutzt wurden.

Erstaunlicherweise hat bereits 1933 ein heute in völlige Vergessenheit geratener Autor, der Musikkritiker und -schriftsteller Josef Engel de Jánosi, in seinem bemerkenswerten Buch „Das Antisemitentum in der Musik"[99] gegen solche Wagner-Vereinnahmung heftig, wenn auch folgenlos protestiert. Engel ist mutig gegen namhafte Wagner-Schriftsteller des Dritten Reiches zu

Felde gezogen, die Wagners Gestalten als diffamierende Judenkarikaturen im Sinne der nationalsozialistischen Doktrin interpretierten: „Es werden da Wagner Gedanken und Absichten zugemutet, an welche er bei Abfassung der betreffenden Musikdramen wohl nicht im entferntesten gedacht hat."[100] Josef Engel war darüber hinaus einer der ersten Kritiker (dies sei hier nur am Rande angemerkt), die gegen die getreulich im Geiste Bayreuths verfasste Monumentalbiographie Richard Wagners durch Carl F. Glasenapp[101] protestierten, eine Biographie, die mit nachweislichen Verfälschungen, Legendenbildungen und Mythisierungen für Jahrzehnte Wagner-Verklärung betrieb und dennoch den Anspruch auf wissenschaftliche Geltung erhob.

Schließlich hat 1952 Theodor W. Adorno in seinem „Versuch über Wagner" – wenn auch in konträrer Absicht – die nationalsozialistische Wagner-Exegese mit seiner These nur bestärkt, „all die Zurückgewiesenen in Wagners Werk sind Judenkarikaturen"[102], womit explizit Mime, Beckmesser und Alberich, unausgesprochen aber wohl noch andere „Zurückgewiesene" gemeint waren. Adornos Behauptung fiel auf vorbereiteten Boden und machte in großem Stile Schule, auch wenn Adorno die Verifizierung seiner Behauptung schuldig geblieben ist.

Die Reihe der Autoren, die an Adornos Verdikt antisemitischer Idiosynkrasie, die sich in der theatralischen Darstellung von Judenkarikaturen äußere, anschließt, reicht von George G. Windell[103] über Erich Kuby[104] und Robert Gutmann[105], um einige wichtige zu nennen, bis zur Wagner-Literatur der Achtzigerjahre, in denen Hartmut Zelinsky gegen den Rest der Welt hartnäckig seine Thesen verbreitete. Für Zelinsky scheinen gemäß seinem Dogma des „fanatischen religiös-rassistischen Antisemitismus der Wagnerschen Werkidee"[106] nicht nur die ahasverischen Gestalten des Fliegenden Holländers und der Kundry[107] als Judenverkörperungen konzipiert worden zu sein, sondern auch der „Ring", „Parsifal", „Tristan" und die „Meistersinger"[108] fügen sich für ihn in dieses Konzept ein.

Noch 1983 wiederholt Rudolf Schottlaender in einem Aufsatz in den „Frankfurter Heften" die Position Adornos, indem er behauptet, in Wagners Dramen seien, wenn auch nicht expressis verbis, so doch unverkennbar jüdische Karikaturen enthalten. Sie seien eben nur versteckt: „Wagner war viel zu sehr Theatermann, um in seinen Musikdramen die Personen, die er als typisch jüdisch verstanden wissen wollte, ausdrücklich durch jüdische Namen zu kennzeichnen. ... Die Maskierung ist von jeher die Domäne der Bühnendichtung. Aber es ist nicht allzu schwer, Wagners theatralische Chiffrensprache zu dechiffrieren, bietet er doch dazu selber in seinen Schriften die Handhaben, daneben auch in brieflichen und mündlichen Äußerungen."[109] Welche da gemeint sein sollen, wird leider verschwiegen. Wagner sei es gelungen, „die weitverbreitete Vorstellung vom widerwärtigen und gefährlichen Juden in ebenso eindrucksvoller wie grotesker Übertreibung auf die Bühne zu bringen."[110] Schottländers Behauptungen gipfeln in der wörtlich zitierten und doch nicht kenntlich gemachten These Adornos: „All die Zurückgewiesenen in Wagners Werk sind Judenkarikaturen."[111] Eine unbewiesene und – wie in Kapitel IV dieses Buches in aller Ausführlichkeit dargelegt werden wird – unbeweisbare Behauptung,[112] der auch das schon eingangs erwähnte 1992 in englischer und 1999 in deutscher Sprache erschienene Buch von Paul Lawrence Rose nichts irgend Erhärtendes hinzuzufügen weiß[113].

C. Rezeptionsprobleme

Die Wirkungsgeschichte Richard Wagners und seines Musikdramas ist so gewaltig wie kaum eines anderen Künstlers des 19. Jahrhunderts.[114] Die Frage ist allerdings, ob auch Wagners Antisemitismus wirkungsgeschichtlich so bedeutsam gewesen ist.

Jacob Katz hat diese Problematik sehr zutreffend charakterisiert. In seinem 1985 erschienenen Buch stellt er die Frage, „ob Wagners antijüdische Äußerungen die Ideologie der antisemitischen Bewegung beeinflusst haben oder zumindest seine individuelle Verhaltensweise die spätere gesellschaftliche Entwicklung vorwegnahm. Tatsache ist, dass viele Wortführer des Antisemitismus – wie Houston Stewart Chamberlain, Alfred Rosenberg und besonders Adolf Hitler – glaubten, in Richard Wagner ein Vorbild ihrer anti-jüdischen Gesinnung gefunden zu haben. Historiker und besonders Laien, die nach den historischen Wurzeln der von diesen Männern getragenen Bewegung mit ihren entsetzlichen Folgen fragten, führen sie oft als Kronzeugen in der Beurteilung Wagners an. So hat sich bei den Opfern der nationalsozialistischen Judenverfolgung häufig Wagners Bild geradezu als das Symbol tödlicher Judenfeindschaft fixiert – eine Erscheinung, die sich z. B. im Widerstand der Öffentlichkeit gegen die Aufführung von Wagners Musik in Israel dokumentiert."[115] Dem ist nichts hinzuzufügen.

Es galt nach 1945, mit den Fehlern der zugrundegegangenen Epoche, so man von einer solchen reden kann, abzurechnen: so gründlich wie möglich. Dass es manchen Autoren dieser Zeit an der notwendigen Differenzierungsfähigkeit und Unbefangenheit mangelte, ist nicht unverständlich angesichts des geringen Abstands zu den Geschehnissen der jüngsten Vergangenheit. Viele Autoren waren nach 1945 wie Franz Beidler (ein Enkel Richard Wagners) der Ansicht, „1933 sei eine Drachensaat aufgegangen"[116], und glaubten, einen vermeintlich „geraden Weg von Wagner zu Hitler"[117] konstatieren zu müssen.

Schon Ernest Newman hatte in der ihm eigenen polemischen Diktion bei so manchen der antisemitischen Ausfälle Wagners von „charming specimen of Hitlerism"[118] gesprochen. Selbst der Wagner-Kenner und -Verehrer Thomas Mann, der noch in seinem großen Essay von 1933, „Leiden und Größe Richard Wagners", betonte: „Es ist durch und durch unerlaubt, Wagners nationalistischen Gesten und Anreden den heutigen Sinn zu unterlegen – denjenigen, den sie heute hätten"[119], fühlte sich durch den Artikel Peter Vierecks von 1939[120] zu Wagners Verteidigung herausgefordert zu schreiben: „National-Sozialismus, in all seiner unsäglichen empirischen Gemeinheit, ist die tragische Konsequenz der mythischen Politikfremdheit des deutschen Geistes. – Sie sehen, ich gehe ein wenig weiter als Herr Viereck. Ich finde das nazistische Element nicht nur in Wagners fragwürdiger ‚Literatur', ich finde es auch in seiner ‚Musik', in seinem ebenso, wenn auch in einem erhabeneren Sinne, fragwürdigen Werk."¹²¹ Anlässlich der Veröffentlichung der Sammlung Burrell (Wagner'scher Briefe) wiederholte Thomas Mann 1951 schließlich diesen dem Zeitgeist geopferten Sinneswandel: Es sei nun wirklich „zuviel Abstoßendes, zuviel Hitler, wirklich zuviel latentes und alsbald auch manifestes Nazitum"¹²² in Wagner zu erkennen.

Ludwig Marcuse hat dann 1963 in einem vornehmlich in polemisch-ironischem Tonfall verfassten, im Übrigen glänzend geschriebenen Wagner-Buch den Bayreuther „Meister" als den „heimlichen Kaiser"¹²³ des nationalsozialistischen Dritten Reiches bezeichnet, ja als Propheten des Hitlerismus. Marcuse nahm, wie viele in seinem und Adornos Fahrwasser, Hitler offenbar mehr beim Wort als Wagner.

Auch der Journalist Erich Kuby schlug in diese Kerbe. In seinem provozierenden Buch „Richard Wagner & Co. Zum 150. Geburtstag des Meisters", in dem er die geschichtlichen Tatsachen grob missachtete, hatte er die leichtfertig hingeschriebene, aber folgenreiche, ungeheuerliche Behauptung in die Welt gesetzt: „Wer hier noch leugnen will, dass zwischen Wagner und Auschwitz ein direkter Zusammenhang bestehe, der muss als befangen erklärt werden."¹²⁴

Im Gefolge der Jubiläumsfeierlichkeiten der Bayreuther Festspiele (1976) veröffentlichte Hartmut Zelinsky eine Reihe von Publikationen, die darauf abzielten, die Antizipation des modernen Antisemitismus durch Richard Wagner zu suggerieren. Seine wiederholt (deshalb nicht beweiskräftiger) vorgetragene These, dass Wagners Leben und Werk nur das eine Ziel gehabt habe, eine systematische religiös-rassistische, antisemitische Vernichtungsideologie in die Tat umzusetzen, gipfelte in der absurden Behauptung, Wagner habe sogar „den Gedanken der Diktatur vorprogrammiert"¹²⁵ – Behauptungen, die einer genauen Überprüfung der Rezeptionsgeschichte Wagners im Dritten Reich jedoch nicht standhalten. Genaues dazu in Kapitel V und VI dieser Arbeit. Immerhin darf man einer Schlussfolgerung Zelinskys zustimmen: „Keiner hat ... die Botschaft Wagners fanatischer aufgenommen und furchtbarer erfüllt als Hitler."[126] Ansonsten gilt es im Folgenden, seinen teilweise absurden und methodisch unseriös ermittelten Ergebnissen, die unhaltbar sind, sachliche Fakten korrigierend entgegenzusetzen.

Zelinskys Äußerungen haben allerdings Kreise gezogen und eine Reihe ähnlicher Publikationen provoziert. Publikationen, in denen schließlich, wie bei Heinz-Klaus Metzger und Reiner Riehn, ohne auch nur das leiseste Bemühen um Nachweisbarkeit behauptet wird: „von Wagners Wahnsystem führt zur systematischen deutschen Mörderherrschaft und ihrem grausigsten Ergebnis, der Ausrottung des europäischen Judentums, eine beweisbare Linie."[127]

Dem hat sich auch Klaus Umbach angeschlossen, der 1982 bedenkenlos Ludwig Marcuse wie eine der Beweispflicht enthobene Autorität zitiert: „Das Dritte Reich hat keinen größeren Ahnen und keinen vollendeteren Repräsentanten seiner Ideologie als Wagner."[128] Auch Rudolf Schottländer behauptete 1983: „Es hat wohl nie eine verhängnisvollere Mystifikation gegeben als diese des späten Wagner, denn sie inspirierte die Nationalsozialisten zu ihren Synthesen von Siegfried und Parsifal und, im Schlusseffekt, zu den Nürnberger Rassengesetzen, dem Anfang auf dem Wege der ‚Endlösung'."[129] Was einen Autor wie Berndt Wessling im selben Jahr auf die völlig absurde, historisches Unwissen verratende Idee brachte, zu behaupten: „Wagner hat den Antisemitismus und den Rassismus entdeckt."[130] In Wesslings Anthologie völkischer und nationalsozialistischer Wagner-Texte (einer im Übrigen willkürlich und ohne jeden kritischen Kommentar zusammengestellten Sammlung, die auf der Zelinskys fußt) heißt es schließlich: „Wer sich erdreistet, zu sagen, es sei eine ‚kindische Meinung', den Wagnerismus für den Hitlerismus verantwortlich zu machen, Wagner also für den Nationalsozialismus, der geht an den Realitäten vorbei."[131] Letzteres kann wohl eher vom Autor dieses Satzes behauptet werden. Doch Genaueres dazu im letzten Kapitel dieses Buches.

Auch Moshe Zuckermann geht an den historischen Realitäten und offenbar an Wagners Texten, durch die seine Behauptungen in keiner Weise zu stützen sind, vorbei: Er stempelt Wagner nämlich zum „Rassenantisemiten"[132], dessen Ziel eine „germanisch-arische Rassenrevolution"[133] sei: „Die rassistischen Assoziationen Wagners, sein aggressiver Chauvinismus und sein obsessiver Antisemitismus wurden zu Determinanten nationalsozialistischen Denkens."[134] Was allen diesen Behauptungen gemeinsam ist: Sie sind bloße Behauptungen, für die die Autoren den Beweis schuldig bleiben.

Zu Recht hat Hans Mayer darauf hingewiesen, dass der Antisemitismus Wagners als „ein historisches Phänomen"[135] zu verstehen sei, in dem sowohl antisemitisch-nationalistische als auch utopisch-sozialistische Elemente sich feststellen lassen. Deshalb sind „alle Versuche, von Wagner her eine gerade Linie zum Faschismus, oder gar eine Verantwortung, die auch eine subjektive, moralische Verantwortung sein müßte, zum Faschismus oder zum Nationalsozialismus zu führen, einfach ... dialektisch falsch"[136].

Es bleibt also die Frage zu beantworten, die der ungarische Musikwissenschaftler und Philosoph Dénes Zoltai in einer Entgegnung auf die Behauptungen Hartmut Zelinskys mit Nachdruck stellte: „Kann man einen Schlussstrich unter die Vergangenheit ziehen, indem man die Rezeption der Wagner'schen Kunst ... durch Hitler-Deutschland als wirklich authentisch betrachtet?"[137] Die Antwort darauf soll im letzten Kapitel meiner Arbeit gegeben werden.

Schlussfolgerungen

Die Beiträge der Forschung zum Problem des Wagner'schen Antisemitismus sind hinsichtlich vieler Einzelfragen – wie im Vorigen dargestellt – noch immer kontrovers. Sie unterscheiden sich in Methode wie Ergebnis beträchtlich. Meist werden einzelne Bereiche des Gesamtphänomens Wagner ausgeklammert. Oft wird der historische Kontext der antisemitischen Äußerungen Wagners außer Acht gelassen, das musikalisch-dramatische Werk

Schlussfolgerungen

wird ausgeklammert oder es werden vornehmlich theoretische Schriften und private Äußerungen Wagners zur Grundlage von Untersuchungen gemacht, die sich vor allem rezeptionsgeschichtlicher Zeugnisse zur Deutung des Wagner'schen Werks bedienen. Häufig werden nur mehr Pauschalurteile abgegeben.

All dies ist unbefriedigend und verlangt nach sachlicher Klärung. Es ist (zumal wegen der widersprüchlichen und diskontinuierlichen Forschungslage) geboten, einmal eine Summe bisheriger Beiträge und Erkenntnisse der Forschung zu ziehen, um einen auf verifizierbaren Fakten und Tatsachen und auf heutiger Quellenlage basierenden Überblick über Wagners Antisemitismus zu geben, jenseits ideologischer Verhärtungen.

Eine Reihe biographischer, konzeptionsgeschichtlicher und rezeptionsgeschichtlicher Probleme und Fragen bedürfen der Klärung im Sinne präziser, umfassender (und um historische Gerechtigkeit sich bemühender) Analysen und Darstellungen. Das bedeutet zunächst einmal, dass vor dem Hintergrund der familiären Herkunft Richard Wagners zu klären ist, ob jüdischer Selbsthass als Ursache für Wagners Antisemitismus in Betracht zu ziehen oder auszuschließen ist (Kap. II). Daraufhin soll vor dem Hintergrund des zeitgeschichtlichen Kontexts das theoretische (Kap. V) wie das musikalisch-dramatische (Kap. IV) Werk Wagners in Bezug auf das Problem „Antisemitismus" präziser philologischer, vor allem entstehungsgeschichtlicher Einzelanalysen unterzogen werden, deren Ergebnisse dann in eine Gesamtbewertung des Werks im Schlusskapitel (Kap. VI) münden sollen.

Es versteht sich von selbst, dass die ausführlichen Analysen der Essays, Aufsätze und Musikdramen ergänzt werden müssen durch die Auswertung sämtlicher verfügbarer und aussagekräftiger privater Zeugnisse antisemitischer Äußerungen Wagners Es sind dies seine Briefe, das sogenannte „Braune Buch", Wagners autobiographische Schriften, aber auch Berichte von Zeitgenossen. Vor allem die Tagebücher seiner Gattin Cosima, die als eine der wichtigsten Quellen der Wagner-Forschung bis heute nicht annähernd genutzt wurden, sollen in meiner Arbeit erstmals auf die in ihnen festgehaltenen hochinteressanten Äußerungen Wagners zur „Judenfrage" umfassend überprüft und konsequent ausgewertet werden (Kap. III).

Um nur ein Einzelergebnis der Tagebuchauswertung zur Illustrierung der oben erhobenen Forderung vorwegzunehmen, sei hier nur angedeutet, dass beispielsweise bis heute nicht gebührend registriert worden ist, dass sich Cosimas naiv-pauschaler Antisemitismus beträchtlich von dem ihres Mannes unterscheidet. Auch ihr Einfluss auf dessen Antisemitismus, ganz zu schweigen von ihrer antisemitischen Hauspolitik in Bayreuth nach Richards Tod, ist bisher fahrlässig unterschätzt und noch nicht angemessen dargestellt worden.

Dies ist freilich ein Rezeptionsproblem, das deutlich zu unterscheiden ist von den Produktionsproblemen, der Frage also, inwieweit Wagner absichtlich, oder auch unbewusst, in sein Werk antisemitische Intentionen einpflanzte – eine Unterscheidung, die in den Debatten der letzten vierzig Jahre nur selten getroffen wurde. Aber eben darin liegt ja gerade das Kernproblem der wissenschaftlichen Auseinandersetzung um Wagners Antisemitismus. Nach den produktionsspezifischen, also entstehungsgeschichtlichen Werkanalysen sollen deshalb im letzten Kapitel meines Buches (Kap. VI) wesentliche Mechanismen der völkisch-nationalistischen wie der nationalsozialistischen Wagner-Rezeption beleuchtet werden. Erst dann kann eine Summe gezogen und ein abschließendes Urteil versucht werden.

Ziel meiner Untersuchung des Wagner'schen Antisemitismus ist es also, den in der Wagner-Literatur verwischten Unterschied zwischen Werk und Wirkung Richard Wagners (hinsichtlich seines Antisemitismus) deutlich hervorzuheben. Selbstverständlich muss danach gefragt werden, wieso es zu einer solch exponierten Rezeption des Wagner'schen Judenhasses im Dritten Reiches kommen konnte. Es wird nötig sein, hier möglichst genau den rezeptionsgeschichtlichen Weg der „Verwaltung", um nicht zu sagen Vermarktung und der ideologischen Verzerrung von Werk und Person Richard Wagners gemäß dem kulturpolitischen Sendungsbewusstsein Bayreuths darzustellen, als deren Repräsentanten (in chronologischer Reihenfolge) Cosima und Winifred

Wagner zu nennen sind. Erst nach detaillierten Untersuchungen von theoretischem und dramatischem Werk Wagners sowie dessen Rezeption durch Cosima, den Bayreuther Kreis, völkische und schließlich nationalsozialistische Autoren kann und soll die Frage, in der jene nach Wagners Antisemitismus letztlich gipfelt, beantwortet werden, ob es tatsächlich einen direkten Weg von Wagner zu Hitler gab.

II. Abstammungsfragen

A. Richard Wagners Herkunft

1. Geburt auf dem Brühl, dem vermeintlichen Judenviertel Leipzigs

In diesem Kapitel sollen nun die im Forschungsbericht des ersten Kapitels aufgeworfenen, noch offenen familiengeschichtlichen und genealogischen Fragen, soweit als heute möglich, beantwortet werden. Zu überprüfen sind also die zur Deutung des Wagner'schen Antisemitismus immer wieder herangezogenen Hypothesen einer vermeintlich jüdischen Abstammung sowohl Richard als auch Cosima Wagners (als Motiv jüdischen Selbsthasses).

Wilhelm Richard Wagner wurde am 22. Mai 1813 in Leipzig geboren, und zwar auf dem Brühl Nr. 3, im Hause zum „Rot und Weißen Löwen"[1], mitten „im Judenviertel" Leipzigs, wie oft betont wird[2]. Er war das neunte Kind aus der Ehe Carl Friedrich Wilhelm Wagners (1770–1813) mit Johanna Rosine Pätz (1774–1848). Getauft wurde Richard Wagner am 16. August in der Leipziger Thomaskirche.

Es mutet wie Ironie des Schicksals an, dass ausgerechnet der Antisemit Richard Wagner im „Judenviertel" Leipzigs, dem „Brühl", geboren sein soll. Was es indes mit dieser Behauptung auf sich hat, soll in einem stadtgeschichtlichen Exkurs geklärt werden: Der Leipziger Brühl[3] zur Zeit der Geburt Richard Wagners durchzog die nördliche Altstadt Leipzigs in westöstlicher Richtung, vom Theaterplatz vor dem Neuen Theater am Ranstätter Tor bis zur Goethestraße. Der Brühl war während der Leipziger Messen die (seit etwa 1687) bevorzugte Straße, in der die jüdischen Messebesucher (hauptsächlich polnische und russische Händler, vor allem Rauchwarenhändler) Unterkunft gefunden hatten. Der Brühl war immerhin das Zentrum des Rauchwarenhandels, der in der Wirtschaftsgeschichte Leipzigs eine eminente Rolle spielte. Leipzig wurde seit dem achtzehnten Jahrhundert zum „Sammelpunkt der Rauchwaren europäischen, russischen, sibirischen und zentralasiatischen Ursprungs für den Weiterverkauf nach der ganzen übrigen Welt"[4].

Der Leipziger Brühl als Siedlungsort der Juden war zu Beginn des 19. Jahrhunderts allerdings noch relativ neu, denn erst in der zweiten Hälfte des 18. Jahrhunderts durften sechs jüdische Familien in Leipzig sesshaft werden (um 1800 zählte die jüdische Bevölkerung Leipzigs zwischen 40 und 50 Seelen). Seit ihrer Verbannung aus Leipzig im Jahre 1543 durch Herzog Moritz von Sachsen gab es bis etwa in die zweite Hälfte des 18. Jahrhunderts keine ansässigen Juden mehr in Leipzig. Die neuangesiedelten Juden hatten sich zunächst am Fleischerplatz[5], später hauptsächlich im Brühl und seinen Seitengässchen niedergelassen. Nur in diesem sehr eingeschränkten Sinne darf man vom Brühl als einer Art „Judenviertel" sprechen, wobei der Begriff zweifelsohne irreführend ist, da es sich nicht um ein überwiegend von Juden bewohntes Gebiet handelt. Die überwältigende Mehrheit der im Brühl (einer mehr als einen Kilometer langen, bedeutenden Handelsstraße in der Stadtmitte) ansässigen Bürger jener Zeit waren, wie leicht nachzuprüfen ist, Nichtjuden.[6] Es sei hier nur angemerkt, dass erst 1837 durch ein Gesetz des Sächsischen Landtages den in Dresden und Leipzig wohnenden Juden das Recht zur Bildung öffentlich-rechtlicher Religionsgemeinden verliehen und damit ein für die Stadtentwicklung bedeutsames Anwachsen der jüdischen Bevölkerung Leipzigs ermöglicht wurde: „Das Königreich Sachsen war wahrscheinlich das rückständigste Gebiet Deutschlands in Bezug auf die Emanzipation der Juden."[7]

Um die bisherigen Ergebnisse zusammenzufassen: Die Tatsache, dass Richard Wagner im Brühl geboren wurde, besagt gar nichts. Im Brühl wohnte zum größten Teil einheimische christliche Bevölkerung, von einem „Ghetto" kann nicht die Rede sein. Warum die Eltern Richard Wagners ausgerechnet im Brühl wohnten, ist leicht zu beantworten. Es waren rein praktische,

II. Abstammungsfragen

berufliche Gründe seitens des Vaters, die ihn dazu bewogen haben mochten, im Brühl Wohnung zu beziehen. Carl Friedrich Wilhelm Wagner war nämlich „erster Actuarius im Königlichen Polizeiamte im Brühl"[8], direkt neben dem Ranstädter Tor, einem der Stadttore Leipzigs. Dass er mit seiner Familie eine Wohnung im Brühl, Haus Nr. 3, bezog, ist aufgrund der unmittelbaren Nachbarschaft seiner Dienststelle allzu verständlich.

2. Schulmeister, Organisten, Kantoren: Die Herkunft der Eltern

Die Abstammung Richard Wagners ist in väterlicher Linie relativ gut erforscht, seine Ahnen lassen sich zurückverfolgen und nachweisen bis zu Samuel Wagner (1643–1705), der Schulmeister und Organist in Thammenheim gewesen ist. Protestantische Schulmeister, Organisten und Kantoren sind sie alle gewesen, die Ahnen Wagners. Sie lebten im weiteren kursächsischen bzw. königlich-sächsischen Umland Leipzigs (innerhalb eines Radius von ca. 80 km), bis hin zum Großvater Richard Wagners, Gottlob Friedrich Wagner, der nach abgebrochenem Theologiestudium in Leipzig Churfürstlich-Sächsischer Tor-Akzise-Assistent am Ranstädter Tor wurde, unweit des späteren Geburtshauses Richard Wagners. Gottlob Friedrich Wagners zweiter Sohn, Carl Friedrich Wilhelm Wagner, der Vater Richard Wagners, wurde, wie schon erwähnt, nach dem Jurastudium in Leipzig Königlich-Sächsischer Polizeiamtsaktuarius im Brühl.

Die weiblichen Ahnen Richard Wagners waren ausnahmslos Töchter kurfürstlich- bzw. königlich-sächsischer Handwerker, Pastoren und Schulmeister. Auch die Mutter Richard Wagners, Johanna Rosine Pätz (über die Schreibweise des Namens wird gestritten), war die Tochter eines Handwerkers, des Weißenfelser Bäckermeisters Pätz. Der Vollständigkeit halber soll hier kurz auf jene Gerüchte über die vermeintlich illegale Abstammung der Johanna Rosine Pätz vom weimarischen Fürstenhause, die sogenannte „Prinz-Constantin-Hypothese"[9], eingegangen werden, jenen Prozess von Mutmaßungen, den Richard Wagner selbst in Gang gesetzt hat durch obskure Bemerkungen über seine Mutter in seiner Autobiographie. Seit der Veröffentlichung einer Studie Volker L. Sigismunds über den Prinzen Constantin von Sachsen-Weimar[10] lassen sich, mehr zufällig allerdings, die Zusammenhänge zwischen dem weimarischen Fürstenhaus und Richard Wagners Mutter endgültig klären. Martin Gregor-Dellin hat diese Arbeit als Quelle der Wagner-Forschung 1985 als Erster entdeckt und ausgewertet. Seinem Fazit ist nichts hinzuzufügen: „Johanna Rosine war nicht die Tochter des Weimarer Prinzen – sie war seine Geliebte!"[11] Mit Sigismunds Arbeit dürfte für die Zweifler an Wagners Abstammung auch diese Lücke im genealogischen Gemäuer endgültig geschlossen sein.

3. „Wahlverwandtschaften" oder Die Vaterschaftsfrage: Ludwig Geyer

Um auch die letzten Zweifel an Wagners nichtjüdischer Herkunft auszuräumen, ist noch auf die vieldiskutierte Frage einzugehen, ob Richard Wagners leiblicher Vater etwa nicht Carl Friedrich Wilhelm Wagner, sondern vielmehr Ludwig Geyer, sein späterer Stiefvater, dem durch Nietzsche jüdische Abstammung unterstellt wurde, gewesen ist.

Die Situation war folgende: Ein halbes Jahr nach Richard Wagners Geburt, am 23. November 1813, Carl Friedrich Wilhelm Wagner an Typhus, der nach der „Völkerschlacht" gegen Napoleon in Leipzig ausbrach. Der Maler und Schauspieler Ludwig Geyer, langjähriger und vertrauter Freund der Familie, nahm sich daraufhin der Mutter Richard Wagners und ihrer neun Kinder fürsorglich an. Am 28. August des folgenden Jahres heiratete Ludwig Geyer Johanna Rosine Wagner sogar und siedelte mit ihr nach Dresden über. Bis in sein 14. Lebensjahr hinein trug Richard in Dresden sogar den Familiennamen seines Stiefvaters. Auch konfirmiert wurde er 1827 in der Dresdner Kreuzkirche noch unter dem Namen Wilhelm Richard Geyer. Erst als er am

II. Abstammungsfragen

Ende des Jahres wieder nach Leipzig übersiedelte, nahm er endgültig den Familiennamen seines leiblichen Vaters an. Sein Stiefvater war übrigens bereits 1821 verstorben. Richard Wagner gedachte seines Stiefvaters zeitlebens (in seiner Autobiographie, in Briefen und in Gesprächen) als eines Vaters, der sich „mit größester Sorgfalt und Liebe"[12] seiner Erziehung angenommen habe.

Am sachlichsten hat sich Ernest Newman mit der Frage der Vaterschaft Ludwig Geyers befasst. Er hat aufs Genaueste die bekannten Fakten, Geburts- und Todesdaten, den berühmten Brief Richard Wagners an seine Schwester Cäcilie[13], vage Äußerungen Richard Wagners, die Glasenapp überliefert hat, sowie die wenigen unergiebigen, weil nur andeutenden Bemerkungen Wagners (in seiner Autobiographie) über das Verhältnis Ludwig Geyers zu seiner Mutter einander gegenübergestellt. Newman hat eine Reihe von heiklen Vermutungen daraus abgeleitet, die sich jedoch nicht zu Tatsachen erhärten ließen. Ergebnis seiner mühsamen Erwägungen ist letztlich das Eingeständnis, dass es nicht mehr möglich sei, eindeutig festzustellen, ob Ludwig Geyer tatsächlich der leibliche Vater Richard Wagners sei oder nicht, dass aber – nicht mit Sicherheit – vermutet werden könne, dass der alte Richard Wagner möglicherweise geglaubt haben könnte, der leibliche Sohn Ludwig Geyers zu sein.[14]

Angesichts der gegenüber Newman heute wesentlich erweiterten Quellenlage lässt sich diese Unsicherheit insofern beseitigen, als die Tagebücher Cosimas unmissverständlich Klarheit darüber verschaffen, dass Richard Wagner allem Anschein nach Ludwig Geyer nicht für seinen leiblichen Vater gehalten hat. Am 26. Dezember 1878 notierte Cosima in ihrem Tagebuch: „Dann sagt R., Fidi (sein Sohn Siegfried, D. S.), dem er seine Kappe immer zur Aufbewahrung zugeworfen, habe prachtvoll ausgesehen, seinem Vater Geyer ähnlich gesehen: ich: ‚Vater Geyer ist gewiss dein Vater gewesen.' R.: ‚Das glaube ich nicht.' ‚Woher dann die Ähnlichkeit?' R.: ‚Meine Mutter hat ihn damals geliebt, Wahlverwandtschaften.'"[15] Darüber hinaus gibt es in der gesamten Fülle überlieferter Äußerungen Wagners keine einzige, in der er Zweifel an der leiblichen Vaterschaft Carl Friedrich Wilhelm Wagners oder gar seiner christlichen Abstammung aufkommen.

Es sei hier der wissenschaftlichen Vollständigkeit halber nur erwähnt, dass bereits 1913 Otto Bournot[16] eine in der Wagner-Forschung bis heute kaum zur Kenntnis genommene Studie vorgelegt hat, in der er aufgrund umfangreicher familiengeschichtlicher Nachforschungen herausgefunden hat, dass die Vorfahren Ludwig Geyers (die bis ins 17. Jahrhundert zurückzuverfolgen sind) protestantische Kantoren, Organisten und Stadtmusiker gewesen sind. Von einer jüdischen Abstammung Geyers kann also nicht die Rede sein. Die bis heute immer wieder aufflackernde Debatte um die (natürlich mit letzter Sicherheit nicht zu beantwortende) Frage, ob Ludwig Geyer nun der leibliche Vater Richard Wagners gewesen ist oder nicht, scheint mir angesichts der Wagner'schen Überzeugung von seiner Herkunft und der Ergebnisse Bournots überflüssig: „Denn in der Familie Geyer lassen sich von Anfang an genau dieselben ethischen, nationalen, künstlerischen und religiösen Werte erkennen, wie in der Familie Wagner, und deren germanische Abstammung und Zugehörigkeit zur evangelischen Kirche ist ebenso sicher bewiesen, wie die jener."[17]

Abschließend sei nur angemerkt, dass auch seitens der Namensforschung eine jüdische Abstammung Geyers nicht nur unwahrscheinlich, sondern sogar auszuschließen ist. Der Historiker Jacob Katz hat 1985 mit Nachdruck darauf hingewiesen, dass Nietzsches „Gedankensprung von Geyer zu Adler, einem bekannten jüdischen Familiennamen", gänzlich willkürlich sei, „denn der Name Geyer, im Gegensatz zu Adler, kommt bei Juden überhaupt nicht vor".[18] Ein Blick in jüdische Namensbücher bestätigt dies.

B. Die Großmutterfrage: Cosima Wagners Abstammung

Neben dem vermeintlichen genealogischen Geheimnis der Abstammung Richard Wagners existierte immer auch das der Abstammung Cosimas, es wurde oft ein bedeutsamer psychologi-

II. Abstammungsfragen

scher Zusammenhang darin gesehen. Immerhin waren sowohl Richard Wagner als auch Cosima Liszt mit dem Stigma nicht zweifelsfreier, nämlich unehelicher Herkunft behaftet – und beide waren Antisemiten. Es lag nahe, beider Judenhass, der als identisch, ja verbündet betrachtet wurde, auf das oft behandelte Phänomen des sogenannten jüdischen Selbsthasses zurückzuführen.

Ist es bei Richard Wagner die Vaterfrage, die die Forschung interessierte, so ist es bei Cosima die Mutter-, genauer: die Großmutterfrage. Bei Richard Wagner wurde seitens seines Stiefvaters (als des vermeintlichen leiblichen Vaters) eine jüdische Herkunft vermutet, bei Cosima Wagner wurde der Großmutter mütterlicherseits eine jüdische Abstammung unterstellt. Robert Gutman[19] vor allem hat in seiner vielgelesenen, in zahlreichen Auflagen erschienenen Wagner-Biographie die Behauptung aufgestellt, Cosimas Großmutter sei „die Tochter des jüdischen Bankiers Simon Moritz Bethman in Frankfurt am Main" gewesen. Weiter heißt es dort über Cosima: „Sie schämte sich ihrer Abkunft vom patriarchalischen Schimsche Naphtali Bethmann, und zeit ihres Lebens suchte sie sie durch Hass und Beschimpfung zu vertuschen."[20] Zuletzt hat Peter Gradenwitz 1984 diese Behauptung aufgegriffen und für bare Münze ausgegeben. Er wies darauf hin, dass schon zu ihren Lebzeiten Gerüchte über Cosimas wie auch Richard Wagners jüdische Abstammung im Umlauf gewesen seien, Gerüchte, die ihnen bekannt gewesen seien und die sie „traumatisch beunruhigt"[21] hätten. In Ermangelung jeglicher nachprüfbarer Fakten brüstet sich Gradenwitz mit der Behauptung: „Auch hier ist die historisch nicht mehr eindeutig nachzuprüfende Wahrheit nicht als solche wesentlich. Dass Cosima wie Richard Zweifel an der Deutschblütigkeit ihrer Abstammung hatten, kann ohne Zweifel angenommen werden."[22] Eine unhaltbare Hypothese, denn es findet sich tatsächlich in der gesamten Wagner-Literatur kein einziger Hinweis auf derlei Zweifel, weder Richards noch Cosimas, an ihrer „Deutschblütigkeit". Darüber hinaus sprechen auch alle historisch nachprüfbaren Fakten für eine nichtjüdische Herkunft Cosimas.

Cosima war die uneheliche Tochter Franz Liszts und der Grä-

Die Großmutterfrage: Cosima Wagners Abstammung

fin Marie d'Agoult, geborene de Flavigny. Marie d'Agoults Vater war der Vicomte de Flavigny, ein der Französischen Revolution (der seine Eltern zum Opfer fielen) entkommener Adliger. Ihre Mutter war Maria Elisabeth Bußmann. Diese war die früh verheiratete und mit 18 Jahren bereits verwitwete Tochter des Simon Moritz Bethmann (1768–1826), des erfolgreichsten Geschäftsführers des Frankfurter Bankhauses Bethmann. Dass die Familie Bethmann jüdischer Herkunft sein soll, wie Gutman behauptet, lässt sich ebenso wenig nachweisen wie ein von Gutman erwähntes Familienmitglied: „Schimsche Naphtali Bethmann".[23] Es kann hingegen als Tatsache gelten, dass die Vorfahren des oben erwähnten Simon Moritz Bethmann nicht jüdischer, sondern protestantischer Abstammung sind. Dessen Vorfahren nämlich sind zur Zeit der Religionsverfolgungen (also im 16. Jahrhundert, es müsste sich dabei um die Gegenreformation, also die Verfolgung von Protestanten handeln) aus den Niederlanden vertrieben worden und haben sich in dem Städtchen Nasssau bei Koblenz niedergelassen. Ein erstmals erwähnter, dort lebender Vorfahre war der fürstlich-nassauische Amtmann (ein Amt, das zu dieser Zeit ausschließlich christlichen Bürgern zukommen konnte) Simon Moritz Bethmann (1687–1725)[24]. Er hinterließ vier Kinder, die ihrem Oheim, dem Frankfurter Handelsherrn Jakob Adamy (1670–1745) anvertraut wurden. Der älteste Sohn, Johann Philipp Bethmann (1715–1793) übernahm nach Adamys Tod dessen Handelsgeschäft. Mit seinem Bruder Simon Moritz (1721–1782) gründete er 1746 das „Bankhaus Gebrüder Bethmann", das sehr schnell einen großen Aufschwung nahm und schließlich unter dessen einzigem Sohn, dem Vater Maria Elisabeth Bußmanns (der Großmutter Cosimas), um 1800 bereits zu einem der führenden Frankfurter Bankhäuser avancierte.[25]

Fazit dieser Ausführungen: Für die Vermutung, Cosima Wagner, geborene Liszt, sei jüdischer Abstammung, gibt es, soweit irgendwie nachprüfbar, auch nicht den geringsten stichhaltigen Grund. Damit dürften die Abstammungsfragen sowohl Cosimas wie Richards allen immer noch grassierenden gegenteiligen Behauptungen zum Trotz geklärt sein.

III. Die Tagebücher Cosimas

Grundsätzliches

Die Tagebücher Cosima Wagners sind, dem Genre nach, als Reflex biographischen Erlebens anzusehen. Von daher rechtfertigt sich ihre Heranziehung zur Klärung vor allem biographischer Fragen. Sie sind jedoch weitaus mehr als nur Quelle biographischer Informationen[1]. Was ein besonderes Eingehen auf die Tagebücher geradezu notwendig macht, ist die Tatsache, dass sie äußerst differenziert den aus heterogenen Bestandteilen sich zusammensetzenden, ja widersprüchlichen, vor allem aber sich wandelnden Antisemitismus Richard Wagners zwischen 1869 und 1883, aber auch die bedeutsame Differenz des antisemitischen Denkens Richard und Cosima Wagners spiegeln wie kein anderes Dokument[2]. Den Tagebüchern Cosimas kommt als Quelle der Wagner-Forschung zum Verständnis des Wagner'schen Antisemitismus eine Schlüsselfunktion zu. Gerade im Hinblick auf den Antisemitismus, der sich in ihnen in relativ ungefilterten und spontanen (daher besonders interessanten) Äußerungen kundtut, sind sie bisher weit unterschätzt worden. Deshalb sollen sie vor den Einzeluntersuchungen des Werks und vor der Darstellung der Wirkung Wagners in diesem Kapitel einmal einer systematischen Auswertung in ihrem Gesamtzusammenhang unterzogen werden, die bis heute nicht vorliegt.

Zur Erinnerung: Hartmut Zelinsky hat 1981 von den Tagebüchern Cosimas behauptet: „Diese Tagebücher beseitigen nun auch den letzten Zweifel daran, dass Wagner sich als Religionsstifter und Bayreuth als religiöses Erlösungszentrum verstand, dass das Judenproblem das zentrale Problem seines Lebens war und seit der Veröffentlichung seiner Schrift ‚Das Judentum in der Musik' im Jahre 1850 geblieben ist."[3]

Die Absurdität dieser Behauptung wird schon durch eine bloß

quantitative Überlegung offensichtlich: Die Tagebücher Cosimas datieren vom Jahre 1869 bis ins Jahr 1883. Die Aufzeichnungen innerhalb dieses vierzehnjährigen Zeitraums umfassen in der Edition Gregor-Dellins rund 2000 Druckseiten. Stellt man alle sich auf das Thema „Judentum" beziehenden Notierungen Cosimas zusammen, so kommt man, großzügig gerechnet, auf ungefähr 20–30 Druckseiten, was 1–1,5 % des Gesamtvolumens ausmacht. Für die Behandlung eines „zentralen Problems" nicht gerade viel. Ganz abgesehen davon, dass in diesen 20–30 Seiten alle im weitesten Zusammenhang mit „Jüdischem" bzw. dem Judentum gemachten Äußerungen Cosima oder Richard Wagners enthalten sind, also auch völlig belanglose. Greift man die essentiellen Äußerungen heraus, so reduziert sich der Anteil dieser Äußerungen auf einen Bruchteil des Prozentsatzes. Die Häufigkeit der notierten Äußerungen zu „jüdischer" Thematik schwankt zwischen maximal (etwa) 50 Notierungen im Jahre 1881 und zwei erwähnenswerten Notierungen im Jahre 1876.

Doch nicht nur quantitativ erweist sich das Judenproblem als keineswegs zentrales Problem Wagners in den Tagebüchern Cosimas: Auch inhaltlich stehen familiäre und persönliche, ganz alltägliche, auch finanzielle, gesundheitliche, psychische, und kulturhistorische, politische, religiöse, philosophische, vor allem aber künstlerische Probleme Richard Wagners und deren Erörterung im Vordergrund der Aufzeichnungen. Nicht zu vergessen die zuweilen ausschweifenden, an religiös verbrämten Masochismus und pathologische Selbsterniedrigung grenzenden Selbstanklagen und Reflexionen Cosimas, ihre Kommentare zu den akribisch fixierten Aussprüchen ihres Gatten und ihre Berichte über die konkreten Vorkommnisse des Tages.

Wollte man wirklich (was einer sinnlosen Simplifizierung dieser Aufzeichnungen gleichkäme) aus der immensen Fülle der Tagebucheintragungen Cosimas so etwas wie ein „zentrales Problem seines (Wagners) Lebens" destillieren, so wäre es weitaus eher das seiner künstlerischen und menschlichen Selbstverwirklichung als das des Judentums. Das „Judenproblem" stellt nur eines unter vielen dar, die Auseinandersetzung mit ihm steht keineswegs im Mittelpunkt der Tagebuchaufzeichnungen. Gleichwohl gehört das Thema in den Fundus der sowohl Cosimas wie Richards Denken beschäftigenden Themen. Immer wieder setzen sich beide mit dem Thema „Judentum" auseinander, angeregt durch Tagesereignisse, durch Presseveröffentlichungen, Begegnungen, Gespräche und Diskussionen, Lektüre und persönliche Erfahrungen mit jüdischen Freunden, Kollegen, Gästen, Künstlern, Wissenschaftlern oder Politikern. Man weiß, dass in der zweiten Hälfte des 19. Jahrhunderts, mehr noch im letzten Drittel, im weiteren Umfeld der rechtlichen Gleichstellung der Juden, die sogenannte „Judenfrage" in aller Munde war. Die Auseinandersetzungen im Hause Wagner können in ihrer Komplexität, die fast alle Facetten dieser Problematik sichtbar werden lässt, als geradezu repräsentativ für die Haltung des deutschen Bürgertums dieser Zeit zur Judenfrage betrachtet werden.

Eine der wichtigsten Erkenntnisse, die man aus der geduldigen Lektüre der Tagebücher Cosimas gewinnt, ist die Tatsache, dass sich der Antisemitismus Richard Wagners von dem seiner Gattin wesentlich unterscheidet, auch wenn der Eindruck erster flüchtiger Lektüre sein mag, beider Antisemitismus sei deckungsgleich. Dieser Eindruck trügt jedoch, denn Cosima schien mit Vorliebe gerade solche Äußerungen ihres Mannes aufzuschreiben, die ihren eigenen Ansichten nahekamen. Hier ist natürlich wieder die Frage nach „Wirklichkeit und Richtigkeit" der Notierungen Cosimas zu stellen. Die Frage, die einen bei der Lektüre dieser mehr als 2000 Tagebuchseiten „ständig begleitet: Ist Cosimas Wagner der wirkliche Wagner? Oder, wenn die Frage nach der ‚Wirklichkeit' zu vermessen ist: Hat sie, ihm zuliebe, sich zuliebe, den Kindern zuliebe, hat sie geschönt, dekoriert, verstärkt und abgeschwächt? Das hat sie gewiss, und wie denn nicht. Dennoch bleibt der Eindruck einer durchgehenden großen, strengen Ehrlichkeit, eines beharrlichen Willens zu aufrichtiger Chronistik."[4]

Es darf als Glücksfall für die Wagner-Forschung bezeichnet werden, dass ihr Pflichtgefühl Cosima immerhin veranlasst hat, eine Fülle auch solcher Äußerungen Wagners aufzuschreiben, die die ganze Verschiedenheit des ‚antijüdischen' Denkens Richards und Cosimas deutlich zutage treten lassen – Unterschiede, die allerdings in der Wagner-Literatur häufig verwischt werden. Die Tatsache dieser Unterschiedlichkeit ist bisher in ihrer ganzen Tragweite weder mit Bestimmtheit erkannt noch eingebracht worden in die Debatte um den Antisemitismus Richard Wagners. Nicht zuletzt durch die sich in den Tagebüchern offenbarenden Differenzen Richards und Cosimas wird deutlich, dass die antisemitische Politik des „Hauses Wagner" – nicht erst nach Wagners Tod – maßgeblich von Cosima bestimmt wurde! Eine Erkenntnis, mit der in keinem Fall der Antisemitismus Richard Wagners heruntergespielt oder gar entschuldigt, wohl aber einer differenzierteren, gerechteren Beurteilung unterzogen werden soll.

Der wesentliche Unterschied zwischen Richards und Cosimas Äußerungen liegt darin, dass er immer wieder zu selbstkritischer Distanzierung, zu Revisionen seiner Ansichten fähig ist, auch eine gewisse Lernfähigkeit, gekoppelt mit politischem Bewusstsein und einer aufmerksamen Beobachtungsgabe für gesellschaftliche Veränderungen zeigt, wohingegen sie in ihren Urteilen statisch ist. Cosimas Antisemitismus erweist sich, im Gegensatz zu dem ihres Gatten, von der ersten bis zur letzten Seite ihrer Tagebücher als gleichbleibend borniert, starr und unbeugsam, ja christlich-religiös militant. Dieser essentielle Unterschied soll im Folgenden ausführlich dargestellt werden.

A. Cosimas Antijudaismus und Wagner-Idolisierung

Die Einfältigkeit des so diffusen wie kategorischen Antisemitismus Cosimas, gepaart mit der für sie kennzeichnenden Bigotterie, zeigt sich in Notierungen wie der vom 7. März 1870, wo sie sich über den gemeinsamen Freund Heinrich Porges folgendermaßen äußert: „Viele sonderbare Nöte wegen der jüdischen Abstammung Porges', jeder Augenblick bringt den Herrn Jesus auf unsere Lippen!"[5] Womit sie wohl eher für sich spricht, denn Frömmelei war nicht Wagners Art. Alles Jüdische ist ihr per se derart unheilvoll, angsteinflößend und schlimm, dass sie überall Juden, „Judenempfindlichkeit und Judenrache"[6] wittert. Ernest Newmans Bemerkung über die Devise Cosimas: „Cherchez le Juif", erfährt hier ihre Rechtfertigung[7]. Von „Israel"[8], so ihr pauschaler Begriff für alles Jüdische, fühlt sie sich verfolgt und angewidert, regelmäßig befallen sie „israelitische Nöte"[9], sie hasst jüdische Bärte und sieht sich überall von jüdischen Physiognomien umstellt, vor allem im Theater. Am 13. Oktober 1881, während eines Besuchs in Leipzig, notiert sie: „dann gehen wir ins Theater, wo viel Israel wieder herrscht. Merkwürdige Organe vor allem."[10] Hinter den meisten ihr und ihrer Sache (der Sache Wagners) nicht zuträglichen Personen vermutet sie grundsätzlich Juden, so z. B. am 21. März 1873: „Strauß wahrscheinlich ein Israelit."[11] Hat sie jemanden als solchen „entlarvt", schreibt sie dessen negative Eigenschaften schlicht seiner jüdischen Herkunft zu und spricht von dessen „eigentümlich semitischer Weise"[12]. So ist es zum Beispiel bei einem „Dr. Brée" (wahrscheinlich ist der Nietzsche-Begleiter Dr. Paul Rée gemeint), der „als Jude sich entpuppend, ... lästig wirkt"[13], und so ist es auch bei Hermann Levi, dem Dirigenten der „Parsifal"-Uraufführung.

Wenn Joseph Rubinstein, fleißiger und hingegebener Pianist und Verfertiger von Klavierauszügen, treuer Diener der „Nibelungenkanzlei", Fortschritte macht, dann heißt es bei ihr, er habe eben „dem Vater (gemeint ist der mitkonzertierende Franz Liszt, D. S.) auf jüdische Art sehr zu seinem Vorteil allerlei abgeguckt"[14]. Spielt Rubinstein nicht wie erwartet, dann ist daran seine vermeintliche jüdische Unsensibilität schuld. Auch greift Cosima mit Eifer antijüdische Gerüchte auf: „Die Soldaten sollen durch schlechte Verpflegung krank geworden sein, die Lieferanten sind alle Juden und geben schlechtes Brot, schlechtes Fleisch usw."[15] Dass ihr ehemaliges Wohnhaus in Tribschen verwildert sei, wie sie am 19. Juli 1877 feststellt, geht ihrer Meinung nach ebenfalls aufs Konto der Juden: Es sei „bewohnt von französischen Juden"[16].

Gerade in ihren antisemitischen Äußerungen zeigt sich, wie sehr Cosima ihrem Gatten an geistiger Beweglichkeit und Spontaneität, Phantasie, Weltoffenheit und Belesenheit, vor allem aber an politischem Bewusstsein nachstand. Als Wagner, um ein Beispiel zu nennen, am 17.6.1879 den Kindern erklärte, dass die Französische Revolution zwar den Feudalismus gebrochen, aber, wie er glaubt, den Kapitalismus geboren habe, lautete Cosimas – der Französin – ganzer Kommentar dazu: „o wie wohl tut es einem, von da weg auf die Bäume zu blicken!"[17].

Cosimas antisemitische Äußerungen zeugen von einer geradezu einfältig zu nennenden Art blinder Vorurteilsgläubigkeit. Sie zeugen aber auch von der Unfähigkeit zu selbständiger Urteilsbildung und gedanklicher Differenzierung wie von Unsensibilität und sublimem Machtwillen. Man kann diesen affektiven Antisemitismus Cosimas wohl nur richtig einschätzen vor dem Hintergrund ihrer Gesamtpersönlichkeit, die nicht frei war von pathologischen Zügen, wie die Tagebücher – allen bis heute üblichen Cosima-Verklärungen zum Trotz – dokumentieren.

Letztlich sind die Wurzeln ihrer Persönlichkeitsstruktur, die die Voraussetzung ihres spezifischen Antisemitismus bildet, sicher in der äußerst autoritären, aristokratisch-katholischen Erziehung ihrer berüchtigten Erzieherin, Madame Patersi de Fossombroni, zu suchen, in ihrer kindlichen Elternlosigkeit und in der Einsamkeit eines sterilen aristokratischen Erziehungsprozesses[18]. (Was eine eingehende psychologische Studie wert wäre, wie hier nur angedeutet werden kann.) In den Tagebüchern offenbart sich der spezifische Charakter ihres Antisemitismus beinahe als so etwas wie eine „Projektion" ihres immensen Schuldgefühls gegenüber Hans von Bülow, den sie Wagner zuliebe verlassen hat, als Ventil eines extremen Unwertgefühls gegenüber Richard Wagner.[19] So heißt es in einer Notiz vom 29.12.1877 zum Beispiel: „Das Gefühl meines Unwertes steigert sich täglich."[20] Ihm unterwarf sie sich völlig, verehrte ihn nicht nur, sondern fiel vor ihm auf die Knie, wie sie es später auch von der Welt verlangte. Sie betete ihn an als künstlerisches Genie und als „gewaltige Rettung des germanischen Geistes"[21]. Richard erscheint ihr „immer göttlich und einzig"[22], jedes „Wort von ihm", so schreibt sie, ist ihr „ein Glaubenssatz".[23] Deswegen no-

III. Die Tagebücher Cosimas

tiert sie auch alles, was ihr Gedächtnis zu speichern vermag, sorgfältig in ihr Tagebuch. Es wimmelt in den Tagebüchern aber auch von selbstquälerischen, pathologisch anmutenden Bekenntnissen übergroßer Schuld- und Inferioritätsgefühle[24].

Eines der zentralen Probleme Cosimas war aber wohl, dass sie an ihrer Weiblichkeit litt. Sie vermochte kein solides Selbstwertgefühl als Frau zu entwickeln[25], glaubte stets nur in selbstlosem Dienen ihrem schon damals überkommenen konservativen Rollenideal von Frau genügen zu können[26] (weshalb sie auch die Emanzipationsbewegung der Frauen rigoros ablehnte[27]). Dienen betrachtete sie freudig als ein verdientes Büßen und Leiden, dem sie geradezu inbrünstig huldigte im krankhaften Bewusstsein einer „Daseins-Schuld"[28]. Sie bekannte freiheraus: „wie todessüchtig ich bin"[29]. Auch sexuelle Probleme Cosimas scheinen die Beziehung mit Richard nachhaltig belastet zu haben. Schon 1869 stellt Cosima in der Sinnlichkeit, um nicht zu sagen der Erotik eine deutliche Differenz zwischen ihr und ihrem Gatten Richard fest, dergestalt, „dass er Freude an Wohlsein und hübschen Dingen hat, während ich beinahe lieber entbehre als genieße"[30]. Schon etwas konkreter heißt das im Zusammenhang von Gesprächen „à propos von Geburten oder von Erzeugungen": „Nachmittags einigen Kummer, dass R. sich in seinen Neigungen nicht einschränken lässt."[31] Richards spöttischer Kommentar zu ihrer asketischen Einstellung bei anderer Gelegenheit: „Ja ja, ich weiß, du möchtest auch gern solch eine Entsagungs-Wirtschaft hier einführen, ich weiß doch."[32] Am 16. Mai 1870 klagt Cosima: „Könnten wir die Leidenschaften doch bezähmen; könnten sie aus dem Leben gebannt sein"[33], einige Tage später vertraut sie ihrem Tagebuch an: „wie ich schon lange dem sinnlichen Ausdruck der Liebe entsag, nahm ich mir vor, jedwede kleine Freude, ja nur Annehmlichkeit zu opfern."[34] Bereits am 12. November 1869 konstatiert sie: „ich glaube, ich wäre jetzt für das Kloster reif."[35] Und noch am Abend des 13. Januar 1881 notiert sie: „Gute Nacht und stets dieselbe liebe Kloster-Ordnung."[36] Wagner suchte wohl nicht ohne Grund in diversen erotischen Eskapaden Zuflucht[37], stets verfolgt von Cosimas Eifersucht. Entgegen aller verklärenden, ja beschwörenden Formeln von der Einmaligkeit und der Idealität ihrer Ehegemeinschaft drängt sich bei genauer, kritischer Lektüre der Tagebücher der Eindruck auf, dass diese Ehe nicht durchaus glücklich gewesen sein muss. So ist es nicht verwunderlich, wenn Cosima schon bald nach ihrer endgültigen Vereinigung mit Wagner (im Jahre 1869) mehr und mehr in eine bigotte Religiosität[38] flüchtete, von der sie in einem selbstkritischen Augenblick meinte: „Ich könnte mir leicht denken, dass eine andere Zeit mich als religiöse Schwärmerin gesehen hätte."[39] Wagner hat das, wie eigentlich Cosimas Gesamtpersönlichkeit, über die er sich öfter spöttisch äußert, früh durchschaut und ihr am 7.9.1871 kurz und bündig ins Gesicht gesagt: „deine weibliche Würde ist gekränkt worden, da flüchtest du zur Religion!"[40] (Zuweilen kann er sich ihr gegenüber sogar die Bemerkung nicht versagen, sie trage wieder einmal ihr „katholisches Gesicht"[41].) Dazu gesellte sich ein geradezu kindlicher Aberglaube Cosimas[42]. Cosima litt täglich und in sich hinein nach dem Motto: „Leiden, ewiges, unerforschliches Leiden, sei Du still getragen."[43] Einziges Ventil war ein ausgeprägter Franzosen-, Sozialisten-, Jesuiten- und eben Judenhass. An Richard hatte sie keine Stütze, keinen Gesprächspartner für ihr tägliches Leiden und ihre Sorgen. Er hatte nur Ohren für seine eigenen und widmete sich ausschließlich seinem künstlerischen Schaffen. So sind die Tagebücher Cosimas, die ja eigentlich (zunächst den Kindern, später nur noch) dem Sohn Siegfried als einstige detaillierte Erinnerung an seinen Vater zugedacht sind[44], zunehmend auch so etwas wie ein stummer Vertrauter intimster Eingeständnisse und Mitteilungen, die sich Cosima vom Herzen wo schon nicht reden, so wenigstens schreiben konnte. Cosimas Tagebücher können – unter dieser Perspektive gelesen – als höchst intime Dokumente heimlicher Opposition gegenüber Richard verstanden werden. Dem Tagebuch vertraut Cosima nicht nur am 3. Dezember 1874 an, was Richard nicht wissen darf, was sie ihm nicht mitteilen kann: „Wem ihn sagen, wem ihn klagen diesen Schmerz, gegen R. kann ich nur schweigen, diesen Blättern vertraue ich es an, meinem Siegfried."[45] Viele Jahre hat sie diesen Schmerz wohl zu ertragen sich bemüht. Kein Wunder, dass sie irgendwann danach getrachtet haben wird, sich von dieser seelischen Last zu befreien, aufzubegehren, ein Stück weit wenigstens das aufgeopferte, unterdrückte Selbst zu verwirklichen. Da sie es aber nicht vermochte, sich gegenüber Richards übergroßer Autorität durchzusetzen, versuchte sie, ihn mit ihren eigenen Vorstellungen und Gedanken, ihren Wünschen und ihrer Religiosität zu beeinflussen, um so zumindest auf seine künstlerische und schriftstellerische Produktivität einzuwirken. So durfte sie, insgeheim zumindest, gewiss sein, teilzuhaben an der Entstehung seiner Werke, und sei es nur an den schriftstellerischen. Cosima versuchte, wenn auch mit wenig Erfolg, sein revolutionäres, sozialistisches Denken zurückzudrängen, und impfte ihn (nicht ohne Erfolg) mit ihren aristokratischen, antifranzösischen und antijüdischen Vorstellungen.

Es waren vor allem ihre religiösen (und damit korrespondierend die antijüdischen) Ansichten, mit denen sie, bei genauer Kenntnis seiner ideologischen Ambivalenzen und Anfälligkeiten, aber auch seiner antisemitischen Vorurteile, Wagner äußerst geschickt, wie sich zeigen sollte, zu infiltrieren verstand. Überhaupt war die Religion der Katholikin Cosima, die nur des Friedens mit Richard[46] wegen zum Protestantismus konvertierte, neben dem Dienst an dem vergötterten Gemahl das Wichtigste, wie zahllose Eintragungen in den Tagebüchern bezeugen. Nur so kann gedeutet werden, was Cosima am 30. Oktober 1872, dem Tag ihres Übertritts zum Protestantismus, in ihrem Tagebuch vermerkt: „Es ist mir fast bedeutender wohl gewesen, mit R. zum h. Abendmahl zu gehen als zum Trauungsaltar."[47] Es war denn auch Cosimas Anliegen, schon zu seinen Lebzeiten Richard, der ihr göttlich schien, zum „Meister" zu verklären, sein Werk ins Quasi-Religiöse zu erheben, eine Gemeinde zu gründen, Bayreuth zum Zentrum einer religiösen Regeneration zu machen. In einem Brief an den Dirigenten Felix Mottl, vier Jahre nach Wagners Tod, am 16. August 1887, spricht es Cosima offen aus: „Auf unserem Hügel ist nun die feste Burg, da haben wir unseren teuren Heiland frei von allem Unwürdigen, welches eine traurige Menschheit ihm aufgebürdet. In diesem Gottes-Haus sind alle berufen, die nur wahrhaftig und notgedrungen sind."[48] In dieser Absicht fühlte sie sich zuständig für das, was man heute „Öffentlichkeitsarbeit" nennt, und zelebrierte in Wahnfried einen weihevollen Repräsentationsstil. Sie erledigte aber schon zu Richards Lebzeiten von 1869 an die geschäftliche Korrespondenz ihres Gatten und sie wird an der Gründung der „Bayreuther Blätter" nicht unwesentlich beteiligt gewesen sein. Nicht zuletzt sie war es ja auch, die die Herausgabe eines Wagner-Lexikons initiierte[49] und das Unternehmen der monumentalen Wagner-Biographie Glasenapps förderte[50]. Cosima nahm auch die finanziellen Angelegenheiten energisch und geschickt in die Hand. Vor allem aber entwarf sie konsequent ein einseitig stilisiertes Bild vom „Bayreuther Meister", weihte Wahnfried und das Festspielhaus zu Tempeln einer fast sakralen Kunst, deren Höhepunkt sie im „Parsifal" erblickte, und Wagner zum sakrosankten Genius. Wenn überhaupt, dann ließe sich weit eher von Cosima behaupten, was Zelinsky (im Eingangszitat) von Richard Wagner behauptet, dass er sich „als Religionsstifter und Bayreuth als religiöses Erlösungszentrum verstand"[51].

Man kann Horst Althaus nur zustimmen: „Cosimas Anteil an dem, was unter dem Bayreuther Wagner zu verstehen ist, kann von den ersten Anfängen an nicht hoch genug veranschlagt werden."[52] Es ist anzunehmen, dass Cosima schon vor Bayreuth, schon in der Münchner Zeit bedeutenden Einfluss auf Wagners Schaffen wie Verhalten zu nehmen suchte. Bereits in einem Brief von 1865 beklagt Peter Cornelius, wie auch andere Freunde Wagners aus früherer Zeit, die zunehmende Entfremdung gegenüber Wagner seit dem energisch-dominanten Auftreten Cosimas, die ihn ganz und gar beherrsche: „Die Hauptsache aber ist das Liebesverhältnis zwischen Wagner und Cosima ... Seitdem ist Wagner gänzlich und unbedingt unter ihrem Einfluss. ... man kann ihn nicht mehr allein sprechen, es kommt kein Brief mehr an ihn, den sie nicht erbricht und ihm vorliest ..."[53]

Im Juli des Jahres 1864 besiegelten Cosima von Bülow und Richard Wagner ihren Bund, sich künftig anzugehören. Bereits im folgenden Jahr beginnt Wagner, Cosima seine über tausendseitige Autobiographie zu diktieren, an deren inhaltlicher Gestaltung (ergo Verfälschung von Tatsachen) sie entscheidend mitwirkte, wie wir heute wissen: und sei es nur, indem sie Wagner dazu verleitete, ihr Unangenehmes zu beschönigen oder wegzulassen. Im November 1868 schließlich zieht Cosima endgültig zu Richard, in das gemeinsame Haus nach Tribschen am Vierwaldstätter See. Am 1. Januar 1869 beginnt sie mit der Niederschrift ihres Tagebuchs. Merkwürdigerweise hat Wagner just zu dieser Zeit das „Judentum wieder ins Auge gefasst"[54], wie er in seinen Annalen festgehalten hat. Im Frühjahr 1869 veröffentlicht er dann mit einem Vorwort an Marie Muchanoff (Freundin Cosimas und Mäzenin Wagners) zum Entsetzen selbst bester Freunde seine Schrift aus dem Jahre 1850, „Das Judentum in der Musik", zum zweiten Mal, diesmal als selbständige Broschüre. Cosimas Aufzeichnungen in puncto Antisemitismus sind denn auch im Jahre 1869 beherrscht von den Auseinandersetzungen um und den Reaktionen auf die Wiederveröffentlichung dieser Schrift. Schließlich soll die „Judenbroschüre"[55], wie sie fortan genannt wird, ins Französische, die Muttersprache Cosimas, übersetzt werden. Cosima leitet das in die Wege, nimmt Kontakt auf mit einer Übersetzerin. Stolz notiert sie Richards Ausspruch: „Wie wir doch wirklich zusammenarbeiten."[56] Am 15. September erhält Cosima einen langen Besuch Marie Muchanoffs, „durchaus angenehm", wie sie notiert. Cosima berichtet: „Sie erzählt mir, dass die Leute mir Schuld an der Judenbroschüre geben etc." Und Cosima ist darüber nicht im Mindesten befremdet oder gar gekränkt. Im Gegenteil: Mit heimlichem Stolz und Zufriedenheit fügt sie hinzu: „Die guten Leute!"[57] Man darf wohl vermuten, dass die Leute vielleicht nicht völlig unrecht gehabt haben.

Einen weiteren Hinweis auf Cosimas maßgebliche Mitwirkung an Richard Wagners schriftstellerischen antisemitischen Initiativen findet sich in folgender Notierung. Am 18. Januar 1881 schreibt sie: „Dann sagt er mir, er habe Lust, die Arbeit über die jetzige Judenfrage zu machen, ich hätte sie ihm angegeben, und er wolle es jetzt gern tun, fragen: ‚Was findet der

Jude, wenn er zu uns kommt?"[58] Wagner schreibt den Aufsatz „Erkenne dich selbst", der im Februar/März des Jahres in den „Bayreuther Blättern" erscheinen wird. Am 10. Februar notiert Cosima: „Viel über die Judenfrage, immer kommt R. darauf zurück; wer sind wir?"[59] Am darauffolgenden Tag schreibt sie: „Wie die Freunde fort sind, liest er mir den veränderten Schluss seines Aufsatzes, er scheint mir entsprechender dem ganzen als der erste, und R. sagt selbst, er habe ja über uns, nicht über die Juden schreiben wollen. Und doch muss ich es ihm sagen, wie unheimlich mir die Empfindung ist, dass er auf meine Veranlassung hin etwas verändert."[60] Hier wird nun ohne Zweifel deutlich, dass Cosima offensichtlich Richard bewogen hat, erneut zum „Judenproblem" Stellung zu beziehen und überdies den Schluss dieser Abhandlung zu verändern[61].

Aber Cosima hat nicht nur auf das schriftstellerische Schaffen Wagners Einfluss genommen: Sie hat mit ihrer stets präsenten, im täglichen Gespräch thematisierten Religiosität wohl auch entscheidend auf die Entstehung des „Parsifal" eingewirkt, nicht so sehr auf die Konzeption, die stand lange fest, wohl aber auf die religiöse Bedeutung jenes „Bühnenweihfestspiels", mit dem unter ihrer Ägide, nach Richard Wagners Tod, über Jahrzehnte eine Art sakralen Kultus gefeiert wurde, jenes letzten Werks Wagners, das höchste künstlerische Meisterschaft verrät und doch gegenüber all seinen bisherigen Werken eine plötzliche und radikale weltanschauliche Kehrtwendung zum Geist des Christentums[62] zeigt.

Friedrich Nietzsche, in den Jahren der Tribschener Zeit jedenfalls engster Freund und intimster Kenner Cosima und Richard Wagners sowie seines Werks, hat diesen Zusammenhang als Erster erkannt. In seinen nachgelassenen Fragmenten (Nov. 1887 – März 1888) findet sich die folgende Äußerung, für die er ganz zu Unrecht oft gescholten wurde:
„Cosima Wagner ist das einzige Weib größeren Stils, das ich kennengelernt habe, aber ich rechne es ihr an, dass sie Wagner verdorben hat. ... Der Parsifal W(agner)s war zu allererst und anfänglichst eine Geschmacks-Kondeszendenz W(agner)s zu

den katholischen Instinkten seines Weibes, der Tochter Liszt's, eine Art Dankbarkeit und Demut von Seiten einer schwächeren, vielfacheren, leidenderen Kreatur hinauf zu einer, welche zu schützen und zu ermutigen verstand, das heißt zu einer stärkeren, bornierteren: – zuletzt selbst ein Akt jener ewigen Feigheit des Mannes vor allem ‚Ewig-Weiblichen'. – Ob nicht alle großen Künstler bisher durch anbetende Weiber verdorben worden sind?"[63]

Man muss wohl davon ausgehen, das Cosima Wagner seit 1869 der verborgene Motor der neuerlichen antisemitischen Veröffentlichungen Richard Wagners gewesen ist, und zwar nicht nur, indem sie seine antisemitischen Schriften anregte, sondern wahrscheinlich auch, indem sie direkten Einfluss auf deren inhaltliche Gestaltung nahm. Es gilt, die erstaunlicherweise bis heute nicht beachtete Tatsache hervorzuheben, dass – 19 Jahre nach der Veröffentlichung des Aufsatzes über „Das Judentum in der Musik", die Wogen hatten sich längst geglättet – Richard Wagners heftigste schriftstellerische Aktivitäten in Sachen „Antisemitismus" eigentlich erst 1869 einsetzten, in dem Jahr des beginnenden Zusammenlebens mit Cosima Baronin von Bülow. (Wenn auch der Aufsatz „Das Judentum in der Musik" von 1850 die wichtigste dieser Publikationen darstellt, er war doch zu seiner Entstehungszeit so etwas wie ein Fauxpas, eine Ausnahme, gemessen an der Fülle von Wagners Äußerungen zu diesem Thema ab 1869.) Diese Koinzidenz ist kein Zufall, wie die Tagebücher Cosimas bezeugen. Bisher wurde dieser Zusammenhang nicht wahrgenommen, ein Zusammenhang, der den Antisemitismus Richard Wagners in Bayreuth in ein neues Licht stellt. Wie hoch der Anteil der Einflussnahme Cosimas gewesen sein mag, lässt sich natürlich nicht mehr im Einzelnen rekonstruieren. Entscheidend aber ist die aus unmissverständlichen Tagebuchäußerungen Cosimas hervorgehende Tatsache, dass Wagners antisemitische Schriften während des Zeitraumes des Zusammenlebens mit Cosima auf ihre Initiative hin und durchaus in ihrem Sinne verfasst und veröffentlicht wurden. Vielleicht, so lässt sich vermuten, hätte Richard Wagner ohne den Einfluss Cosimas nach der ersten Veröffentlichung seiner Schrift über „Das Judentum in der Musik" keine weiteren antisemitischen Schriften mehr verfasst. Eine Vermutung bloß, aber keine von der Hand zu weisende, wie noch zu zeigen sein wird.

B. Wagners Antisemitismus: Ein Lernprozess in fünf Stufen

Wagners Antisemitismus offenbart sich in den Tagebüchern Cosimas als ein sich im Prozess fortschreitender Auseinandersetzung mit dem Thema weiterentwickelnder, nicht jedoch als ein starrer oder gar dogmatischer. Eben das unterscheidet ihn grundsätzlich von dem Cosimas. Und von jeder Art von Systemdenken[64], das er, wie auch jede Art von Wissenschaftlichkeit[65], verabscheute, wie die Tagebücher dokumentieren. Insofern widerlegen gerade die Tagebücher Cosimas die Behauptungen Zelinskys vom vermeintlich „systematischen religiös-rassistischen Vernichtungsdenken Wagners"[66], das er in ihnen herausdestilliert haben will.

Bevor nun Richard Wagners Antisemitismus, so wie er sich in den Tagebüchern Cosimas darstellt, untersucht werden soll, sei eine grundsätzliche Bemerkung vorweggeschickt: Es gilt, sich zu vergegenwärtigen, dass manche der von Cosima festgehaltenen Äußerungen ihres Mannes unreflektierte, allzu temperamentvolle Äußerungen einer impulsiven Mitteilungs-, Äußerungs- und Redeungebändigtheit darstellen, spontane Äußerungen, die nicht für die Öffentlichkeit bestimmt waren und oft weniger über Wagners sachliche Meinung zur „Judenfrage" als über Wagners rücksichtslose Art des Drauflosredens aussagen, über sein derb-sächsisches Wesen, das er selbst als „ungezogen" bezeichnete[67]. Bei anderer Gelegenheit sprach er von der „Krankheit" seiner „Ungezogenheit"[68] oder zieh sich „eines schlimmen Charakters"[69]. Ganz zutreffend konstatierte Wagner denn auch am 20. Dezember 1882, als er sich mit seinem Schwiegervater Franz Liszt verglich: „Noblesse, Anstand, die habe ich nicht."[70] Er war sich bei aller partiellen Selbstüberschätzung doch auch seiner Kardinalschwäche bewusst: „Ich kann nicht gerecht sein, dazu muss man selbst nichts sein, nichts anderes im Kopfe haben als das Abwägen."[71] Und das Abwägen war seine Sache wahrlich nicht.[72]

Wenn man nun alle antisemitischen Äußerungen Richard Wagners, soweit sie von Cosima aufgezeichnet wurden, im Zusammenhang betrachtet, dann fallen drei Dinge ins Auge:

1. Der Begriff „Jude", „jüdisch" etc. wird in mehrerlei Bedeutungen verwendet. Es ist mindestens eine pejorativ-symbolische (alles „Undeutsche", alles, was gegen ihn gerichtet war, alles Oberflächliche, „elegant gleichgültige"[73] etc.), eine politische (im marxistischen Sinne: der Jude als der Schacherer, der Kapitalist) und eine rassistische Bedeutung (im Sinne der Rassenlehre Gobineaus) zu unterscheiden.

2. Die antisemitischen Äußerungen Richard Wagners sind, als Ganzes betrachtet, in hohem Maße veränderlich, ja widersprüchlich. Sie reichen von infamen Bekundungen des Hasses und der Verachtung alles Jüdischen per se bis hin zu anerkennenden, ja rührenden Worten des Verständnisses und der Zuneigung gegenüber einzelnen Juden wie der „Judenheit" überhaupt. So verwirrend dieser Widerspruch zunächst scheint: Es lassen sich bei sorgfältigem Vergleich der Äußerungen verschiedene Ebenen oder Schichten antisemitischer Reaktionen feststellen, Ebenen, die einander zuweilen überlagern oder sich sogar bedingen, zumeist aber voneinander unabhängig sind und in ihrer Bedeutung sehr differenziert zu beurteilen sind. Da ist zunächst die Schicht alter, verinnerlichter Vorurteile, wie sie sich in der „Judenbroschüre" militant dokumentieren; dann ist zu nennen eine Schicht realer Erfahrungen und (mehr oder weniger) sachlicher Auseinandersetzungen, die sich auch in Wagners öffentlichen Stellungnahmen zum Thema bekundet; schließlich die Schicht spontaner, affektiver Reaktionen und unreflektierter Äußerungen, deren Gründe in tieferliegenden seelischen Motiven zu suchen sein mögen. Hier sind die (nur in den Tagebüchern geäußerten antisemitischen) Metaphern, Vergleiche und „Scherze" anzusiedeln.[74] Doch man sollte sich, so makaber die Juden-Witze und

„Scherze" Wagners auch sind, zumindest für die harmlosen Fälle vergegenwärtigen, was der Historiker Peter Gay zu bedenken gibt: „dass der deutsche Antisemitismus im 19. Jahrhundert, wenn auch schon damals abstoßend und einer erschreckenden Zukunft trächtig, anders war, als seine Spielart im 20. Er gehörte zu einer derben, sichtbar groben Kultur, in der grausame ethnische Scherze – solche, vor denen wir uns heute ekeln würden – den Rohstoff lieferten für einen harmlosen, sogar gutmütigen Humor, und gefühllos gezeichnete ethnische Karikaturen – die wir inzwischen mit den tödlichen Klischees der Nazis zu identifizieren gelernt haben – gang und gäbe waren. Sowohl die Scherze wie auch die Karikaturen scheinen in der Tat die Zielscheiben ebenso amüsiert zu haben wie die Schützen."[75]

3. Wenn man alle diese Äußerungen Wagners nicht nur nach Schichten, sondern auch in zeitlicher Folge ordnet, dann stellt man erstaunlicherweise eine geradlinige Entwicklung seines antisemitischen Denkens fest, jedenfalls seiner bewussten gedanklichen Auseinandersetzung mit dem Judenthema. In der Freilegung dieser, in der bisherigen Wagner-Forschung völlig ignorierten Entwicklung des Wagner'schen Antisemitismus, die sich in Cosimas Tagebüchern spiegelt, ist das wichtigste Ergebnis der Auswertung dieser Tagebücher zu sehen.

Diese Entwicklung Wagners vollzieht sich relativ kontinuierlich, weg von einer unversöhnlichen Judenfeindschaft hin zu einer versöhnlichen Haltung eines gewissen Verständnisses, der Anerkennung fast, und des Glaubens an Assimilierung in einem gesamtgesellschaftlichen Veränderungsprozess, schließlich zur Hoffnung auf kulturelle „Regeneration" im Geiste eines eigenwillig gedeuteten Christentums, an der auch die Christen teilzunehmen hätten. Vor allem aber hat Wagner, so wie es sich – nicht nur, aber besonders deutlich – in den Tagebüchern Cosimas darstellt, dazugelernt, hatte anhand konkreter persönlicher Erfahrungen und immer neuer Auseinandersetzungen seine früheren antisemitischen Vorurteile jedenfalls teilweise abgebaut. Die Modifizierung, ja Zurücknahme früherer Ansichten lässt sich auch an der Vermeidung von Einzelheiten früherer Argumentationsmuster ablesen: So etwa, um nur ein Beispiel zu nennen, revidiert Wagner die noch in der „Judenbroschüre" vertretene These, dass Juden keine guten Schauspieler sein können. Am 17. September 1881 notiert Cosima: „dann kommt R. wieder auf das Thema der Juden als Schauspieler, dass er noch im Jahre 53 schreiben konnte, es gebe keine, und nun! Und wie sie mit der Sprache umgingen!"[76] Wagner hatte spätestens am 19.7.1882 eingesehen: „was man vor 20 Jahren über die Israeliten sagen durfte ... das darf man beileibe jetzt nicht mehr".[77]

Es lassen sich in der Entwicklung von Wagners antisemitischem Denken, wie es sich in den Tagebüchern Cosimas abzeichnet, fünf Stufen unterscheiden:

Auf der ersten Stufe betrachtet Wagner die Emanzipation der Juden und die damit zusammenhängende öffentliche Auseinandersetzung um die Judenfrage, die nicht zuletzt auch in der völligen rechtlichen Gleichstellung von 1871 ihren späten Ausdruck fand, mit größtem Unbehagen. Die totale Assimilierung hält er für unmöglich. Am 25. Mai 1872 notiert Cosima: „R. sagt: Er hoffe doch noch, dass diese ganze Erscheinung eine Krankheit sei, die auch verschwinden werde, da die Amalgamierung etwas Unmögliches sei und wir doch nicht denken könnten, dass die Deutschen von den Juden unterjocht würden."[78]

Der Gedanke, dass die Deutschen von den Juden, die im Zuge ihrer gesellschaftlichen Emanzipierung mit einem in der Tat bemerkenswerten Intelligenz- und Begabungspotential erfolgreich in eine Vielzahl von Berufszweigen, Positionen des öffentlichen, nicht zuletzt auch des künstlerischen Lebens aufstrebten, beherrscht werden könnten, beschäftigt Wagner aufs Äußerste. Es ist ein Gedanke, der ihn nie ganz verlassen wird. Ein Gedanke auch, der natürlich zusammenhängt mit der „deutschen Frage", das heißt der Unsicherheit der noch jungen und gefährdeten Nation, die weit von dem Ideal entfernt war, das der einstige Jungdeutsche und Sozialrevolutionär Richard Wagner sich erträumt hatte. Solche und ähnliche Gedanken werden es gewesen sein, die Wagner in den folgenden Jahren allmählich zur Einsicht kommen ließen, dass das Problem der nationalen Identität (die aufs

Engste zusammenhängt mit einer vermeintlichen jüdischen Bedrohung) doch zunächst eine Frage der Verfassung der Deutschen und nicht der Bedrohung durch die Juden sei: „Ach! Nicht die Juden sind es, ein jedes Wesen sucht sein Interesse zu fördern, wir sind es; wir."[79] Damit ist die zweite Stufe seiner gedanklichen Entwicklung erreicht.

Am 22. November 1878 heißt es bei Cosima: „R. sagte gestern: Wenn ich noch einmal über die Juden schriebe, würde ich sagen, es sei nichts gegen sie einzuwenden, nur seien sie zu früh zu uns Deutschen getreten, wir seien nicht fest genug gewesen, um dieses Element in uns aufnehmen zu können."[80] Drei Tage später präzisiert Wagner diesen Gedanken: „sein Urteil über die Juden zusammenfassend, sagt er: ‚Wenigstens sind sie ein Menschenalter zu früh bei uns emanzipiert worden.'"[81]

Am 1. Dezember bemerkt er, dass „die Juden mindestens 50 Jahre zu früh uns amalgamiert worden sind, ... wir mussten erst etwas sein. Nun ist der Schaden furchtbar."[82] Am 27.12. erklärt Wagner: „Persönlich habe er die besten Freunde unter den Juden gehabt, aber ihre Emanzipation und Gleichstellung, bevor wir Deutschen etwas waren, sei verderblich gewesen."[83] Noch einmal wird diese Auffassung im folgenden Jahr, am 13. Januar 1879 in Gegenwart des Dirigenten Hermann Levi von Wagner vorgetragen. Diesem gegenüber spricht Wagner dann davon, dass die Juden „zu früh in unsere Kulturzustände eingegriffen haben, dass das allgemein Menschliche, welches aus dem deutschen Wesen sich hätte entwickeln sollen, um dann auch dem Jüdischen zugute zu kommen, dass dies in seiner Entfaltung aufgehalten worden ist durch die frühzeitige Einmischung in unsere Angelegenheiten, bevor noch dass wir gewusst, wer wir seien"[84].

Die zunehmende Skepsis am neugegründeten Zweiten Deutschen Kaiserreich mit seinen beängstigenden sozialen Fragen, aber auch mit seinem in den Augen Wagners beängstigenden kulturellen Strukturwandel, Zweifel vor allem an den immer deutlicher sich abzeichnenden menschenverachtenden (kapitalistischen) Entfremdungsprozessen der sogenannten Gründerzeit lassen Wagner in politischen Visionen seiner Jugend, in utopisch-sozialistischen Hoffnungen Zuflucht suchen.[85] Die Judenfrage stellt sich für ihn damit neu. Die dritte Stufe der Modifizierung seines Antisemitismus ist erreicht.

Im Tagebuch Cosimas heißt es am 17. Juni 1879: „Immer lebhafter stellt sich ihm die Notwendigkeit des Unterganges der jetzigen Dinge vor, und er findet einzig den Arbeiter gleichsam lebensberechtigt. Die Folgen der Juden-Emanzipation stellt er den Kindern (Lusch) heute dar, wie der Bürgerstand dadurch gedrückt und das niedere Volk zur Korruption verführt. Die Revolution habe den Feudalismus gebrochen, dafür den Mammonismus eingeführt."[86] Mit anderen – marxistischen – Worten: Die Juden haben den Kapitalismus (Mammonismus) zu ihrem Lebensprinzip gemacht. Und eben den verurteilt Wagner aufs Schärfste. Während ihm die Juden vor allem in Wirtschaft und Handel als Drahtzieher des Kapitalismus erscheinen, als „rechnende Raubtiere"[87], reaktiviert er den alten utopisch-sozialistischen Gedanken: „dass von dem Arbeiter (Industriellen) aus, der Liebe für die Arbeiter haben wird, einst die neue Religion ausgehen wird"[88].

In dieser Entwicklungsphase seines antisemitischen Denkens ist Wagners Judenfeindlichkeit am aggressivsten, ganz in der Tradition übrigens antisemitischer Vorurteile früh-sozialistischen Denkens[89], durchaus vergleichbar mit seinem Standpunkt in dem Aufsatz „Das Judentum in der Musik", der ja ebenfalls auf frühsozialistischem Gedankengut aufbaute[90]. In dieser Phase gestattet sich Wagner seine schärfsten verbalen Attacken gegen die Juden. Er versteigt sich sogar dazu, sie in spontanen und unreflektierten Äußerungen, die uns heute mit Schaudern an ein späteres Vokabular erinnern, gelegentlich als „Ratten und Mäuse"[91], die „trichinenartig im Körper der anderen"[92] schmarotzten, zu bezeichnen, vergleicht sie mit Warzen[93], ja mit lästigen Fliegen[94]. Cosima hat in dieser Phase notiert, dass Wagner „alle Juden von sich abfallen lassen"[95] wolle. Es scheint einer seiner vielen unüberlegten, später revidierten Aussprüche gewesen zu sein. Ob er wirklich je ernsthaft daran gedacht hat? Man weiß es nicht. Es ist zumindest fraglich, denn zu etwa der gleichen Zeit macht er immerhin

Cosima gegenüber das Eingeständnis, „dass die Juden schließlich doch besser seien als die Bildungsphilister"[96], und bezeichnet sie gegenüber Levi, verglichen mit Katholiken und Protestanten, als „die allervornehmsten"[97]. Nicht zu reden von den wiederholten Äußerungen großer Wertschätzung mancher Werke etwa Mendelssohns[98], Halévys[99] oder Heinrich Heines[100]. Auch lehnt er immerhin die Unterzeichnung der an Bismarck gerichteten Juden-Petition Försters entschieden ab[101]. In dieser Phase hat Wagner aber auch, am 12.11.1880, jene infame, nicht nur aus heutiger Sicht unerträgliche Bemerkung gegenüber Hermann Levi fallen gelassen, sehr „aufgeregt überhaupt", so Cosima, „er – als Jude – habe nur zu lernen zu sterben, was aber Levi gut versteht".[102] Das war ganz sicher ein Ausbruch tiefsten antisemitischen Empfindens, einer der ältesten Schichten dieses Komplexes. Dass es aber wohl anders gemeint als es nach Auschwitz zu verstehen geneigt sein kann, nicht im Sinne physischer Vernichtung, sondern metaphorisch (in dem Sinne, dass Levi bei Wagner nichts anderes lernen könne, als „das Jüdische" in sich ersterben zu lassen, will sagen sich zu amalgamieren), belegt ein Brief Levis vom 13.4.1882 an seinen Vater, in dem er, was man nicht ohne wunderliche Rührung liest, großes Verständnis für Wagners Antisemitismus aufbringt: „Auch sein Kampf gegen das, was er ‚Judentum' in der Musik und in der modernen Literatur nennt, entspringt den edelsten Motiven, und dass er kein kleinliches Risches hegt, wie etwa ein Landjunker oder ein protestantischer Mucker, beweist sein Verhalten zu mir, zu Joseph Rubinstein und seine frühere intime Beziehung zu Tausig, den er zärtlich geliebt hat. – Das schönste, was ich in meinem Leben erfahren habe, ist, dass es mir vergönnt wurde, solchem Manne nahe zu treten, und ich danke Gott täglich dafür."[103]

Überhaupt ist die „Affäre Levi", die sich bei genauerer Betrachtung mehr als ein „Fall Cosima" entpuppt denn als ein „Fall Wagner", höchst aufschlussreich: Am 19. Januar 1881 berichtet Cosima von einem denkwürdigen Besuch Levis. An jenem Abend kündigte Richard, so schreibt Cosima, „dem Kapellmeister zu seinem Erstaunen an, dass er den Parsifal dirigieren wird; vorher nehmen wir einen Akt mit Ihnen vor. Ich möchte, es gelänge mir, die Formel dafür zu finden, dass Sie sich ganz unter uns als zu uns gehörig empfinden. Das umschleierte Gesicht unseres Freundes lässt R. davon abbrechen, aber wie wir allein sind, besprechen wir länger diese Frage."[104] Unter dem „Akt", von dem hier die Rede ist, kann unschwer der Akt der christlichen Taufe vermutet werden. Die Bestätigung findet sich in Cosimas Notiz vom 19. 4. desselben Jahres: „Er wünscht, Levi zu taufen und keine Juden zum Abendmahl zuzulassen."[105] Am 2. Juli 1881 äußert sich, Cosimas Notierung zufolge, Wagner etwas bestimmter: „Er gibt Levi zu verstehen, dass er daran gedacht habe, ihn taufen zu lassen und mit ihm zum Abendmahl zu gehen."[106] Ob Richard Wagner wirklich beabsichtigte, Levi taufen zu lassen, ja ob der aberwitzige Gedanke eines solchen Vorhabens wirklich von ihm stammt, erscheint zweifelhaft. Tatsächlich hat Wagner weder bei Levi noch bei sonst jemandem je ernsthafte Anstrengungen zu einem Konfessionsübertritt unternommen. Es liegt die Vermutung nahe, dass auch hier Cosima die treibende Kraft gewesen ist. Dass Cosima derlei Proselytenmacherei in die Tat umzusetzen imstande war, ist zumindest in einem Fall zuverlässig bezeugt, und zwar von Franz Liszt. In einem Brief vom 29. Oktober 1872 weiß Liszt der Fürstin Caroline von Sayn-Wittgenstein als ein Beispiel großer Gottergebenheit und Frömmigkeit folgende Tatsache über Cosima mitzuteilen: „ich weiß, dass meine Tochter in diesem Sommer sogar eine höchst liebenswerte Israelitin – Frau Sventsen (!), die Frau des norwegischen Komponisten, veranlasst hat, sich in Bayreuth taufen zu lassen und ihr als Katechetin und Patin gedient hat."[107]

Dass der Gedanke der Taufe nicht ursprünglich von Richard Wagner stammt, dass er für die „Lösung der Judenfrage" an etwas anderes gedacht haben muss, geht auch aus einem aufschlussreichen Hinweis in jenem zuvor zitierten Gespräch vom 19. Januar 1881 hervor: „in seinem letzten Aufsatz habe er ungefähr angegeben, welche die Formel sein könnte"[108]. Gemeint ist damit sein zweiter Ergänzungs-Aufsatz zu „Religion und Kunst", der Aufsatz „Erkenne dich selbst", der im Januar 1881 geschrieben wurde und im Februar/März des Jahres in den „Bayreuther Blättern" erschienen ist. Es ist ein zivilisationskritischer Essay, in dem vor allem der Kapitalismus, das Geld also, als verderbliche „Kulturmacht" angeprangert wird. Die Judenfrage lässt sich diesem Aufsatz zufolge nur lösen innerhalb einer gesamtgesellschaftlichen, grundsätzlichen politischen Veränderung.[109]

Die christlich-militante Cosima ihrerseits will den Akt der Taufe. Aber ihr Sendungsbewusstsein erstrebt noch mehr: nichts Geringeres als eine Erneuerung des Christentums schlechthin. „Wie ich R. sage, dass das Schwierige hierbei mir schiene, dass die Gemeinde, in welche der Israelit aufgenommen würde, selbst Christus verlassen habe, über welchen sie schriebe, während früher das Blut für ihn vergossen wurde und alles ihm aufgeopfert."[110] Die spontane Reaktion Wagners auf diesen Gedanken Cosimas, angeblich „scherzhaft", wie sie bemerkt, ist bezeichnend für ihn: „Es ist ein verfluchtes Thema, welches Du da aufgebracht hast."[111] Die Rede ist vom Thema „Regeneration". Dieses Thema, das offensichtlich Cosima aufgebracht hat, wird ihn noch beschäftigen. Doch zunächst begeistert er sich, wenn auch nur für kurze Zeit, für die Rassenlehre Gobineaus, glaubt, „dass diese fremdartige Race nie ganz in uns aufgehen kann"[112]. Hierin ist die vierte Stufe seiner gedanklichen Entwicklung zu sehen.[113]

Cosima notiert: „Der Gedanke von Gobineau nimmt ihn immer mehr ein."[114] Doch kaum mehr als einen Monat später heißt es bei ihr: „er hält noch die Möglichkeit einer Regeneration der Menschheit fest"[115]. Schließlich fordert Wagner die „moralische Gleichheit" von Juden und Christen: „diese zu erlangen, darauf könnte man dringen."[116] Wie, führt er in seinem Aufsatz „Heldentum und Christentum", dem zweiten Ergänzungsaufsatz zu „Religion und Kunst", aus: mit christlicher Ethik. Am 14.2.1881 äußert sich Wagner Cosima gegenüber, Bezug nehmend auf Gobineaus Rassenlehre, die er durch die Lektüre eines sich kritisch mit der Lehre von der Ungleichheit der Rassen auseinandersetzenden Buches eines Professor Pott kennenlernte, „dass es auf etwas anderes ankommt als auf Racenstärke, gedenkt man des Evangeliums"[117]. Mit dieser entschiedenen Ablehnung der biologistischen Rassenlehre Gobineaus unter Berufung auf das Christentum ist die fünfte und letzte Stufe der Entwicklung des Antisemitismus Wagners erreicht. Man kann diesen Sachverhalt nicht genug hervorheben, denn er bedeutet immerhin eine dezidierte Ablehnung des rassistischen Antisemitismus und markiert die Zurücknahme, ja Kehrtwende des frühen antisemitischen Denkens Wagners um 180 Grad, aber auch die Wagner'sche Opposition gegenüber den nationalistischen, rassistisch-antisemitischen Propagandisten seiner Zeit, etwa Treitschke, De Lagarde und Dühring, auf die in den beiden letzten Kapiteln noch einzugehen sein wird.

Cosima hat eine Reihe deutlicher Äußerungen Wagners festgehalten, die Wagners Gesinnungswandel dokumentieren: Am 17. Dezember 1881 habe Wagner zu ihr gesagt: „Eines aber ist sicher, die Racen haben ausgespielt, nun kann nur noch, wie ich es gewagt habe auszudrücken, das Blut Christi wirken."[118] Noch deutlicher formuliert Wagner diesen Gedanken am 23.4.1882: „Er wirft es Gob. (gemeint ist Gobineau, D. S.) vor, das eine ganz außer acht gelassen zu haben, was einmal der Menschheit gegeben wurde, einen Heiland, der für sie litt und sich kreuzigen ließ!"[119] Und nur in diesem Sinne ist seine Äußerung zu verstehen, der „Parsifal" sei seine „letzte Karte"[120]: nämlich im Gegensatz zu Gobineau (und seiner Rassenlehre, an die Wagner nicht mehr glaubt), der gesagt habe, „die Germanen waren die letzte Karte, welche die Natur auszuspielen hatte"[121]. Nicht, wie Zelinsky meint, als Kulminationspunkt einer religiös-rassistischen Vernichtungsideologie[122], sondern als künstlerischer Ausdruck eines christlichen Mitleids- und Versöhnungsethos ist Wagners letzte Karte, der „Parsifal", aufzufassen. Entsprechend notiert Cosima am 14. Dezember 1881 schließlich: „Er klagt über seine Arbeit – hebt es aber hervor, das ‚Parsifal' sein versöhnendstes Werk sei"[123], mehr noch, „dass dieses letzte Werk auch sein Meisterwerk"[124] (5.1.1882) sei. Es lässt sich zumindest nicht darüber streiten, dass der „Parsifal" künstlerischer Ausdruck christlichen Mitleids- und Versöhnungsdenkens[125] ist. Wagners Auffassung vom Christentum übrigens kann durch die Tagebücher Cosimas und die in ihnen enthaltenen Äußerungen relativ präzise bestimmt werden. Wie aus den Aufzeichnungen Cosimas hervorgeht, ist Wagners Verständnis des Christentums entscheidend geprägt vom Buddhismus, so wie er ihm durch Schopenhauer vermittelt wurde. Am 19. September 1882 liest man: „Beim Frühstück mit mir spricht er von dem Werk über Buddha und sagt, die vielfache Beschäftigung mit B. verhälfe zum Verständnis des Christentums."[126] Und am 27. November 1878 heißt es ganz schopenhauerisch: „Gott ist die Aufhebung der Welt, kein Kultus damit möglich."[127] (Einer der Gründe, weshalb er das projektierte Musikdrama „Jesus von Nazareth" für unrealisierbar hielt.)

Die Tendenz zum Versöhnlichen, die am Ende dieser Entwicklung seines antisemitischen Denkens festzustellen ist, eine Tendenz übrigens, die sich auch in den späten Aufsätzen abzeichnet[128], gipfelt in den letzten durch Cosima aufgezeichneten Worten Wagners am Vorabend seines Todes: „Ich bin ihnen gut, diesen untergeordneten Wesen der Tiefe, diesen sehnsüchtigen."[129] Damit sind zwar zunächst die Rheintöchter gemeint; doch auch der raffgierige Ausbeuter Alberich (zu dem „er einst völlige Sympathie ... gehabt"[130], wie Cosima am 2. März 1878 festhält) und der egoistische, falsche Zwerg Mime, beide oft als Judenkarikaturen bezeichnet, gehören zu diesen untergeordneten Wesen der Tiefe.

IV. Wagners musikdramatisches Œuvre

Grundsätzliches

Wenn man mit Friedrich Nietzsche der Auffassung ist, dass „die Künstler, die Genies ... ja die ‚ewigen Juden'"[1] sind, dann geht es in der Tat in Richard Wagners Dramen, als Künstlerdramen betrachtet, um Juden bzw. „ewige Juden". Wo man hingegen nach dezidiert jüdischen Figuren in den Texten der Musikdramen sucht, wird es schwierig, um nicht zu sagen hoffnungslos. Es stellt sich die Frage, ob Wagner überhaupt jüdische Figuren auf die Bühne stellen und etwa karikieren wollte.

Hartmut Zelinsky war – wie dargestellt – keineswegs der Erste, der in Wagners musikdramatischem Werk Judenkarikaturen zu erkennen glaubte.[2] Doch er war es, der als Erster von einer Wagners musikalisch-dramatisches Werk geradezu konstitutiv bestimmenden „unaufhebbar antijüdischen Werk-Idee"[3] sprach, deren Zweck es sei, mit dramatischen und musikalischen Mitteln eine systematische antisemitische, religiös-rassistische Vernichtungsideologie sinnlich-überwältigend zur Anschauung (und zur Wirkung beim Zuschauer) zu bringen.[4] Eine wenig wahrscheinliche Hypothese, für die bei genauerer Untersuchung nicht viel spricht, die aber in der Wagner-Debatte des letzten Dritteljahrhunderts eine beträchtliche Wirkung zeigte, man denke nur an Paul Lawrence Rose[5], der noch heute mit geradezu fanatischem Missionseifer in Zelinskys Fahrwasser segelt. Es erscheint daher notwendig, dieser Hypothese im Detail nachzugehen, die betreffenden Bühnenwerke Wagners auf jüdische Gestalten und auf antisemitische Tendenzen hin zu überprüfen. Zuvor jedoch einige grundsätzliche Überlegungen zur Musik Richard Wagners, zu Möglichkeiten und Grenzen musikalischer Semantik an sich.

A. Wie antisemitisch kann Musik sein?

Es gehört zu den Paradoxien der Wagner-Rezeption, dass sich oftmals in Sachen Musik die Bewertungsmaßstäbe im historischen Prozess ins Gegenteil verkehrt haben. Bestes Beispiel hierfür ist der kritische Wagnerianer Thomas Mann. Es kann durchaus als repräsentativ für ein weit verbreitetes Vorurteil nach 1945 gelten, was Thomas Mann schon 1940 in seinem Aufsatz „Zu Wagners Verteidigung" behauptete: „Ich finde das nazistische Element nicht nur in Wagners fragwürdiger ‚Literatur', ich finde es auch in seiner ‚Musik'."[6] Thomas Mann hat zwar einen, wenn auch nur verschwommenen Versuch unternommen, die Behauptung von einem Nazitum in der Musik zu charakterisieren: Es heißt da pauschal, dass Wagners Werk „aus der bürgerlich-humanistischen Epoche auf dieselbe Art und Weise heraustritt wie der Hitlerismus". Es sei dieses Werk „mit seinem Wagalaweia und seiner Stabreimerei, seiner Mischung und Urtümlichkeit und Zukünftigkeit, seinem Appell an eine klassenlose Volklichkeit, seinem mythisch-reaktionären Revolutionarismus die genaue geistige Vorform"[7] des Nationalsozialismus. Doch den Nachweis und eine wirkliche Definition des angeblich nazistischen Elements in der Musik Wagners bleibt Thomas Mann schuldig. Es ist schon einigermaßen befremdlich, dass er sich zu solcher Behauptung hinreißen ließ.[8] Noch drei Jahre zuvor hatte er sich in dem Vortrag „Richard Wagner und der Ring des Nibelungen", den er an der Universität Zürich hielt, gegen jede nationalsozialistische Berufung auf Wagner als künstlerischen Propheten der politischen Gegenwart mit Nachdruck verwahrt.[9] Es liegt nahe zu vermuten, dass der Emigrant Thomas Mann im Jahre 1940 der Versuchung erlag, sich einer (seiner bisherigen Anschauung völlig widersprechenden) Bewertung Wagners als eines pränazistischen Musikanten durch einen Musikkritiker seines Gastlandes, Peter Viereck, anzuschließen, um sein Gesicht als Antifaschist zu wahren und sein Publikum nicht zu enttäuschen. Die Zeichen der Zeit wiesen schon damals unverkennbar dahin, jetzt ein vom nationalsozialistischen Wagnerismus losgelöstes

IV. Wagners musikdramatisches Œuvre

Urteil über Wagner nicht mehr möglich sein sollte, was sich nach 1945 ja bestätigte (wie im Literaturüberblick des ersten Kapitels dargestellt). So ist nach 1945 wiederholt behauptet worden, dass nicht nur das Musikdrama Richard Wagners als Ganzes, sondern auch die Musik Wagners an sich nazistisch, ja antisemitisch sei.

Zwar waren schon zu Lebzeiten Wagners einige seiner Kritiker bemüht, in seiner Musik „jüdische Elemente" (was auch immer das bedeuten solle) aufzuspüren. So etwa Gustav Freytag, der in seiner Polemik gegen Wagners Schrift über das „Judentum in der Musik" meinte: „Im Sinne seiner Broschüre erscheint er selbst als der größte Jude."[10] Doch im Gegensatz zu Gustav Freytag, der sein Urteil (das auf die Dramaturgie des Musikdramas wie die Musik an sich abzielt) immerhin an musikalischen Kriterien festmachte, die er aus dem Vergleich mit den Opern Meyerbeers, Halévys und anderer jüdischer Komponisten bezog (ob tatsächlich zutreffend, sei dahingestellt), mangelt es den Kritikern Wagners nach 1945 an objektiven Kriterien. Es sind wohl eher die Folgen geschichtlicher Erfahrungen, es sind emotional begründete Werturteile, verständliche „antifaschistische" Affekte, die dazu führten, all das, was im „Dritten Reich" als heilig galt (und dazu ist eben auch Wagner zu rechnen), pauschal zu verneinen und als „nazistisch" abzutun.

Die Frage, ob denn Wagners Musik bereits mit antisemitischer Ideologie befrachtet sei, ist indes eine Frage, die sich musikwissenschaftlicher Erörterung weitgehend entzieht, was sich auf die Natur der Sache, sprich die Musik und ihre semantische Beschränktheit gründet. Die Wagner-Forschung der vergangenen Jahrzehnte hat daher mit gutem Grund diese Frage auf sich beruhen lassen. Hartmut Zelinsky hingegen verficht – gegen den Rest der Welt – die These, bereits Wagners Musik sei Weltanschauungsträger. Wie schon im Vorigen erwähnt, betrachtet Zelinsky Wagners „Theater als Erlösungszentrum"[11], in dem Drama und Musik nur als Medium einer antisemitischen, religiös-rassistischen Vernichtungsideologie zu betrachten seien. „Und mit Hilfe der Musik, deren kalkulierte und konstruierte völlig neuartige Raffinesse dem Hörer genau das Staunen und die Gefühlsintensität vermitteln wollte"[12], die nötig sei, ihn zu überrumpeln, habe Wagner seine antisemitische, religiös-rassistische Vernichtungsideologie wirksam seiner Kunst einverleiben und dem Zuhörer (Zuschauer) übermitteln können. Beschränkte sich der Autor noch 1982 in einem spektakulären Spiegel-Interview darauf, zu behaupten, Wagner habe „die Musik ganz bewusst als eine Art Droge, als Rauschmittel und als Weltanschauungsträger verstanden und eingesetzt"[13], so versteigt er sich 1983, im Vorwort der Neuausgabe seiner Dokumentation der Wirkungsgeschichte Wagners, zu folgenden Behauptungen: „Wagners Musik hat eine Vernichtungs-Bedeutung und eine Vernichtungs-Aufgabe, die wiederum Wagner genau bewusst waren, der mit diesem Bewusstsein seine Musik als Hauptkampfmittel und Vehikel seiner Werkidee und seiner neuen Religion einsetzte. ... Die Musik bedeutete und transportierte nicht nur die Wagnersche Werkidee und Weltanschauung, sondern stellte auch das unbedingt sichere Propagandamittel dar, auf das man sich wie eine Droge verlassen konnte."[14] Eine unbewiesene wie unbeweisbare Behauptung, die der Wagner'schen Musik eine so differenzierte semantische Bedeutung aufbürdet, wie sie Musik niemals zukommen kann. Zelinsky überstrapaziert das, was man mit „Sprachähnlichkeit" der Musik meint, und geht von einem ganz und gar unzutreffenden Sprachvermögen von Musik aus.

Mit seinen Behauptungen, die die eigenen Thesen, nicht aber seine Respektabilität als Musiksachverständiger stützen, ignoriert Zelinsky die unabweisbaren Probleme des Sprachcharakters von Musik, ja überstrapaziert Musik und ihre Ausdrucksmöglichkeiten auf geradezu absurde Weise. Wenn auch Musik eine narrative Struktur oder besser: programmatische, lautmalerische, kommentierende Funktion aufweisen kann, was zweifelsohne auch für Wagners Musik gilt, so darf doch nie übersehen werden, dass Musik als Sprache nur mehr Metapher ist, (trauriger) Ausdruck des Wissens von der Beschränktheit der musikalischen Semantik: „Gemessen an der Wortsprache ist das Verhältnis von Syntax und Semantik in der Musik auf den Kopf gestellt. Wo hingegen die Syntax unendlich erweiterbar ist, ist die semantische

Schicht begrenzt."[15] Indem Zelinsky behauptet, dass „diese Musik präzise auf einen bestimmten ideologischen Zweck hin komponiert worden"[16] sei, Wagners Musik also eine sehr bestimmte, eindeutige semantische Bedeutung trage (ohne auch nur den Versuch eines konkreten Nachweises unternommen zu haben), mystifiziert er Wagners Musik auf seine Weise und wird so selbst das Opfer seiner Invektiven.

Zelinskys Behauptungen sind vor allem auf den „Parsifal" gemünzt. Nun hat aber Adolf Nowak[17] gerade anhand einer eingehenden Analyse des „Parsifal", jenes Alterswerks Wagners, das aufgrund des Sujets (und seiner durch Mit- und Nachwelt verbreiteten Verklärung) am ehesten in den Verdacht geriet, Träger einer wie auch immer gearteten Weltanschauung, Ideologie oder Kunstreligion (= Musikreligion) zu sein, exemplarisch deutlich gemacht, dass Wagner in diesem Werk die Grenzen des musikalisch Machbaren nicht nur erkannt, sondern sogar dargestellt habe: „Wagners ‚Parsifal' ist durchzogen von einem Moment des Verzichts auf das, was Hegel ‚subjektive Rundung' genannt hätte: Das ... Abreißen oder Innehalten der Bewegung, die in die Pausen hinein nachklingenden oder, anstelle einer Auflösung, einstimmig fortgeführten Dissonanzen ..., der Verzicht auf Ornamentales in einem teilweise sehr reduzierten Satz ..., schließlich das Meiden des Apotheosenhaften im III. Akt durch ein ‚sempre piano' in Partien, die die Erlösung besingen. Gerade der ‚Mimomane', wie Nietzsche Wagner nannte, scheint Misstrauen empfunden zu haben gegenüber der Eigenmacht des Könnens, gegenüber dem Anspruch auf Erlösung durch Kunst. ... Parsifal ist ein Werk, in dem die Idee der Kunstreligion dergestalt realisiert ist, dass selbst die Grenzen dieser Idee erfahrbar werden."[18]

Grundsätzlich gilt, um die Erörterung dieses Aspekts abzuschließen, auch für Wagners Musik, was Adorno von Musik schlechthin behauptete: Musik sei zwar durchaus „sprachähnlich"[19], aber im Gegensatz zur „meinenden Sprache"[20] ohne Begriff, nicht eindeutig in ihrer Aussage, sondern polyvalent, stets behaftet vom „Fluch des Mehrdeutigen"[21]. Es führe „ins Vage"[22], so man (hier sein eingefügt, wie Zelinsky, D. S.) ihre „Sprachähnlichkeit"[23] wörtlich nehme. Wenn Zelinsky behauptet, Wagners Musik habe eine antisemitische, rassistische „Vernichtungsbedeutung", kann dies vor dem Hintergrund des Erörterten nur mehr als Ausdruck von mangelnder musikalischer Sachkenntnis gedeutet werden.

Dass der Gestus der Wagner'schen Musik für Mythos plädiert (wiewohl nicht nur für Mythos), wie Adorno als einer der Ersten zu Recht erkannte[24], dass der Wagner'schen Musik ein gewisser Verführungscharakter eigen ist, das sind Tatsachen, die mit antisemitischen Intentionen nichts zu tun haben. Und schließlich ist es angebracht, mit dem Komponisten Dieter Schnebel die Frage zu stellen: „Ist Verführung nicht ein wesentliches Moment von Kunst überhaupt?"[25]

Dass der alte Wagner selbst (seinen frühen programmatischen Ausführungen zum Zusammenhang von Musik und Wort zum Trotz) der Musik eine absolut eigenständige, sich über jede Programmatik des Worts erhebende, ja von ihr unterscheidende Ausdrucksfähigkeit zuschreibt, kommt nicht nur in seinen späten Bayreuther Aufsätzen, sondern auch und gerade in den Gesprächen mit Cosima deutlich zum Ausdruck. Am 28. März 1881 notierte Cosima eine bezeichnende Äußerung Wagners über eine fast schon als religiös, zumindest transzendierend zu nennende Qualität der „Parsifal"-Musik (wahrscheinlich das Vorspiel betreffend): „O, was ist solch ein Dreiklang! Alles verschwindet für mich dagegen: wenn er wieder eintritt, so ist es nach allem Toben, Wüten, Irren wie die Rückkehr von Brahma zu sich." Und am 31. Januar 1881 bringt Wagner seine Ansicht von der absoluten, sich über jede Ideologie erhebenden Bedeutung der Musik auf den Punkt: „Wir Musiker sind Blausäure, wenn die Musik beginnt, ist alles übrige nichts."[26] Diese Äußerung Wagners spricht für sich.

IV. Wagners musikdramatisches Œuvre

B. „Der Fliegende Holländer"

Mit seiner 1840/41 entstandenen romantischen Oper „Der Fliegende Holländer" hat Wagner einen der ältesten und in der Weltliteratur meistverbreiteten Mythen dramatisiert: den Ahasverus-Mythus, der in mehr als zweihundert Werke der Weltliteratur eingegangen ist[27]. Angeregt wurde Wagner durch Heinrich Heines „Aus den Memoiren des Herren Schnabelewopski", insbesondere das siebte Kapitel. Darin bezeichnet Heine selbst den „Fliegenden Holländer" als „den ewigen Juden des Ozeans"[28]. Ursprünglich war Ahasver eine heidnische Gestalt, ein Römer. Erst seit der „Chronique Rimée" des Philipp Monsques, Bischofs von Tournai (gest. 1263), wird Ahasver als Jude geschildert. Seit dem achtzehnten Jahrhundert flossen in den Ahasverus-Stoff zunehmend antisemitische Tendenzen ein. „Weder die Erzählung vom Antichrist noch vom Ahasver hatten von vornherein eine antisemitische Tendenz"[29], wie Else Liefmann darlegte. Dagegen war bereits für Arthur Schopenhauer (1851) der ewige Jude „nichts Anderes, als die Personifikation des ganzen jüdischen Volks. Weil er an dem Heiland und Welterlöser schwer gefrevelt hat, soll er von dem Erdenleben und seiner Last nie befreit werden und dabei heimatlos in der Fremde umherirren."[30] Doch Richard Wagner wollte seine Variante des Ahasver-Mythos, seinen „Fliegenden Holländer" anders verstanden wissen. Für ihn ist diese Gestalt, wie er in „Eine Mitteilung an meine Freunde" 1851 erläutert, „eine merkwürdige Mischung des Charakters des ewigen Juden mit dem des Odysseus"[31], eine Mischung aus mittelalterlich-christlich-ahasverischer Todessehnsucht einerseits und hellenischer „Sehnsucht nach der Heimat, Haus, Herd und – Weib"[32] andererseits. Wagner fasst den Fliegenden Holländer halb als jene hellenisch-christliche, „immer und ewig, zweck- und freudlos zu einem längst ausgelebten Leben"[33] verdammte, sich nach Erlösung im Tode sehnende Gestalt des „ewigen Juden" auf, die das „irdisch heimatlose Christentum"[34] erfunden habe; halb doch auch als die Verkörperung des der „weltgeschichtlichen Epoche der Entdeckungsreisen"[35] zugehörigen Verlangens nach

„einem Neuen"[36], nach dem erlösenden „Weib der Zukunft"[37], was immer er 1851 im Sinne seiner revolutionären, utopisch-sozialistisch geprägten Zukunftshoffnungen darunter verstanden haben mag. Auf jeden Fall ist es für Wagner „ein uralter Zug des menschlichen Wesens" schlechthin, der in der Gestalt des Fliegenden Holländers „mit herzergreifender Gewalt"[38] sich ausspricht: „die Sehnsucht nach Ruhe aus Stürmen des Lebens"[39]. Es geht Wagner im „Fliegenden Holländer" überhaupt nicht um eine spezifisch jüdische Problematik. Der Holländer wird in keiner Weise mit negativen, mit „jüdischen" Eigenschaften ausgestattet. Im Gegenteil: Wagner macht aus der Legendengestalt des ewigen Juden eine von der mythischen Vorlage befreite, modern anmutende Weltschmerzgestalt. Der Holländer ist ein großzügiger, edler Verdammter, verdammt zu absurdem, ewigem Leben und nicht endender Sehnsucht nach dem Tode, der wider Erwarten Erlösung findet – im Opfertod einer liebenden Frau. Nicht nur bei Wagner, sondern in der Literatur schon der dreißiger und vierziger Jahre des 19. Jahrhunderts war Ahasver gebräuchliches Symbol des Weltschmerzes und der Skepsis gegenüber Welt und Geschichte. Der Text Wagners weist denn auch eine ziemlich eindeutige Verwandtschaft mit anderen Weltschmerz-Dichtungen der Zeit auf. Man denke nur an Byrons Manfred, Büchners Danton, Lenaus Ahasver-Ballade oder Eugène Sues Roman vom Ewigen Juden. Im Monolog des Holländers in der zweiten Szene des ersten Aufzugs ist unschwer das weltschmerzliche Pathos, der Ennui (vorweggenommener Schopenhauer auch, wenn man will) herauszuhören:

„Wie oft in Meeres tiefsten Schlund
stürzt' ich voll Sehnsucht mich hinab: –
doch ach! den Tod, ich fand ihn nicht!
Da, wo der Schiffe furchtbar Grab,
trieb mein Schiff ich zum Klippengrund: –
doch ach! mein Grab, es schloß sich nicht! –"[40]

Dieter Borchmeyer hat bereits darauf hingewiesen: Wenn man Ahasverus „mit Hamlet, Faust und Don Juan zu den in immer neuen Metamorphosen auftauchenden Repräsentanten des Weltschmerzes"[41] zählt, kann man füglich Wagners „Fliegenden Holländer" als „Oper des Weltschmerzes"[42] bezeichnen. Auch wenn die Gestalt des Ahasver stoffgeschichtlich mit antisemitischen Tendenzen behaftet ist (bereits vor, mehr noch nach Wagner): In Wagners Oper vom Ewigen Juden des Meeres ist eine antijüdische Tendenz nicht erkennbar. Die Behauptung, Wagner habe in der Erlösung des „Fliegenden Holländer" gefordert, „was er und nur er aufgrund seines Erlösungssyndroms ihnen (den Juden, D. S.) zugedacht hat", was er schließlich „in der Erlösung der ahasverischen ... Kundry als ihre Vernichtung in den ‚Parsifal' aufgenommen"[43] habe, entbehrt jeder textlichen Grundlage.

C. „Der Ring des Nibelungen"

In seiner aufsehenerregenden Schrift „The perfect Wagnerite", die 1907 erstmals ins Deutsche übersetzt wurde, hat George Bernard Shaw den „Ring des Nibelungen" als ein „Drama der Gegenwart"[44] interpretiert und die Figuren der Tetralogie als symbolische Abbilder gesellschaftlicher Typen der Wagner-Zeit. Mit scharfem Blick hat Shaw den „Ring" und sein Personal aus dem politischen Denken und Agieren Wagners im Umkreis der Revolution von 1848 gedeutet und (alle Ignoranten der politischen Dimensionen des Wagner'schen Werks provozierend) erklärt, dass Wagners „Schilderung des Nibelungenreiches unter Alberichs Herrschaft die dichterische Vision des unkontrollierten industriellen Kapitalismus ist, der in Deutschland um die Mitte des 19. Jahrhunderts durch Engels' ‚Die Lage der arbeitenden Klasse in England' bekannt wurde"[45]. Wagner selbst hat einer solchen „sozialistischen" Deutung des „Rings" (die indes nur eine, wenn auch keineswegs die unwichtigste Bedeutungsebene dieses komplexen Kunstwerks darstellt) durchaus Vorschub geleistet, wie diversen seiner zahlreichen Selbstkommentare des Werks zu entnehmen ist. So bekannte Wagner beispielsweise in einem Gespräch über die 48er Revolution am 2. Mai 1874 Cosima: „Ich selbst, ich hätte, glaube ich, den Ring nicht konzipiert ohne diese Bewegung." Und während einer London-Reise hat Cosima die aufschlussreiche Äußerung Wagners vom 25. Mai 1877 notiert: „Der Traum Alberichs ist hier erfüllt, Nibelheim, Weltherrschaft, Tätigkeit, Arbeit, überall der Druck des Dampfs und Nebel." Am 15. Februar 1881 ist bei Cosima zu lesen: „In diesen Tagen freute sich R., im Ring des Nibelungen das vollständige Bild des Fluches der Geld-Gier gegeben zu haben und des Unterganges, welcher daran geknüpft ist." Einen Monat zuvor schrieb Wagner diesen Gedanken selbst nieder, und zwar in dem Aufsatz „Erkenne dich selbst". Darin heißt es: „Der verhängnisvolle Ring des Nibelungen als Börsenportefeuille dürfte das schauerliche Bild des gespenstischen Weltbeherrschers zur Vollendung bringen." Und dieser Weltbeherrscher ist für Wagner „Gold als der unschuldwürgende Dämon der Menschheit"[46]. Es ist angesichts solcher Äußerungen Wagners, denen noch viele ähnliche hinzugefügt werden könnten, legitim, in seinem mythopoetischen, musikalischen Gedicht von der Welt Anfang und Ende zeitgeschichtliche, gesellschaftskritische Bezüge zu entdecken, ja den „Ring" als politische Parabel[47] zu deuten, als „revolutionäres Musiktheater, in dem Proudhon, Bakunin, Feuerbach und Stirner, frühsozialistische wie anarchistische Theoreme den ‚weltanschaulichen' Kern abgeben"[48]. Anders verhält es sich in Bezug auf rassistische Deutungen. Schon Shaw war klug genug, seine Deutung aufs Politische zu beschränken, rassentheoretische Spekulationen aus dem Spiel zu lassen, obwohl es sich angeboten hätte, bei seiner Deutung des „Rings" als Kapitalismus-Kritik die Juden ins Spiel zu bringen, die bekanntlich schon bei Marx (1843) als „Schacher", deren „weltlicher Gott" das „Geld" sei, als Kapitalisten par excellence bezeichnet werden[49].

Weder der Text noch auch nur eine einzige von Wagners Äußerungen zum Text geben einen Hinweis darauf, dass Wagner im „Ring" irgendeine Gestalt als Judenkarikatur habe anlegen wollen. Weder Loge noch Mime, Alberich oder gar Hunding,

IV. Wagners musikdramatisches Œuvre

die geradezu „klassischen", von Paul Bekker bis hin zu Adorno[50] als Judenkarikaturen gedeuteten Gestalten des „Rings", wurden von Wagner jemals, weder in öffentlichen noch in privaten Äußerungen als solche bezeichnet. In keiner seiner zahlreichen, zum Teil detaillierten Erläuterungen des „Rings" ist die Rede von „jüdischen" Gestalten. Und das will schon etwas heißen, denn Richard Wagners Sorge, dass sein Werk missverstanden werden könne, führte zu einer wahren Erklärungsmanie und verleitete ihn immer wieder zu ausführlichen Selbstinterpretationen. Mythologisch, politisch-gesellschaftskritisch, musiktheoretisch und psychologisch hat er sein dramatisches Werk gedeutet, zum Teil geradezu provozierend modern. Da sollte Wagner einen Aspekt ausgeklammert, vergessen oder gar verheimlicht haben, der ihm wichtig gewesen wäre, der, nach Meinung Zelinskys, gar die zentrale „Werk-Idee" sämtlicher Dramen darstellt? Es ist unangemessen, von einer solchen Annahme auszugehen. Eher davon, dass Wagner seine Musikdramen, sein Theater, bewusst freihalten wollte von irgendwelchen Auseinandersetzungen um Juden und Judenhass, der ihm dank seiner Provokationen schon in seinem Privatleben genug Probleme bereitete. Es spricht eher dafür, dass Wagner in seinem künstlerischen Werk Gegenentwürfe zur Realität schaffen wollte, Utopien (auch politische) entwerfen wollte, angesiedelt im Raum einer künstlerischen Idealität des „Reinmenschlichen", in zeitlos mythischen Konstellationen und Konfigurationen, die keine Tagesprobleme duldeten (und der Antisemitismus war eines der prekärsten für ihn). Solche Erwägungen bestätigt jedenfalls eine beiläufige, aber interessante Bemerkung Cosimas, die sie am 10. Februar 1881 im Zusammenhang eines Gesprächs mit Richard über die Juden und die Frage, ob sie „erlöst werden können", äußerte. Diese hätte sich ihnen beiden aufgeworfen bezüglich „unserer Kunst, die nur eine Flucht sein kann vor dem Bestehenden."[51]

Doch zurück zum „Ring": Dass Wagner in seiner Nibelungen-Tetralogie die „jüdische Rasse" ausgespart hat und damit jegliche antisemitische Tendenz, die durch Karikierung und Denunzierung jüdischer Gestalt möglich wäre, geht auch aus folgender

„Der Ring des Nibelungen"

Äußerung, die Cosima in ihrem Tagebuch festgehalten hat, unzweifelhaft hervor. Am 17. November 1882 notierte sie: „In der Frühe heute gingen wir die Gestalten des R. des Nibelungen durch vom Gesichtspunkt der Racen aus, die Götter, die Weißen, die Zwerge, die Gelben (Mongolen), die Schwarzen die Äthiopier; Loge der métis (also der Mischling, D. S.)."[52] Von Juden ist nicht die Rede. Hätte Wagner wirklich Alberich, Mime, Hunding oder Hagen als Judenkarikaturen verstanden wissen wollen, er hätte ohne Zweifel, wie in anderen Zusammenhängen, im vertraulichen Gespräch mit seiner notorisch antisemitischen Frau kein Blatt vor den Mund genommen.

Man könnte also, wenn man sich denn zu einer exzentrischen rassistischen Deutung entschließen wollte, den „Ring" allenfalls als Sinnbild raffgieriger „Mongolen" und „Äthiopier", aber auch eines „Weißen", man vergesse Wotan nicht, auffassen. Damit erweist sich Zelinskys rassistische Deutung des „Rings" als eines Sinnbilds einer „vom Juden beherrschten Welt des Geldes, des Besitzes und des Eigentums", in dem der Brand Walhalls sich „auf sein (Wagners, D. S.) Bild vom Juden bezieht",[53] als völlig willkürliches, ja aus der Luft gegriffenes, sich weder auf den Text noch auf Wagners Erläuterungen stützendes Gedankengebäude.

Auch die immer wieder, zuletzt 2012 zitierten Erinnerungen der Natalie Bauer-Lechner[54] an eine angebliche Äußerung Gustav Mahlers über Mime als „die leibhaftige, von Wagner gewollte Persiflage eines Juden"[55] ändern daran nichts, stellen sie doch nur eine subjektive Interpretation, wo nicht Projektion aus zweiter Hand dar, die mehr über Gustav Mahlers Leiden am eigenen Judentum als über Wagners Bühnenfigur aussagt. In der Textbuch-Erstschrift des „Siegfried" verlangt Wagner schließlich, dass Mime keine Karikatur sei!

Im Übrigen spricht gegen die Annahme Zelinskys, dass die Nibelungen, vor allem Mime und Alberich, negativ gewertete Schacher-Juden sein sollen, auch folgende, am 2. März 1878 von Cosima notierte Bemerkung Wagners: „dass er einst völlige Sympathie mit Alberich gehabt"[56].

Und schließlich sollen in der utopischen Schlussvision der Te-

99

tralogie alle vom Fluch des Rings Betroffenen, also Götter, Menschen und Zwerge erlöst werden durch die Opfertat Brünnhildes – erlöst vom Ring als Symbol egoistischer Habgier und kapitalistischer Machtlüsternheit, wenn man so will. Das ist die Vorstellung einer revolutionären, gesamtgesellschaftlichen „Reinigung" von Welt und Gesellschaft, die alle Betroffenen meint, Juden wie Nichtjuden. Es ist derselbe Gedanke, der am Ende seiner Schrift „Das Judentum in der Musik" expressis verbis ausgesprochen wird, wie im folgenden Kapitel noch zu erörtern sein wird. Von explizit antisemitischem Vernichtungsdenken kann im „Ring" jedenfalls die Rede nicht sein.

D. „Die Meistersinger von Nürnberg"

Anlass zahlreicher Spekulationen über vermeintlich antisemitische Tendenzen in diesem Werk ist immer wieder die Gestalt des Stadtschreibers Sixtus Beckmesser geworden, des Pedanten, mit dem Hans Sachs ein böses Spiel treibt, bis der Volksspott sich am Ende in Hohngelächter über ihn ergießt. Nicht ganz ohne Grund ist Beckmesser als Karikatur des (jüdischen) Wiener Musikkritikers Eduard Hanslick aufgefasst worden. Immerhin erwog Wagner 1861, die komische Figur seiner Komödie in Anlehnung an den Wiener Musikkritiker Veit Hanslich zu nennen, nachdem Hanslick sich von Wagner losgesagt und schließlich in seiner musikästhetischen Programmschrift „Vom Musikalisch-Schönen" 1854 eine deutliche Opposition zu Wagners Kunstauffassung vertreten hatte. Doch hüte man sich, daraus falsche Schlüsse zu ziehen. Schon in der ursprünglichen Handlung des Nürnberger „komischen Spieles"[57], eine Art „heiteres Satyrspiel"[58] auf den „Tannhäuser", wie auch wohl auf den „Tristan", das bereits 1845 in Marienbad erstaunlich detailliert konzipiert wurde, war die Gestalt des Sixtus Beckmesser bereits angelegt als die eines zwar pedantisch-traditionalistischen, aber ehrenwerten Stadtschreibers und Merkers der Meistersinger. In dem selbstkommentierenden Essay „Eine Mitteilung an meine Freunde"

(1851) erläutert Wagner die Gestalt des Beckmesser folgendermaßen: „Ich fasste Hans Sachs als die letzte Erscheinung des künstlerisch produktiven Volksgeistes auf und stellte ihn mit dieser Geltung der meistersingerlichen Spießbürgerschaft entgegen, deren durchaus drolligem, tabulator-poetischem Pedantismus ich in der Figur des ‚Merkers' einen ganz persönlichen Ausdruck gab. Dieser Merker war bekanntlich ... der von der Singerzunft bestellte Aufpasser, der auf die den Regeln zuwiderlaufenden Fehler der Vortragenden, und namentlich der Aufzunehmenden, ‚merken' und sie mit Strichen aufzeichnen musste: wem so eine gewisse Anzahl von Strichen zugeteilt war, der hatte ‚versungen'."[59] Es dauerte lange, bis Wagner ein endgültiges Libretto abgeschlossen hatte. Erst nach einer sechzehnjährigen Ruhepause machte er sich 1861 daran, das Textbuch in eine letzte Fassung zu bringen und es schließlich zu vertonen. Uraufgeführt wurden die „Meistersinger" erst 1868 in München. In einer Wiener Zwischenfassung von 1861 muss er, wohl unter dem Eindruck der Wandlung Hanslicks vom Verehrer seiner Kunst zum Gegner, angestachelt auch wohl vom Pariser „Tannhäuser"-Skandal, die Absicht gehabt haben, seinen Kritiker mit der Gestalt Beckmessers zu treffen. Der Merker wurde Veit Hanslich genannt. Doch Wagner verwarf diese Idee schnell. Als Wagner schließlich am 23. November 1862 in Wien seine „Meistersinger" vorlas, bei Anwesenheit Eduard Hanslicks wohlgemerkt, kam es zum endgültigen Bruch mit ihm, denn Hanslick empfand wohl, wie Wagner selbst eingesteht, „diese ganze Dichtung als ein gegen ihn gerichtetes Pasquill"[60]. Doch in der Schlussfassung von 1862 hieß der Merker wieder, wie von Anfang an geplant, Sixtus Beckmesser. Aus dem zwischenzeitlichen Plan, mit dem Namen der Gestalt auf Hanslick anzuspielen, kann keinesfalls eine grundsätzliche Karikatur eines jüdischen Kritikers abgeleitet werden, denn bereits in der ersten Fassung, als Wagner und Hanslick noch einvernehmlich miteinander umgingen, war ja an eine solche Karikatur gar nicht zu denken und die Gestalt des Stadtschreibers bereits in allen Einzelheiten angelegt.[61] Im Übrigen schließen die soziale Rolle und der Beruf des Stadtschreibers im Nürnberg des

16. Jahrhunderts einen Juden von vornherein aus. Und was die Anspielung auf Hanslick angeht, so hat Hanslick selbst in seiner autobiographischen Schrift „Aus meinem Leben" das Treffende hierzu gesagt: „Die Wagnerianer haben mir den Beinamen ‚Beckmesser' aufgebracht und damit bewiesen, dass sie ihren Meister und dessen verständlichste Figur nicht verstehen. Der Stadtschreiber Beckmesser in den ‚Meistersingern' ist der Typus eines an lauter Kleinlichkeiten und Nebensachen hängenden Pedanten, ein Philister ohne Schönheitssinn und geistigen Horizont, ein borniter Silbenstecher, der jede falsche Betonung, jede von der ‚Regel' abweichende Note als ein Verbrechen an der Kunst ankreidet und mit der Addition dieser einzelnen Fehler den Sänger vernichtet zu haben glaubt. Ich habe Wagner nie um Kleinigkeiten willen angegriffen, niemals einzelne Regelwidrigkeiten in seinen Werken aufgespürt. ... Ich habe gegen Wagners Musikdramen immer nur große Gesichtspunkte, nur fundamentale Forderungen der Tonkunst geltend gemacht." Und Hanslick fährt fort: „Hingegen scheinen mir gerade die Wagnerianer viel Ähnlichkeit mit Beckmesser zu haben. Es gibt auch Adorations-Beckmesser. Sie gönnen sich keine Ruhe, bevor sie nicht die unbedeutendste Note, die allergewöhnlichste Phrase, die unschuldigste Sechzehntelpause hervorgestöbert und als unerreichbares Geniewerk verherrlicht haben."[62]

Aber, was schließlich der ganzen Debatte um diese Figur die Grundlage entzieht: Es gibt nämlich eine Äußerung Richard Wagners vom 16. März 1873, die jeden Verdacht, Beckmesser sei die Karikatur eines jüdischen Kritikers, ad absurdum führt: „mit der ehrwürdigen Pedanterie, dacht ich mir den Deutschen in seinem wahren Wesen, in seinem besten Licht." Und Wagner fährt fort: „So weit bringt er es im Leben, alles übrige, zumal die Eleganz, ist bei ihm affektiert; und sonst hat er noch das höchste Pathos."[63] So entpuppt sich also die vermeintliche Judenkarikatur des Beckmesser als Missverständnis auf mehreren Ebenen, der biographischen, der geschichtlichen (was die historische Gestalt angeht) und der entstehungsgeschichtlichen.

Gewichtiger noch ist die Musik. Was sie angeht, so wird in

Diskussionen gelegentlich behauptet, Wagner habe im sogenannten Ständchen Beckmessers (im zweiten Akt) jüdische Musik, genauer: Synagogengesang persiflieren wollen. Bereits Cosima berichtet in ihrem Tagebuch unter dem 14. März 1870 von derartigen Vorwürfen: „In der Musikalischen Zeitung ist ein Bericht über die Aufführung der MSinger in Wien. Unter anderem hatten die J(uden, D. S.) dort verbreitet, das Lied von Beckmesser sei ein altes jüdisches Lied, welches R. habe persiflieren wollen."[64] Doch weder in ihren Aufzeichnungen, noch in den Schriften und sonstigen Äußerungen Richard Wagners ist auch nur der kleinste Hinweis darauf zu finden, dass er tatsächlich jüdische Musik habe persiflieren wollen. Im Gegenteil: Wagner zeigte immer wieder Hochachtung vor „jüdischer" Musik, so rühmte er mehrfach den „großen Stil" und die „künstlerische Verwertung jüdischer Klänge"[65] in Halévys Oper „Die Jüdin". Am 27. Juni 1882 hebt er in Gegenwart Levis bei Tisch „die Schönheiten in der ‚Jüdin' hervor, das Passahfest, die letzten Chöre ... und sagt, dass darin der beste Ausdruck des jüdischen Wesens sei"[66]. Wenn der von Cosima überlieferte Vorwurf berechtigt gewesen wäre, hätte Wagner ihn ganz sicher in irgendeiner seiner vielen Erläuterungen seiner Werke, in privaten Äußerungen, zumindest aber im Gespräch mit Cosima bestätigt, wahrscheinlich sogar mit Genugtuung.

Natürlich hat Wagner mit Beckmessers Ständchen (aber auch mit dem von Beckmesser verzerrten Preislied Stolzings), „Den Tag seh' ich erscheinen ...", ein parodistisches Stück Musik geschaffen, das als Gegensatz zu Walthers innovativer Kunst verknöcherten musikalischen Formalismus, Pedanterie, einfallslosmechanischen Koloratur-Gesang charakterisieren soll, der, wie auch das verzerrte Preislied, zweifellos als „Inbegriff des musikalisch Obsoleten"[67] (Dahlhaus) verstanden werden soll. Dieses Ständchen, ein um Eva werbendes Liebeslied von geradezu grotesk einfältigem Text, begleitet von absurd betontem, auf Quartenintervallen basierendem, steifem Koloraturgesang, der, von Sachsens Hammerschlägen unterbrochen, die Melodie der Lautenbegleitung wiederholt, stellt, rein musikalisch, die „parodis-

IV. Wagners musikdramatisches Œuvre

tische Gestaltung des Grundtyps der Quarten-Melodik"[68] dar. Was bedeutet, dass auch rein musikalisch betrachtet die Behauptung, Wagner habe im Beckmesser-Ständchen jüdische Musik, speziell Synagogengesang, persiflieren wollen, unhaltbar ist, denn der Charakter des synagogalen Sprechgesangs[69], dessen Melodie meist spielerisch-melismatischen Charakter zeigt, ist ja gerade „das Fortschreiten der Melodie in Primen oder Sekunden und ihr jeweiliges Aufschreiten von der Tonika zu Quart oder Quint"[70]. Und das steht nun wirklich ganz im Gegensatz zur Beckmesser-Musik. Von daher verwundert es nicht, dass sich nicht die geringste musikwissenschaftliche Spur finden lässt, die die Aufrechterhaltung der These, Wagner habe mit der Beckmesser-Musik jüdische Musik persiflieren wollen, rechtfertigte.[71]

Eine Persiflage ist das Ständchen allerdings schon. Aber in einem ganz anderen Sinne: Es persifliert die „italienische" Manier der Zertrennung von Musik und Wort, den artifiziellen Gesangsstil der italienischen Oper, gegen die Wagner ja zeit seines Lebens zu Felde zog. Oder, wie Carl Dahlhaus ausführt, eine Persiflage alter Musik im Gegensatz zu neuer Musik, die Stolzing repräsentiert: Beckmessers Ständchen und sein verzerrtes Preislied sind „sinnfällig als veraltete Musik charakterisiert: Mechanische Koloraturen, modale Züge in der Melodik und eine karge, auf wenige Lautenakkorde und -Figuren beschränkte Begleitung", die „den Inbegriff des musikalisch Obsoleten" bildeten, „das Wagner dem Dürftigen gleichsetzte. ... Andererseits ist jedoch Walthers Preislied nichts weniger als ‚neue' Musik."[72] Diese Auseinandersetzung um den Gegensatz von Altem und Neuem in der Kunst im Allgemeinen, in der Musik im Besonderen, ist wohl der eigentliche Kern dieses Künstlerdramas, abgesehen von einer biographische Fakten widerspiegelnden Ebene, derzufolge man füglich mit Peter Wapnewski die „Meistersinger" als „das große Denkmal einer schmerzhaften, den Kern der Persönlichkeit empfindlich bedrohenden und verwandelnden Entsagung"[73] bezeichnen kann. Die Behauptung Zelinskys, mit den „Meistersingern" habe Wagner eine Art „musikalische Neuauflage des ‚Judentums in der Musik'"[74] geschaffen, ist, wie so vieles in seiner Polemik, unbeweisbar, ja absurd.

E. „Parsifal"

Wagner selbst nannte den „Parsifal" seine „letzte Karte"[75]. Er ist es in mehrerer Hinsicht: Er ist persönlich-bekenntnishaftes Weltabschiedswerk im psychologischen Sinne, den Peter Wapnewski auf den Punkt bringt: „Um sich vor der zerstörerischen Heftigkeit des mächtigsten aller Triebe zu schützen, um ihn zu bändigen, zu pönalisieren, beschwor Wagner ein Reinigungs-Exerzitium, veranstaltete er ein flagellantisches Fest der Selbstkasteiung, der Selbstbestrafung durch die pathetische Zelebrierung christlicher Riten und ihrer sinnenabtötenden Postulate. Ein Versuch, den Klingsor in uns, die Kundry in uns zu überwinden."[76] Aber der „Parsifal" ist mehr, ist Summe des Lebens auch in handwerklich-technischer Hinsicht und, wie Dieter Borchmeyer veranschaulichte, „in nahezu sämtlichen Gestalten und wesentlichen Handlungsmomenten eine Rekapitulation des Wagnerschen Gesamtwerks"[77]. Schon Cosima nannte Wagner gegenüber am 5. Januar 1882 „dieses letzte Werk auch sein Meisterwerk". Wagner erklärte ihr, dass er sich „dieses Werk für die höchste Reife habe erspart"[78]. Und, „dass der Parsifal gewiss sein letztes Werk zu sein habe"[79] (5. April 1882). Womit er ihm den Charakter eines künstlerischen Vermächtnisses, einer „Summa aesthetica"[80] zuschreibt. Sollte ausgerechnet in diesem Werk Wagners „Vernichtungsideologie" kulminieren, eine rassistische „Blutideologie"[81], in der „die Erlösung des arischen Jesus vom Judentum den zentralen Hintergrund seines Parsifal"[82] bilde, ein Werk, mit dem der „aktive rassistische Bayreuther Antisemitismus, der in Wagners ‚Religionsstiftung' vorprogrammiert war"[83], wie Zelinsky behauptet?

Schon Wagner selbst hob am 14.12.1881 gegenüber Cosima mit Nachdruck hervor, was er aus verschiedenen Anlässen mehrfach äußerte, „dass ‚Parsifal' sein versöhnendstes Werk sei"[84].

IV. Wagners musikdramatisches Œuvre

Wenn man mit Carl Dahlhaus der Auffassung ist, dass die „Substanz eines Dramas ... in der Konfiguration der Personen und Handlungsmomente (besteht, D. S.), aus denen es sich zusammensetzt"[85], sucht man ganz und gar vergeblich im Drama, das sich zwischen Kundry (Klingsor), Amfortas und Parsifal ereignet, nach antisemitischen oder rassistischen Strukturen. Schon die Suche nach einer eindeutig jüdischen Figur erweist sich ja als ziemlich aussichtslos, denn Kundry wird im Text selbst vornehmlich als „Heidin" und als „Zauberweib"[86] in wechselnden Gestalten bezeichnet. Die Jüdin Herodias ist ja nur eine der Gestalten, in denen sich ihr Archetyp verkörperte. Klingsor verrät es:

„Ur=teufelin! Höllen=Rose!
Herodias warst du,
und was noch?/Gundryggia dort, Kundry hier"[87]

Wie Dieter Borchmeyer zu Recht ausführt, bringt Wagner hier „die Idee jener Wanderschaft mit der indischen Vorstellung von der Seelenwanderung, der endlosen Folge von Wiedergeburten, und – wichtiger noch – mit dem ewigen Kreislauf der Natur in Verbindung. Kundry hält ja regelmäßig einen förmlichen Winterschlaf. In jedem Frühjahr erwacht sie mit der Natur zu neuem Leben. Sie ist also auch so etwas wie eine Verkörperung der erlösungsbedürftigen Natur. Ihre Erlösung durch die Taufe löst bezeichnenderweise den Karfreitagszauber aus, in dem sich symbolisch die Erlösung auch der außermenschlichen Natur ausdrückt."[88]

Wagners Kundry ist (wie die Herodias im Mittelalter) nichts anderes als das weibliche Pendant zur Gestalt des Ahasverus, eine „Verwünschte ... zu büßen Schuld aus früherm Leben"[89]. Sie hat Jesus auf seinem Leidensweg verlacht und muss sich zur Srafe „endlos durch das Dasein"[90] quälen, findet weder Ruhe noch Erlösung. Wagner schreibt bereits im Prosaentwurf von 1865, ganz im Schopenhauer'schen Sinne: „Kundry lebt ein unermeßliches Leben unter stets wechselnden Wiedergeburten, in Folge einer alten Verwünschung, die sie, ähnlich dem ‚ewigen

Juden', dazu verdammt, in immer neuen Gestalten das Leiden der Liebesverführung über die Männer zu bringen."[91] Und sie verkörpert mit ihrer verführerischen Sinnlichkeit die Antithese der christlichen Ethik selbstlosen Mitleidens, die im Zentrum des „Parsifal" steht. Daraus ergibt sich ihre dramaturgische Funktion. Es ist immerhin Kundrys gescheiterter erotischer Verführungsversuch, ihr Kuss, der Parsifal „welt=hellsichtig"[92] macht, ihn das „Prinzip Mitleid" begreifen und sich seiner Berufung zur Erlösung des Grals bewusst werden lässt. Als solches Symbol erotischen Getriebenseins verkörpert Kundry (ob bewusst oder unbewusst konzipiert, sei dahingestellt) eine nicht unwesentliche Komponente ihres Schöpfers, Richard Wagners. Man darf den „Parsifal" daher (auch) als ein „Kunst-Drama der Sinnenabtötung als Rettung vor dem privaten Drama der Sinnenlust"[93] begreifen.

Alles in allem ist Kundry die wohl vielschichtigste mythische Gestalt des Wagner'schen Bühnenpersonals. Eine dezidiert jüdische, zumal eine mit „jüdischen" Attributen oder negativen Affekten besetzte ist sie jedoch gerade nicht. Auch wenn Wagner in Kundry (auch) die mythologisch vorgegebene Jüdin Herodias sehen mag, er gibt ihrer Musik ein immenses, eindeutig charakterisierendes Mitleidspotential. Wie sollte Wagner auch ausgerechnet die Gestalt der Kundry negativ charakterisieren, wo doch Muse und Vorbild gerade dieser Gestalt seine letzte (heimliche) Geliebte, Judith Gautier gewesen ist, wie sein Briefwechsel mit ihr bezeugt[94], die Tochter des mit Heinrich Heine befreundeten Schriftstellers Théophile Gautier, der wahrscheinlich selbst jüdische Vorfahren hatte, und Ehefrau des Kritikers Catulle Mendès, der, „ein sephardischer Jude"[95] gewesen sein soll.

Dass Kundry am Ende, wie dem Gral, wie der ganzen Gralsgesellschaft, wie dem siechen Amfortas, Erlösung zuteil wird, ist nur logisch innerhalb des Dramas und hat gar nichts zu tun mit irgendeiner Art von Vernichtungsideologie. Kundry (die zuvor bereits von Parsifal getauft wurde!) wird ja erlöst als zu erotischem Verführungszwang Verfluchte durch mitleids- und entsagungsvolle Keuschheit, nicht als Jüdin durch einen Christen! Dass sie am Ende entseelt zusammenbricht, meint nicht, wie

Zelinsky es interpretiert, die symbolische Vernichtung des Juden in ihr, sondern die Erlösung von ihrem ahasverischen Fluch. In Wagners Prosaentwurf (1865) heißt es bereits: „Erlösung, Auflösung, gänzliches Erlöschen ist ihr nur verheißen, wenn einst ein reinster, blühendster Mann ihrer machtvollen Verführung widerstehen würde."[96] Es geht also nicht um religiöse Erlösung von einem vermeintlichen rassischen Makel, sondern um Erlösung durch Entsagung von einem Trieb-Fluch.

Auch Klingsor, der mit Hilfe der Blumenmädchen (und Kundrys) die Gralsritterschaft zerstören und das Heilswerk des Grals an sich reißen will (er besitzt bereits die Speer-Reliquie), ist keine jüdische Gestalt. Vielmehr symbolisiert Klingsor, der sich selbst entmannte, um seiner Triebhaftigkeit Herr zu werden und damit auch die letzte Chance verspielte, in die Gralsritterschaft aufgenommen zu werden, nur mehr die Verkörperung der (selbstkasteiten) Sinnlichkeit zur asketischen Gegenwelt des Grals. Eben dadurch repräsentiert Klingsor nicht das Judentum, sondern, so Wagner am 2. März 1878 zu Cosima, „das Eigentümliche, welches das Christentum in die Welt gebracht"[97]. Ein Gedanke, den Nietzsche sehs Jahre später in den Aphorismus kleiden sollte: „Das Christentum gab dem Eros Gift zu trinken: – er starb zwar nicht daran, aber entartete, zum Laster."[98]

Bleibt noch, nach dem Sinn der rätselhaften und vielgedeuteten Schlussformel am Ende des Bühnenweihfestspiels zu fragen: „Erlösung dem Erlöser!"[99] Im dramatischen Zusammenhang erweist sich der Sinn dieser Zeile als eindeutig, ja unmissverständlich: Parsifal hat den Gralsdienst wieder hergestellt, hat den Gral, den symbolischen Kelch mit dem „Blut des Erlösers"[100] und damit den Erlöser selbst aus der „Pflege befleckter Hände"[101], der sündigen Hände des Amfortas erlöst, hat die Bitte der „Gottesklage" im zweiten Akt erfüllt:

„erlöse, rette mich
aus schuldbefleckten Händen!"[102]

Aber verbirgt sich hinter dem textimmanenten Sinn der berühmt-berüchtigten Schlussformel wirklich noch ein anderer, apokrypher Sinn? Verbirgt sich hinter „der Botschaft ‚Erlösung dem Erlöser' ... Wagners Zentralidee des reinen, das heißt vom Judentum gereinigten, arischen, sündelosen Jesus"[103]? Schon vom Text her erweist sich diese Behauptung als unsinnig. Parsifal ist nämlich nicht der Vollziehende, sondern lediglich prädestiniertes Medium der Erlösung, also nicht selbst Erlöser, Heiland, gereinigter Jesus oder Ähnliches. Wagner hat Spekulationen darüber, dass Parsifal ein Abbild Christi sei, am 20. Oktober 1878 gegenüber Cosima eine eindeutige Absage erteilt: „Ich habe an den Heiland dabei gar nicht gedacht."[104] Parsifal ist wie alle Personen der Handlung erlösungsbedürftig. Der Theologe Hans Küng hat das in einem erhellenden Aufsatz klargestellt: „Wir tun also gut daran, die Formel vom erlösten Erlöser theologisch nicht zu überziehen, sondern als Summe des Lebenswegs von Parsifal zu interpretieren. Parsifal kann dann durchaus als Erlöser verstanden werden, aber keineswegs als Erlöser-Ersatz, der mit Christus oder Gott identisch wäre. Im Bewusstsein seines Abstandes zu Gott und Christus, aber im Lichte des Erlösungsgeschehens am Kreuz wird er durch Mitleid zum Erlöser – für die verführerische Kundry, für den leidenden Amortas, für die lebensunfähige Gralsgemeinschaft: nachdem er selber der Erlösung aus seiner Blindheit, Schuldverstricktheit und Triebhaftigkeit teilhaftig wurde!"[105] Somit steht außer Frage, dass im Parsifal mit der „Rücknahme des Machtdenkens und Durchsetzungswillens zugunsten des Mit-Leidens mit Mensch und Natur ... das künstlerisch gestaltet ist, was christliche Kreuzestheologie immer auch als ihr Tiefstes erkannt hat"[106].

Schließlich erhält Parsifal den Gral (und damit den eigentlichen Erlöser) nicht aus den Händen Kundrys (oder Klingsors), sondern aus denen des Amfortas, der ja selbst bei Zelinsky nicht in den Verdacht einer jüdischen Gestalt gerät. Doch eine jüdische Gestalt müsste er schon sein, wenn das Zelinsky'sche Interpretationsmodell aufgehen sollte, demzufolge der Gral sozusagen durch „arische" Hände aus „semitischen" Händen befreit werde.

Auch hier erweist sich das Zelinsky'sche Denkmodell wieder einmal als absurd.

Es geht im „Parsifal" überhaupt nicht um „Rassisches" oder Rassistisches, um den Gegensatz von Judentum und Christentum, sondern um einen ganz anderen Gegensatz: den von (heidnischer) Sinnlichkeit und christlicher Askese, von Sexualität und Triebverzicht, Egoismus und Mitleid, Eros und Agape.

Und „es kommt auf der Achse des Gegensatzes von Norden (Gralsburg) und Süden (Klingsors Schloss) eine andere Opposition ins Spiel: die von christlich-europäischer und arabisch-islamischer Welt. Das Bühnenweihfestspiel ist landschaftlich an einer mythischen Grenze von Okzident und Orient, von ‚Gotischem' und ‚Arabischem', von christlicher und islamischer Welt angesiedelt", wie Dieter Richter verdeutlicht.[107] Wobei das ‚Nördliche' „für die Zivilisation des christlichen Europa" stand, „für die Bändigung der Sinnenlust, für Askese und Entsagung, das ‚Östliche' für Sinnlichkeit und Rausch".[108]

Die Dimension des „Rassischen" hat Wagner ganz bewusst aus dem „Parsifal" ausgeklammert, wie anhand der Aufzeichnungen Cosimas zu erkennen ist. Besonders deutlich zeigt sich das an Wagners Reaktion auf die Gobineau'schen Rassentheorien, deren Einfluss auf die Entstehung des „Parsifal" immer überschätzt wurde. Im Gegenteil: Aus den Tagebüchern Cosimas erfahren wir, dass Gobineaus Einfluss auf die Entstehung des „Parsifal" äußerst gering ist. Die Konzeption des „Parsifal" war ja bereits abgeschlossen, als Wagner zum ersten Mal mit Gobineau zusammentraf und dessen Rassentheorien kennenlernte. Am 11. Mai 1881 besuchte Gobineau Wagner in Bayreuth für vier Wochen. Bereits vier Jahre zuvor, Ende April 1877 hatte Wagner das „Parsifal"-Textbuch abgeschlossen, im Dezember des Jahres wurde es gedruckt. Wagner, obwohl zunächst fasziniert von den Gedanken Gobineaus, lehnte letztlich dessen Rassentheorien aber doch ab. Ganz unmissverständlich kommt das zum Ausdruck in einer Notiz Cosimas vom 14. Februar 1881: Man wisse, so habe Wagner zu ihr gesagt, „dass es auf etwas anderes ankommt als auf Racenstärke, gedenkt man des Evangeliums"[109]. Am 17. Dezember desselben Jahres notiert sie eine weitere diesbezügliche Bemerkung Wagners: „Eines aber ist sicher, die Racen haben ausgespielt, nun kann nur noch, wie ich es gewagt habe auszudrücken, das Blut Christi wirken."[110] Und am 23. April des folgenden Jahres schließlich wirft Wagner es Gobineau vor, „das eine ganz außer acht gelassen zu haben, was einmal der Menschheit gegeben wurde, einen Heiland, der für sie litt und sich kreuzigen ließ!"[111]. Diese Zitate belegen im Übrigen, was auch die drei in den „Bayreuther Blättern" veröffentlichten Begleitschriften zum „Parsifal" erläutern, dass das letzte und radikalste Erlösungsdrama Wagners mit der Musik und „mit den Symbolen des christlichen Mythos, mit den Worten von ‚Brot' und Wein und den Gesängen vom Blut des Erlösers den alten romantischen Traum der Einheit von Religion und Kunst"[112] vollendet, hinzielend (im Sinne seines absonderlichen Regenerationsgedankens) auf ein utopisches Urchristentum, das durch Parsifals Mitleidstat „Entsagung" wiederhergestellt wird, nicht aber durch die vermeintliche Vernichtung des Jüdischen. Erlöst wird im „Parsifal" von Triebhaftigkeit, nicht vom Judentum. Und erlöst werden der Gral und das Gralsrittertum (das ist bei Wagner die diffuse Idee einer schopenhauerisch-buddhistisch-christlichen Mitleids-Theologie) durch reine, sozusagen jüngmännlich-keusche Hände (Parsifals) aus verunreinigten, sündhaft-unkeuschen Händen (des „gefallenen" Amfortas), nicht etwa von christlichen aus jüdischen.

Auf einen Seitenaspekt sei ergänzend noch hingewiesen, den der Komponist Dieter Schnebel nicht zu Unrecht betont. Es gehe Wagner nämlich, so führt Schnebel aus, letzten Endes bei aller intellektuellen Anstrengung, aller christlichen Symbolik in allen Werken, auch im „Parsifal" doch nur um so etwas wie eine „Klangreligion", von der es heißt, und da kann man ihm nur zustimmen: sie sei „synkretisch: heidnisch und christlich, östlich und westlich. Und sie ist im Grunde atheistisch ... Weiterhin ist die Religion unkonturiert, verschwimmend, metá. Erlösung heißt Aufgehen im Klang, und die Musik selbst wird zur Göttin – zu einer Art magna mater." Schnebel spricht – insbesondere im Zusammenhang mit dem „Tristan"; aber es gilt genauso gut für den „Parsifal" – von einem „Aufgehen im Klang" am Schluss, einer „Erlösung als befreiender Untergang aller Sinne im einen Schwall der musikalischen Welt".[113] Eine Beobachtung, die nicht der Berechtigung entbehrt, immerhin schreibt Wagner (1881) in seiner Einführung zu Gobineaus Aufsatz „Ein Urteil über die jetzige Weltlage" in den „Bayreuther Blättern": „Fanden wir nun aber aus den Beweisführungen Schopenhauers für die Verwerflichkeit der Welt selbst die Anleitung zur Erforschung der Möglichkeit einer Erlösung dieser selben Welt heraus, so stünde vielleicht nicht minder zu hoffen, dass wir in dem Chaos von Impotenz und Unweisheit, welches unser neuer Freund uns aufdeckt, ... selbst einen Weiser auffänden, der uns aus dem Verfalle aufblicken ließe. Vielleicht wäre dieser Weiser nicht ein sichtbarer, wohl aber ein hörbarer, – etwa ein Seufzer des tiefsten Mitleides, wie wir ihn am Kreuze auf Golgatha einst vernahmen."[114]

Ganz sicher jedenfalls meint Wagners Entgegnung „Du bist kühn, Weibchen"[115], auf Cosimas Interpretation der Formel „Erlösung dem Erlöser" (am 25. Juli 1878), als Motto der Schlussformel seines Aufsatzes „Publikum und Popularität" im Sinne der Erlösungsbedürftigkeit des erlösenden Jesus Christus von seinem jüdischen Erbteil, eher Verwunderung denn Zustimmung. Cosimas Deutung ist, mit Peter Wapnewski zu reden, nur mehr eine von mehreren möglichen, „eine exzentrische-geistvolle von vielen denkbaren Auffassungen der kryptischen Finalgebärde"[116] in Wagners „Parsifal". Für bare Münze kann sie nicht genommen werden.

Dass Zelinsky Cosimas Deutung übernimmt (mit nationalsozialistischer Konsequenz auslegt) und behauptet, „,Erlösung dem Erlöser' bedeutet nämlich die Erlösung als Vernichtung des Judentums"[117], ja es handele sich mit dem Spruch „Erlösung dem Erlöser" um eine chiffrierte Aufforderung an das Publikum, an die Wagner-Gemeinde, das Christentum vom Judentum durch dessen Ausrottung zu reinigen, ist durch nichts gerechtfertigt. Auch nicht durch des Autors einzigen „Beweis", nämlich einen Brief Wagners an Hans von Wolzogen vom 17. Januar 1880, in dem der Heiland als der „für alle Zukunft wahrhaft erkannte, von aller alexandrinisch-judaisch-römisch despotischen Verunstaltung gereinigte und erlöste, unvergleichlich erhaben einfache Erlöser in der historisch erfassbaren Gestalt des Jesus von Nazareth"[118] bezeichnet wird. Carl Dahlhaus hat hierzu bereits den notwendigen Kommentar geliefert, der Zelinsky den Boden entzieht: „Wagner schrieb ‚alexandrinisch-judaisch-römisch', nicht bloß ‚judaisch'. Was er retten wollte, war eine christliche Substanz, die er durch eine jurifizierte Kirche (‚römisch'), durch eine petrifizierte Dogmatik (‚alexandrinisch') und einen ‚ruchlosen Optimismus' (‚judaisch') gefährdet glaubte."[119]

Dahlhaus weist mit Recht darauf hin, dass der Begriff „judaisch" im Sinne eines „ruchlosen Optimismus" gemeint ist, den Schopenhauer dem Judentum zugeschrieben hat und der von Wagner übernommen wurde. Es geht in dieser Briefstelle also keineswegs bloß um die Reinigung des Christentums von jüdischen Verunstaltungen, sondern ebenso von römisch-katholischen. Wagner hat ja zeitlebens im Kampf mit der katholischen Kirche gelegen, wie gerade die Tagebücher deutlich zeigen. Er nahm in seinem Hass gegen alles Katholische kein Blatt vor den Mund. Schon 1865 notierte er in seinem „Braunen Buch": „Mir ist dieser ganze katholische Kram in tiefster Seele zuwider."[120] Die Bemerkung, ihm „sei ein Pfaff das Unausstehlichste, was er kenne"[121], notierte Cosima am 27. April 1879 und noch am 10. Februar 1880 bezeichnete Wagner die Kirche als „das Gräßlichste in der Geschichte"[122].

Worum es Wagner im „Parsifal" eigentlich gegangen ist, was das Thema des „Parsifal" sei, darüber hat er sich, aller Zelinsky'scher Auslegungsakrobatik zum Spott, im Zusammenhang der Entstehung des „Parsifal" und der kunsttheoretischen Begleitschriften gegenüber Cosima am 12. Juni 1878 klar und unmissverständlich geäußert: „Er spricht von seinem jetzt ihn beschäftigenden Thema und sagt, wie mit diesem Gott in sich in den Entwicklungsjahren Wesen wie die Jungfrau von Orléans und Parsifal der Sinnenlust auf ewig durch einen großen Eindruck entrissen sei(en). Er glaube, dass das Christentum in dieser

Weise noch einmal rein und wahr der Welt gepredigt werden könne. Schopenhauer gebe dazu das ganze Material für seine Abhandlung an die Hand."[123] Was Wagner mit dem „Gott in sich" meinte, hat er einen Tag zuvor ausgesprochen: „diesen Gott, der in uns wohnt, nennt er ‚das angeborene Gegengift gegen den Willen'"[124], eine genuin Schopenhauer'sche Auffassung wie Formulierung. Insofern ist Carl Dahlhaus nichts hinzuzufügen: „Zelinskys These aber, ‚Parsifal' sei als Kunstwerk ein Mittel zum Zweck chiffrierter antisemitischer Propaganda, ist absurd. Und dem publizistischen Effekt, den sie erzielte, kann man darum mit Recht vorwerfen, was Wagner von Meyerbeers Opern zu Unrecht behauptete: Er ist ‚Wirkung ohne Ursache'."[125]

F. Exkurs über Wagners Religiosität

Ging es Wagner wirklich, wie Zelinsky behauptet, „um die rücksichtslose, unbarmherzige Durchsetzung seiner ‚neuen Religion' mit Hilfe seines Ring- und Parsifal-Planes und der später hinzukommenden aber eng damit verknüpften Werke Tristan und Meistersinger und eines eigenen Kunsttempels"?[126] Macht es überhaupt einen Sinn, von einer spezifischen Religion Wagners zu sprechen? Eher doch von einer verkappten. Es empfiehlt sich an dieser Stelle, im Vorgriff auf Aspekte das nächsten Kapitels, in dem bei der Untersuchung der theoretischen Schriften Richard Wagners auch auf die darin enthaltenen religiösen Vorstellungen einzugehen sein wird, einmal einen grundsätzlichen Blick auf Wagners Verständnis von Christentum zu werfen.

Dass im „Parsifal" christliche Symbole, Riten, Zeremonien und Vorstellungen verwendet werden, steht außer Frage. Doch was sind das für Vorstellungen? Sie lassen sich jedenfalls nicht mit jenem von Zelinsky zitierten Brief aus dem Jahre 1845 charakterisieren. (Was schon deshalb absurd ist, weil Wagners religiöse Ansichten sich im Laufe von fast vierzig Jahren veränderten.) Ebenso falsch liegt Nietzsche mit seiner berühmten „Parsifal"-Polemik in „Jenseits von Gut und Böse", in der er Wagner unterstellt, er predige in seinem letzten Werk „Rom's Glaube ohne Worte!"[127], denn der ‚Parsifal' ist nicht im mindesten konfessionell, wenn auch christlich-mythisch.[128]

Nicht erst Hartmut Zelinsky hat im Zusammenhang mit Wagners schillernden Äußerungen zum Thema „Christentum" von einer „verkappten Religion" gesprochen[129]. Doch er war es, der die folgenreichsten Schlüsse aus Wagners eigenwilligen, doch bei näherem Hinsehen gar nicht originellen religiösen Thesen zog, indem er behauptete, Wagner habe bereits seit 1848 eine für sein Werk „konstitutive Idee des ‚erlösten Erlösers', des reinen Jesus" entwickelt. Zelinsky nennt sie Wagners „Zentralidee des reinen, das heißt vom Judentum gereinigten, arischen, sündelosen Jesus", und spricht von einer „neuen Kunstreligion".[130]

Bei nüchterner Analyse der Äußerungen Wagners zu theologischen Fragen ergibt sich indes ein ganz anderes Bild: Wagner hat im „Parsifal", wie er in seiner Schrift „Religion und Kunst" (1880) ausführt, allenfalls das Ziel verfolgt, „da, wo die Religion künstlich wird, der Kunst es vorbehalten sei, den Kern der Religion zu retten, indem sie die mythischen Symbole, welche die erstere im eigentlichen Sinne als wahr geglaubt wissen will, ihrem sinnbildlichen Werte nach erfasst, um durch ideale Darstellung derselben die in ihnen verborgene tiefe Wahrheit erkennen zu lassen"[131]. Wagners Vorstellungen von dieser Wahrheit allerdings sind keineswegs systematisch im Sinne eines theologischen Gebäudes, sondern konfus, synkretistisch wie die Mythologie seines Werks, zusammengetragen aus verschiedenstem Gedankengut. Und von der Absicht, eine Gemeinde, oder gar eine eigene Religion zu gründen, hat Wagner in seinen Veröffentlichungen zur Religion niemals ernsthaft gesprochen bzw. geschrieben. Cosima hingegen intendierte die Bildung einer Wagner-Gemeinde schon zu Lebzeiten ihres Mannes; und nach dessen Tod realisierte sie sie in gewissem Sinne auch in Bayreuth, das sie zum national-konservativen Wagner-„Heiltum" stilisierte.

Im Gegensatz zu Wagner, der ein sehr realitätsbewusster, sinnlich-diesseitiger Künstler (und nicht etwa Theologe, Politiker oder Kultur-Philosoph) war, ist Cosima eine eminent religiöse Natur gewesen. Die Beschäftigung mit Religiösem gehörte für sie, nicht zuletzt in Form häufiger Lektüre religiösen Inhalts, zur Tagesordnung. „Ich könnte mir leicht denken", schreibt Cosima im ersten Jahr ihres Zusammenlebens mit Richard Wagner am 6. Februar 1869 in ihr Tagebuch, „dass eine andere Zeit mich als religiöse Schwärmerin gesehen hätte." Dass sie auch in Sachen Religion Einfluss auf Richard Wagners Anschauungen auszuüben suchte, ist keine Frage. Sie war, im Gegensatz zu ihrem Mann, geradezu davon besessen, eine Art neuen Christentums, „frei von allem Unwürdigen", und in Bayreuth ein „Gottes-Haus"[132] mit einer eigenen Gemeinde zu gründen. Ohne voreilige Schlüsse daraus zu ziehen, ist es doch zumindest bemerkenswert, dass die wenigen Äußerungen Wagners zur religiösen Bedeutung seines Werks und zur Bildung einer Gemeinde ausschließlich von Cosima überliefert werden – und zumeist in indirekter Rede. In Wagners eigenen Erläuterungen seiner Bühnenwerke und seiner Kunstabsichten findet sich nichts dergleichen. Dass sich Wagner mit zunehmendem Alter (unter zunehmendem Einfluss Cosimas) mit religiösen Dingen beschäftigte, steht indes – wie dargestellt – außer Frage.

Es sind im Wesentlichen vier Momente, die Wagners Verständnis von Religion, insbesondere vom Christentum geprägt haben:

1. Das Gedankengut der in den 40er Jahren des 19. Jahrhunderts aufkommenden freiheitlichen, vorrevolutionären Bestrebungen auch auf religiösem Gebiet, die vor allem in den Schriften D. Fr. Strauss', Bruno Bauers und Ludwig Feuerbachs ihren Ausdruck fanden, Autoren, deren Lektüre bei Wagner belegt ist.

2. Zur Zeit Wagners haben gerade in Sachsen freireligiöse christliche Tendenzen Fuß gefasst und öffentliche Anteilnahme erregt, Tendenzen, die ebenfalls aus vorrevolutionären Impulsen gespeist wurden. Da gab es vor allem die besonders breite und demokratisch orientierte religiöse Erneuerungsbewegung der Deutsch-Katholiken mit ihren Wortführern, dem schlesischen Kaplan Johannes Ronge, der am 13. Oktober 1844 sein berühmtes „Sendschreiben an den Bischof Arnoldi" zu Trier schickte,

sowie Joh. Czerski und die gleichzeitig einhergehende freireligiöse Strömung der sogenannten „Lichtfreunde" innerhalb der protestantischen Kirche. Beide Strömungen, die sich 1859 im „Bund freireligiöser Gemeinden Deutschlands" zusammenschlossen, scheiterten letztlich, wenn sie auch bis in die 60er Jahre hinein in mehreren deutschen Staaten großen regionalen Zustrom verzeichnen konnten. Beide hatten (und das entspricht genau Wagners Formulierung in oben zitiertem Brief) das Ziel einer sich von allem Römischen, Jesuitischen und vermeintlich Jüdischen lossagenden demokratisch organisierten deutschen Nationalkirche und beide setzten sich nicht unwesentlich aus politischem Protestpotential unterschiedlichster Herkunft zusammen. Wagner, bis 1849 in Sachsen lebend, dürften diese Bewegungen kaum entgangen sein und es ist zu vermuten, dass sie erheblichen Einfluss auf seine religiösen Vorstellungen ausübten.

3. Es sind vor allem Arthur Schopenhauers Ausführungen zum Christentum, die Wagner bis in Details der Formulierung in sein Denken (und Schreiben) übernommen hat. Was er übrigens Cosima gegenüber am 19.2.1879 freimütig eingestand: „Ja, mir hat Schopenhauer das Christentum erschlossen."[133] Die Bedeutung Schopenhauers auf Wagners Denken, auch auf sein religiöses Denken, kann nicht hoch genug veranschlagt werden. Immerhin hat Wagner Schopenhauers Hauptwerk, in dem die These von der Heterogenität des jüdischen Alten Testament und des christlich-buddhistisch-brahmanischem Neuen Testament entwickelt wurde, bereits 1854 in Zürich kennengelernt und seither mehrfach studiert, wie später auch die „Parerga und Paralipomena". Wie sehr Wagner der gelehrige Schüler Schopenhauers gewesen ist, mag die folgende Gegenüberstellung veranschaulichen.

Bereits in seinem Hauptwerk schreibt Schopenhauer, dass „das Christenthum aus zwei sehr heterogenen Bestandtheilen zusammengesetzt ist, von denen ich den rein ethischen vorzugsweise, ja ausschließlich den Christlichen nennen und ihn von dem vorgefundenen Jüdischen Dogmatismus unterscheiden möchte"[134]. In seiner Schrift „Über die vierfache Wurzel des Satzes vom zureichenden Grunde" heißt es: „Denn das Christenthum,

IV. Wagners musikdramatisches Œuvre

was man auch sagen möge, hat Indisches Blut im Leibe und daher einen beständigen Hang, vom Judenthume loszukommen."[135] Dazu Wagner am 13. November 1878: „Das ist der Fluch des Christentums, diese Anhängselung an das alte Testament."[136]

Schon in „Die Welt als Wille und Vorstellung" schrieb Schopenhauer: „Der innerste Kern und Geist des Christenthums ist mit dem des Brahmanismus und Buddhaismus der selbe: sämmtlich lehren sie eine schwere Verschuldung des Menschengeschlechts durch sein Daseyn selbst ... Aber freilich hat der Jüdische Theismus, auf den er gepfropft wurde, gar wundersame Zusätze erhalten müssen, um sich jenem Sündenfall anzufügen: dabei bot die Fabel vom Sündenfall die einzige Stelle dar für das Pfropfreis Alt-Indischen Stammes."[137] Auf genau diese Stelle bezieht sich Wagners Äußerung vom 26. Juli 1878 gegenüber Cosima: „Ja, Schopenhauer und andere hatten es ausgesprochen, dass es ein Unglück sei, dass das Christentum auf das Judentum aufgepfropft sei."[138]

Entsprechend dem systematischen Versuch einer Erklärung auch des Religiösen aus seiner Philosophie des Willens und seiner Verneinung fasst Schopenhauer „Jene große, im Christenthum, wie im Brahmanismus und Buddhaismus enthaltene Grundwahrheit" als „das Bedürfnis der Erlösung aus einem Daseyn" auf, „welches dem Leiden und dem Tode anheim gefallen ist".[139] Wagner paraphrasiert es folgendermaßen: „die Gottheit ist die Natur, der Wille, der Erlösung sucht."[140] Am 11. Juni 1878 nennt Wagner ganz schopenhauerisch „diesen Gott, der in uns wohnt, ... ‚das angeborene Gegengift gegen den Willen!'"[141].

Durch Schopenhauer inspiriert, studierte Wagner aber auch religionswissenschaftliche Werke, darunter insbesondere Hermann Oldenbergs „Buddha, sein Leben, seine Lehre, seine Gemeinde" (Berlin 1881), Creuzers „Symbolik und Mythologie der alten Völker" und Görres' „Mythengeschichte der asiatischen Welt". Was Wunder, wenn Cosima die Bemerkung ihres Gatten vom 19. September 1882 überliefert: „die vielfache Beschäftigung mit B. (Buddha, D. S.) verhälfe zum Verständnis des Christentums".[142] Nietzsche hatte dies erkannt: „Schopenhauerisch ist

Exkurs über Wagners Religiosität

Wagners Hass gegen die Juden, denen er selbst in ihrer größten Tat nicht gerecht zu werden vermag: die Juden sind ja die Erfinder des Christentums! Schopenhauerisch ist der Versuch Wagners, das Christentum als ein verwehtes Korn des Buddhismus aufzufassen und für Europa, unter zeitweiliger Annäherung an katholisch-christliche Formeln und Empfindungen, ein buddhistisches Zeitalter vorzubereiten."[143]

4. Schließlich darf auch das der Frühromantik entstammende Ideal der Kunstreligion, wie es von Friedrich Schlegel, Novalis, Tieck, Wackenroder und E. T. A. Hoffmann ausformuliert wurde und wie es sich durch Wagners gesamtes theoretisches und musikalisch-dramatisches Werk durchzieht, vom „Liebesmahl der Apostel", dem Dramenentwurf „Jesus von Nazareth" und dem geplanten buddhistischen Drama „Die Sieger" (1856) bis zum „Parsifal" (1882), aber auch durch seine kunstkritischen Aufsätze, von „Ein Ende in Paris (1841), „Die Kunst und die Revolution" (1849), „Das Kunstwerk der Zukunft" (1850) bis hin zu der späten Bayreuther Schrift „Religion und Kunst" (1880) sowie der darauf folgenden Ausführungen, nicht übersehen werden. Es ist ein nicht unwesentlicher Aspekt von Wagners Auffassung des Verhältnisses von Religion und Kunst. Paul Arthur Loos[144] hat diesen oft vernachlässigten (und ausgerechnet von Zelinsky völlig ignorierten) Aspekt des Themas umfassend und überzeugend dargestellt.

V. Wagners theoretische Schriften im antisemitischen Umfeld

A. Abriss der Geschichte des modernen Antisemitismus in Deutschland

Was man von seinen Bühnenwerken mit Sicherheit sagen kann, dass sie frei sind von jeglichem Antisemitismus, lässt sich nun von Wagners theoretischen Abhandlungen wahrlich nicht behaupten. Doch es gilt das, was als Antisemitismus in Wagners Schriften eindeutig zu sein scheint, einer differenzierten und genauen Betrachtungsweise zu unterziehen, um sich vor voreiligen Schlüssen zu hüten und das heißt vor allem, den exakten Stellenwert von Wagners Judenfeindlichkeit im Prozess der Entstehung des modernen deutschen Antisemitismus zu bestimmen.

Mit dem Aufsatz über „Das Judentum in der Musik" hat sich Wagner 1850 erstmals öffentlich als Antisemit zu erkennen gegeben. Er hat damit die Gemüter der musikalischen Welt heftig erregt und im Grunde bis heute in zwei Lager gespalten. Als er diese infame Schrift 1869 als selbständige „Judenbroschüre" noch einmal herausgab (über die Gründe der Wiederveröffentlichung lässt sich nur spekulieren, gewiss hat Cosima Anteil daran[1]), hat er den Aufsatz einer entscheidenden Überarbeitung unterzogen – einer Überarbeitung im Sinne von Verdeutlichung und Relativierung des tatsächlich Intendierten (das in der Leidenschaftlichkeit der Debatte oft falsch gedeutet wird). Wagner erweist sich aber mit dieser Schrift (die entgegen anderslautender Meinungen keinesfalls sein Alpha und Omega in der Judenfrage darstellt) nicht als der singuläre und exponierte Antisemit, als der er oft bezeichnet wird, sondern er steht – noch im Vorfeld der eigentlichen „Inkubationsperiode der antisemitischen Bewegung"[2] in der zweiten Hälfte der achtziger Jahre – durchaus in der Tradition utopisch-sozialistischen Denkens mit grundsätzlich versöhnlicher Intention, so gehässig und charakterlos seine ganz persönlichen Invektiven gegen Meyerbeer und Mendelssohn in dieser Schrift unbezweifelbar sind. Bei genauerem Hinsehen übrigens hat Wagners Zürcher Judenschrift in der Tat „Kennzeichen eines harmlosen Dilettanten"[3].

„Das Judentum in der Musik" ist ohne Frage eine wütende und eine unverzeihliche Diatribe, doch ihr kommt weder im Leben Wagners noch im wirkungsgeschichtlichen Sinne die Bedeutung zu, die ihr oft angelastet wird. Schließlich sind Wagners spätere Aufsätze in den „Bayreuther Blättern", die sich mit der Judenfrage beschäftigen, gekennzeichnet von deutlichen Gesten der Rücknahme, ja Kehrtwende. Um den wahren Stellenwert der Judenschrift Wagners zu ermitteln, bedarf es daher einer sehr differenzierten Einordnung dieser Schrift in den geschichtlichen Kontext, das heißt konkret in den Prozess der Entstehung des modernen Antisemitismus in Deutschland. Deshalb sei der Analyse des Aufsatzes über „Das Judentum in der Musik" zunächst ein Abriss dieses historischen Prozesses vorangestellt.

Mit der Ausbildung des modernen Verfassungsstaates war in Westeuropa die Emanzipation der Juden aus der Isolierung des Ghettos, in die sie die christliche Ständegesellschaft bis ins 18. Jahrhundert gedrängt hatte, eine fast selbstverständliche Folge. In Ost- und Südosteuropa – vor allem in Russland – dagegen, wo es im 18. und 19. Jahrhundert nicht zur Entstehung moderner Verfassungsstaaten kam, verblieben die Juden noch lange in der seit dem Mittelalter bestehenden Situation der Rechtlosigkeit, der Diskriminierung und Isolierung. Sie wurden dort immer wieder verfolgt und von Pogromen bedroht, als in Deutschland bereits die Assimilation weit fortgeschritten war. So wurden gerade für die Juden Osteuropas im 19. Jahrhundert, aber auch noch zu Beginn des 20. Jahrhunderts, die Staaten des Deutschen Bundes bzw. das Deutsche Reich bevorzugtes Ziel der Auswanderung.

Seit Napoleon in den Rheinstaaten mit dem Import der Ideale von 1789 die Ghettos öffnete und eine erhebliche Verbesserung der Lage der Juden herbeiführte, entwickelten sich auch in den übrigen Territorialstaaten Deutschlands trotz nach wie vor ständestaatlich-feudalistischer Elemente der Politik und des Gemeinwesens bürgerlich-liberale Gruppierungen, die für die Emanzipation der Juden eintraten. 1812 schließlich setzten der preußische Staatskanzler Hardenberg und Wilhelm von Humboldt die von fortschrittlichen Intellektuellen vorbereiteten Emanzipationsbestrebungen rechtlich in die Tat um: Sie schufen das Gleichstellungsedikt für die Juden, ein Emanzipationsgesetz, das Friedrich Wilhelm III. 1812 verkündete. Auch die Frankfurter Nationalversammlung beschloss 1848/49 die Gleichberechtigung der deutschen Juden. 1869 wurde für den ganzen Bereich des Norddeutschen Bundes die gesetzliche Gleichstellung der Juden beschlossen, 1871 wurde sie schließlich auch in Bayern eingeführt. Die Emanzipationsgesetzgebung im Deutschen Reich war damit abgeschlossen. Die Assimilation der Juden vollzog sich relativ schnell: Sie drängten in den Mittelstand, ins wohlhabende Bürgertum und nahmen aktiv an der Gestaltung des kulturellen, aber auch des politischen Lebens teil. Naturgemäß standen die Juden politisch vor allem auf Seiten des Liberalismus und der Demokratiebewegungen. Dennoch gab es – parallel zu den gesellschaftlichen Fortschritten – auch emanzipations- und assimilationsfeindliche Tendenzen: in erster Linie im aufkommenden Nationalismus. In dem Maße, wie die Armeen der Französischen Revolution nach Frankreich zurückgedrängt wurden, geschürt auch von der Metternich'schen Restauration, entstand der deutsche Nationalismus als vorwiegend antifranzösischer Affekt, der Liberalismus, Parlamentarismus und Demokratie als „undeutsch" empfand. In den Schriften Johann Gottlieb Fichtes, Ernst Moritz Arndts und Friedrich Ludwig Jahns äußerte sich dieser in mystischer Überhöhung einer angeblichen deutschen Abstammungs- und Blutgemeinschaft. Das aufkeimende deutsche Nationalbewusstsein mobilisierte Aggressivität und Ausgrenzungstendenzen gegenüber allem vermeintlich Undeutschen. Hartwig von Hundt-Radowsky, einer der radikalen nationalistischen Demagogen jener Jahre, plädierte 1819 in seinem „Judenspiegel" für die Entmannung der männlichen Juden und forderte: „Am besten werde es jedoch sein, man reinigte das Land ganz von dem Ungeziefer."⁴ Judenfeindliche Demonstrationen in den preußischen Rheinprovinzen, nach dem antijüdischen Hetzruf „Hepp-Hepp-Bewegung" genannt, machten mit Hundts brutalem Antisemitismus teilweise ernst. Schon 1816 hatte Jakob Friedrich Fries mit seinen Hasstiraden unter dem Titel „Über die Gefährdung des Wohlstands und des Charakters der Deutschen durch die Juden" zum Aufkommen einer neuerlichen Judenfeindschaft beigetragen. Besonders durch die Niederlage der liberalen und demokratischen Kräfte 1848/49, die Enttäuschung der revolutionären Hoffnungen und durch die erneuten Herrschaften reaktionärer Regime sind „jene Tendenzen sichtlich gestärkt worden, denen es mehr um die Einheit und Größe der Nation als um die Freiheit und Gleichheit der Bürger ging. Damit wuchs auch die Kraft eines Nationalismus, der die Nation vornehmlich als Blut- und Tugendgemeinschaft begriff, der zum Wahn einer ethisch-moralischen Überlegenheit der Deutschen neigte und andersnationale Nachbarn ebenso mit grundsätzlicher und dauerhafter Feindschaft oder Verachtung begegnete wie den als fremd und sperrig empfundenen Minderheiten im eignen Land."⁵ In Gustav Freytags Roman „Soll und Haben", 1855 erschienen, sind derlei assimilationsfeindliche Tendenzen zum literarischen Programm des deutschen Bürgertums erhoben worden. Der Schritt zu politischen Programmschriften war nicht mehr groß. 1873 erschien des Journalisten Wilhelm Marrs Pamphlet „Der Sieg des Judentums über das Germanentum". 1879 rief der Autor eine der Ausbreitung des Antisemitismus dienliche Zeitschrift, die „Antisemitenliga" ins Leben. 1878 hatte der Berliner Hofprediger Adolf Stoecker die Christlich-Soziale Arbeiterpartei gegründet, die sich ebenfalls antisemitischer Politik verschrieb. 1880 initiierten der Gymnasiallehrer Bernhard Förster und der Unteroffizier Max Liebermann von Sonnenberg eine „Antisemitenpetition" im Preußischen Abgeordnetenhaus (die zu unterschreiben Wagner sich entschieden widersetzte).

Als schließlich die Konjunktur infolge des preußisch-deutschen Sieges über Frankreich und der Reichsgründung 1873 zu-

V. Wagners theoretische Schriften im antisemitischen Umfeld

sammenbrach und eine deprimierende wirtschaftliche Talfahrt einsetzte, machten große Teile der Bevölkerung die Juden, die im Bankwesen einen gewichtigen Faktor bildeten, dafür verantwortlich. Da sich die Deutschen inzwischen nach einem Sieg über Frankreich, nach der Reichseinigung und im Bewusstsein, zum wirtschaftlich, militärisch und politisch stärksten Staat des Kontinents zu gehören, zu überheblichem Nationalstolz emporgeschwungen hatten, musste sie die wirtschaftliche Depression nur umso empfindlicher verletzen. Die literarische Überhöhung des deutschen Nationalstolzes hatte Gustav Freytag mit seinem Romanepos „Die Ahnen" (1872–1880) geleistet. Darin adelte er diesen Nationalstolz mit einer geheimnisvollen „Deutschheit", die über Jahrhunderte in einer vermeintlichen Blut- und Wesenssubstanz bewahrt worden sei.

Die von Freytag so angepriesenen Tugenden bürgerlicher Tüchtigkeit und deutschen Unternehmersinns haben den Industrialisierungs-, Verstädterungs- und Zivilisationsprozess in Deutschland durchaus befeuert. Auf die damit einhergehende Entfremdung reagierten breite Massen mit Unbehagen, Angst, ja mit antimodernistischer, fortschrittsfeindlicher Kulturkritik, die romantisch-idealisierte, träumerisch-vorindustrielle, rückwärtsgewandte Gesellschaftsutopien entwarf. Wie der Historiker Hermann Graml ausführt: „Intensivierung des Nationalismus, Domestizierung der bürgerlichen Nationalbewegung, Beginn der Vorherrschaft eines an die Blut- und Abstammungsgemeinschaft gebundenen, ‚völkischen' Nationalismus, Dominanz einer feudalistisch orientierten Werteordnung, Formulierung und Ausbreitung antimodernistischer Gesellschaftsbilder, Biologisierung der gesellschaftspolitischen Ordnungsbegriffe, Entstehung des erstickenden Gefühls einer ‚Raumnot' der deutschen Nation, die Verbindung all dieser Resultate der Reichsgründung musste neben anderen Folgen vor allem eine Konsequenz haben: die stetige Zunahme der Aggressivität des deutschen Nationalismus und der deutschen Nation. Die Suche nach Betätigung und nach Feinden, die dem ohne ausreichende innenpolitische Ziele so aggressiv gewordenen deutschen Nationalismus nun natürlich war, konnte sich nicht allein nach außen wenden. Zwar kam es in der Tat zu einer Wendung nach außen: in einem hektischen Imperialismus, der Kolonien in Übersee als unverzichtbar betrachtete, ... Doch richtete sich der aggressive Nationalismus mit gleicher Heftigkeit und Hysterie gegen Minderheiten im eigenen Staat, gegen Elsässer, Lothringer und Polen, gegen ‚ultramontane', katholische wie gegen sozialistische ‚Reichsfeinde', vor allem aber und ohne jede Ermüdung gegen die Juden."[6]

Der einflussreichste Historiker des Kaiserreichs, Heinrich von Treitschke, blies denn auch als Hochschulprofessor wie als Autor populärer historischer Bücher und journalistischer Arbeiten zum Sturm gegen die Juden. Auch wenn er zunächst noch die Assimilation befürwortete und sogar forderte, setzte er doch das folgenreiche Wort in die Welt: „Die Juden sind unser Unglück!" Treitschke schrieb alle negativen Auswüchse der Industrialisierung und Modernisierung den Juden zu, ja stempelte sie und den vermeintlich jüdischen Geist für alle Zeiten zu Feinden der Deutschen und des Deutschen schlechthin. Damit bildete sich ein Antisemitismus aus, der nicht mehr an die christlichständische Judenfeindschaft gebunden war, sondern sich aus der Verquickung von Antimodernismus und Nationalismus speiste. Taufe und Nobilitierung vermochten dem Juden da nicht mehr zu helfen, Assimilierung geriet aus dem Blickfeld.

Nur noch ein kleiner Schritt war es von Treitschkes antimodernistischem zu Paul de Lagardes militant ausgrenzendem Antisemitismus. Der Orientalist und Kulturphilosoph schrieb 1887: „es gehört ein Herz von der Härte einer Krokodilshaut dazu, um mit den armen, ausgesogenen Deutschen nicht Mitleid zu empfinden und – was dasselbe ist – um die Juden nicht zu hassen, um diejenigen nicht zu hassen, und zu verachten, die – aus Humanität! – diesen Juden das Wort reden, oder die zu feige sind, dies Ungeziefer zu zertreten. Mit Trichinen und Bazillen wird nicht verhandelt, Trichinen und Bazillen werden auch nicht erzogen, sie werden so rasch und so gründlich wie möglich vernichtet!"[7] Damit war jeglichem Gedanken an Emanzipation und Assimilation endgültig abgeschworen. Mit der rassischen Diskriminierung der Juden gegenüber den Deutschen bzw. den Indogermanen wurde die alte, aus dem Mittelalter stammende religiöse Judenfeindschaft ergänzt um eine moderne, weitaus gefährlichere Variante des Judenhasses. Aus ihm speiste sich die politische Zukunft des Antisemitismus.

Der Berliner Philosoph und Nationalökonom Eugen Dühring legte 1881 ein Buch vor, in dem die Verwissenschaftlichung des Antisemitismus nahezu vollständig geleistet war[8]. Darin wurden die Eigenschaften der Menschen als rassisch determiniert und unveränderlich beschrieben. Am unteren Ende der Rassenskala standen die Juden: Sie seien „eines der niedrigsten und misslungensten Erzeugnisse der Natur"[9]. Die Juden, denen der Autor Minderwertigkeit, Abscheulichkeit und Gefährlichkeit attestierte, so heißt es weiter, führten seit Jahrtausenden „einen Unterdrückungs- und Ausbeutungskrieg" gegen das Menschengeschlecht, speziell gegen die Deutschen. Die „getauften Juden sind diejenigen, die ohne Hindernisse am weitesten in alle Kanäle der Gesellschaft und des politischen Gemeinlebens eindringen".[10] Die fixe Wahn-Idee einer jüdischen Weltverschwörung war damit geboren. Daran sollte ein Adolf Hitler später nahtlos anknüpfen können.

1918 veröffentlichte Arthur Dinter den äußerst erfolgreichen Roman „Die Sünde wider das Blut", in der aus Dührings Thesen die Schlussfolgerungen gezogen wurden, dass durch sexuelle Beziehungen mit einem Juden das Blut des nichtjüdischen Partners vergiftet werde. Das Grundmuster des rassischen Antisemitismus in seiner für alle späteren Theoretiker vorbildlichen Konzeption war spätestens damit vollendet worden. Ihm folgten der Reichstagsabgeordnete Otto Böckel in seinem 1901 erschienenen Buch „Die Juden – die Könige unserer Zeit", der Kulturkritiker Julius Langbehn mit der 1890 veröffentlichten Schrift „Rembrandt als Erzieher" und 1892 mit „Der Rembrandtdeutsche", aber auch Theodor Fritsch, der 1887 den berühmtberüchtigten „Antisemiten-Katechismus" herausbrachte, als „Handbuch der Judenfrage" erlebte das Buch 40 Auflagen. Bei allen Theoretikern eines rassistischen Antisemitismus wurde der

„nordischen Rasse", den „Ariern" der minderwertige und gefährliche Jude gegenübergestellt. Diese Dualität wurde nicht nur als Grundmuster zur Erklärung gesellschaftlicher Probleme, sondern schließlich „als Schlüssel zur Interpretation und Deutung der bisherigen Geschichte"[11] benutzt. Ein abstruses Gedankengebäude, das Schule machen sollte[12]. Noch einmal sei hier Hermann Graml zitiert: „Der rassische Antisemitismus, bislang allzu einseitig auf das ‚Ausjäten' und das ‚Ausmerzen' des minderwertig-gefährlichen jüdischen Elements fixiert, legte sich mit der Adaption sozialdarwinistischer Züchtungsutopien auch ein sozusagen positives rassenhygienisches Programm zur Veredelung der eigenen Art zu, was den wissenschaftlichen Anstrich verschönte und wieder ein Quäntchen mehr Respektabilität verschaffte."[13] Wilhelm Marr hatte ja bereits 1879 vom „Sieg des Judentum über das Germanentum" gesprochen, Hermann Ahlwardt hatte 1890 die Vokabel vom „Verzweiflungskampf" zwischen Ariern und Juden in die Welt gesetzt.[14] Die Wahnvorstellung von der jüdischen Verschwörung zur Erlangung der Weltherrschaft hatte im Bereich der Literatur bereits der Journalist Hermann Goedsche alias Sir John Retcliffe in seinem Roman „Biarritz", der 1868 erschien, mit den Mitteln des Schauerromans entwickelt. Der Beitrag der zeitgenössischen belletristischen Literatur zur Entwicklung des militanten rassistischen Antisemitismus darf nicht unterschätzt werden.[15]

Vor allem in der französischen Literatur gab es eine ganze Reihe von Autoren, die antisemitische Stereotypen tradierten, worauf zuletzt (1986) Dieter Borchmeyer[16] hingewiesen hat. Zu nennen sind da Autoren wie Chateaubriand, Victor Hugo, Eugène Sue, Edgar Quinet, die Brüder Goncourt, Alfred de Vigny und Balzac, Zola, Maupassant[17]. Die Behauptung Borchmeyers allerdings, dass „kaum einer der großen deutschen Schriftsteller des 19. Jahrhunderts Antisemit gewesen"[18] sei, ist schlichtweg als falsch zu bezeichnen. Es lassen sich eindeutig antisemitische Äußerungen nicht nur im erzählerischen Werk Wilhelm Raabes, Gustav Freytags, Felix Dahns, Fritz Reuters und Berthold Auerbachs[19] nachweisen, ganz zu schweigen von der

V. Wagners theoretische Schriften im antisemitischen Umfeld

reichen Gattung der Ghettogeschichte oder des Ghettoromans[20], latenter Antisemitismus ist sogar im Werk Theodor Fontanes und des jungen Thomas Mann aufzuspüren. (Freilich hatten letztere Autoren natürlich keinen Einfluss mehr auf Richard Wagner.) Aber auch Ludwig Feuerbach, den Wagner ebenfalls schon früh gelesen hat, Herwegh und Dingelstedt, mit denen er befreundet war, haben in ihren antisemitischen Äuß-erungen Wagner beeinflusst. Jacob Katz hat darüber hinaus eine, wie er zu Recht bemerkt, „von der Wagnerforschung unbeachtete Stelle ... in der Einleitung Laubes zu seinem im Jahre 1847 erschienenen Drama ‚Struensee'" entdeckt, von der er behauptet: „Sowohl die Diagnose (des Antisemitismus, D. S.) als auch die angebliche Therapie werden sich in Richard Wagners Argumentation in fast wörtlicher Übernahme wiederfinden."[21]

Es sei hier nur angemerkt, dass auch die englische Roman-Literatur des 19. Jahrhunderts[22], man denke nur an Dickens, Thackeray und Disraeli, ebenso wie die russische Literatur (z.B. Gogol, Dostojewski) sich der Verwendung traditioneller, diskriminierender Judenbilder bediente. Diese dürften ebenfalls das negative Judenbild Wagners, der in seiner grenzenlosen Leseleidenschaft natürlich die großen realistischen Romane kannte, entscheidend geprägt haben. Doch zurück zur Politik.

Die Vorbehalte gegenüber radikalen Lösungen der Judenfrage schwanden in den letzten anderthalb Jahrzehnten des 19. Jahrhunderts zunehmend. Hermann Ahlwardt hatte schon 1895 in einer Reichstagsdebatte die Juden als „Raubtiere" bezeichnet, die es gelte „auzurotten".[23] Die Hemmschwelle zur Vorstellung von der physischen Ausrottung der Juden hatte schon Karl Paasch 1892 in seinem Danziger „Antisemiten Spiegel" überschritten. Die einfachste Lösung der Judenfrage, so schrieb er, bestehe darin, die Juden umzubringen, die zweitbeste Lösung sei die Deportation nach Guinea. Die Bausteine zum Hitler'schen Antisemitismus mit seiner Vernichtungsideologie waren also in den beiden Jahrzehnten vor dem ersten Weltkrieg bereitgestellt worden. Zumindest ein Teil der nichtjüdischen Deutschen sympathisierte mit diesem radikalen Antisemitismus. Vorübergehend verzeichneten antisemitische Parteien beachtlichen Zulauf. So etwa Stoeckers „Christlich-Soziale Arbeiterpartei", die „Soziale Reichspartei" Ernst Henricis, aber auch die „Antisemitische Volkspartei" Otto Böckels.

Der Großteil der nichtjüdischen Deutschen hingegen tolerierte oder begrüßte die Assimilation der Juden. Vor allem die Bürokraten des Deutschen Reiches standen noch auf Seiten des vom Rationalismus und Humanismus geleiteten Geistes des aufgeklärten Absolutismus und somit auf der Seite der jüdischen Emanzipation. So entstand die Situation, „dass der zutiefst illiberale deutsche Antisemitismus, wenn er politisch handlungsfähig werden wollte, als unabdingbare Voraussetzung den Zusammenbruch des Obrigkeitsstaats und den Übergang der Macht an die Parteien in einem System des liberaldemokratischen Parlamentarismus brauchte"[24].

Adolf Hitler trat auf den Plan der Geschichte. 1919 trat er der „Deutschen Nationalsozialistischen Arbeiterpartei" bei, deren Vorsitz er zwei Jahre später übernahm. 1925/26 legte er seine antisemitische Bekenntnis- und Kampfschrift „Mein Kampf" vor. Die Bausteine dazu hatte er vorgefunden. Von nun an konnte kein Zweifel mehr daran bestehen, was er mit den Juden vorhatte. Und seine ideologischen wie politischen Helfershelfer brauchten nur mehr zu paraphrasieren, was in „Mein Kampf" systematisch abgehandelt war. Sie wurden nicht müde, den Hitler'schen Antisemitismus als Heilsbotschaft der Deutschen zu verkünden, je mehr die NSDAP zur Massenbewegung wurde, desto lautstärker. Originalität war Hitlers antisemitischer Weltanschauung nicht im Mindesten eigen. Sie war nicht mehr als ein krudes Amalgam des Antimodernismus, den Treitschke und de Lagarde an Langbehn und Chamberlain weitergereicht hatten, vermischt mit rassistischem Sozialdarwinismus Eugen Dührings, Hermann Ahlwardts und Otto Böckels, die ihn begründet hatten, vermittelt durch Ludwig Schemann und in erster Linie Houston Stewart Chamberlain. Von ihm wird im Folgenden noch ausführlich zu reden sein.

(Alfred Rosenberg sollte eine sehr ähnliche Mixtur 1930 in

seinem „Mythus des 20. Jahrhunderts", einem programmatischen Standardwerk der NS-Weltanschauung, noch einmal aufkochen.) Der Ausgang des ersten Weltkrieges mit seinen für Deutschland katastrophalen wirtschaftlichen Folgen und das letztendliche Scheitern der Weimarer Republik, die die Nationalsozialisten zur „Judenrepublik" abgestempelt hatten, verhalfen der Partei Hitlers zum Erfolg. Mit der Machtübernahme Hitlers 1933 wurde die NSDAP Staatspartei, deren antisemitische Ideologie Staatsideologie mit dem Ziel der Auslöschung alles Jüdischen. Alles Weitere ist bekannt.[25]

B. „Das Judentum in der Musik" und sein Stellenwert im Entstehungsprozess der antisemitischen Bewegung

Die zentrale antisemitische Schrift Richard Wagners ist „Das Judentum in der Musik"[26]. Wagner schrieb dieses Pamphlet in einer geschichtlichen Phase des modernen Antisemitismus, die man als „Zwischenzeit"[27] bezeichnen kann. Es ist die Zeit zwischen der Reaktion (im Gefolge des Wiener Kongresses von 1815) auf die Emanzipationsedikte der Revolutionszeit, die in den Hardenberg'schen Emanzipationsgesetzen gipfelten, und der Reichsgründung, mit der die Entstehung des eigentlichen „Antisemitismus" im Sinne einer „Reaktion der bürgerlichen Gesellschaft im Zeitalter der Industrialisierung auf die Gewährung staatsbürgerlicher Gleichberechtigung an die Juden"[28] einherging. Der Begriff „Antisemitismus" im engeren Sinne schließlich wurde ja erst 1879 von Wilhelm Marr als politisches Schlagwort verwendet.

Die Spanne zwischen Vormärzzeit und Reichsgründung war eine Zeit relativer Ruhe und emanzipatorischen, assimilatorischen Fortschritts, auch wenn es immer wieder vereinzelte antijüdische Aktionen gegeben hatte. Und es fand in dieser geschichtlichen Phase immerhin ein so bedeutsames Ereignis wie die Durchsetzung der vollen rechtlichen Gleichstellung der Juden im gesamten Norddeutschen Bund im Jahre 1869 statt. Es war die

Blütezeit der Assimilation der Juden in der deutschen Gesellschaft. Bislang verschlossene Bereiche der bürgerlichen Gesellschaft, Teilnahme am öffentlichen Lebens wurden nun auch den Juden zugängig. Der Anteil der Juden im öffentlichen Leben, in der Wirtschaft, im Handel, in den Wissenschaften, den freien Berufen und im Kulturleben stieg beträchtlich an.

Richard Wagner hatte in den dreißiger und vierziger Jahren eindeutig auf Seiten der bürgerlichen Emanzipationsbewegung gestanden. Er sympathisierte mit dem „Jungen Deutschland", stritt, wie auch immer, „für Emanzipation der Juden"[29], wie er selbst nicht zu Unrecht behauptete. Seine zahlreichen beruflichen Kontakte, sein freundschaftlicher Umgang mit Juden, aber auch seine philosemitischen Äußerungen etwa über Heinrich Heine und Giacomo Meyerbeer[30] in den frühen vierziger Jahren belegen es.

Umso unverständlicher scheint die überraschende Wendung Wagners im Jahre 1850 zu sein: Plötzlich und unerwartet – zu einem von antijüdischen Aktionen relativ freien Zeitpunkt – gibt er seinen emanzipatorischen Standpunkt, den Standpunkt des liberalen Achtundvierzigers auf zugunsten einer dezidiert antijüdischen Haltung und bläst zur Attacke gegen Heine, Meyerbeer und alles vermeintlich Jüdische.

Und doch, bei genauem Hinsehen erweist sich dieser plötzliche antijüdische Ausbruch als durchaus lebensgeschichtlich vorbereitet und konsequent, auch im Sinne seiner künstlerischen Neubesinnung, die in den revolutionären Kunstschriften im unmittelbaren Umkreis der Schrift über „Das Judentum in der Musik" zum Programm ausgearbeitet wird. Und es zeigt sich bei Betrachtung dieser Schriften, was auch in späteren Jahren immer wieder deutlich hervortritt[31]: Das Denken Richard Wagners entfernte sich von utopisch-sozialistischen Ideen nie wirklich. Anders freilich steht es mit seinen labilen subjektiven Gefühlen.

Die eigentlichen Motive Richard Wagners, die zur Abfassung des infamen Judenaufsatzes führten, waren nicht philosophische, ideologische, weltanschauliche oder gar politische Intentionen, sondern persönliche. Es waren Motive, die aufs Engste mit seiner

V. Wagners theoretische Schriften im antisemitischen Umfeld

Biographie, mit seiner künstlerischen vor allem, zu tun hatten. Richard Wagner bekennt dies in einem Brief an Franz Liszt ganz freimütig: „Ich hegte einen lang verhaltenen Groll gegen diese Judenwirtschaft, und dieser Groll ist meiner Natur so notwendig, wie Galle dem Blute ... und so platzte ich denn endlich einmal los."[32]

Persönliche Animositäten und Abgrenzungsbedürfnisse des Musikers Wagner gegenüber dem großen Konkurrenten Meyerbeer vermischten sich in dem Artikel mit vorgefundenem sozialistischen Gedankengut, mit alltäglichen Beobachtungen sowie weitverbreiteten traditionellen Vorurteilen (christlicher Herkunft) gegenüber Juden und jüdischen Künstlern. Eine höchst unoriginelle Mischung, intellektuell eher eine peinliche Angelegenheit und affektgeladene Gelegenheitsschrift denn „zentrale autobiographische Bekenntnisschrift", aus der sich ein präzise kalkulierter, ein systematischer Lebens- und Werkplan ableiten lasse mit dem Ziel der „Erlösung der deutschen Kultur durch Vernichtung des Judentums"[33], wie Hartmut Zelinsky meinte. Davon kann in diesem Aufsatz nun wirklich nicht die Rede sein.

Worum geht es in dieser Schrift? Gleich zu Beginn macht Wagner unmissverständlich klar: Er will „den Grund der volkstümlichen Abneigung auch unserer Zeit gegen jüdisches Wesen uns hier lediglich in Bezug auf die Kunst, und namentlich die Musik, erklären"[34]. Er beklagt „die Verjüdung der modernen Kunst"[35]. Und er betont ausdrücklich, dass es ihm nicht um Politik gehe. Auch in der Religion seien die Juden „längst keine hassenswürdigen Feinde"[36] mehr. Es geht Wagner einzig um die Kunst, um die Musik, um Musiktheater, letztlich um die Rechtfertigung und Abgrenzung seines Musiktheaters gegenüber der Konkurrenz.

Wie argumentiert Wagner? Ausgangspunkt seiner Überlegungen ist das volkstümliche Fremdheitsgefühl gegenüber der äußerlichen Erscheinung der Juden: Er nennt es das „unwillkürlich Abstoßende"[37], das eine „instinktmäßige Abneigung"[38] hervorrufe. Solches Äußere sei niemals als „Gegenstand der darstellenden Kunst denkbar"[39], so Wagner. Vor allem die Sprach-

„Das Judentum in der Musik"

eigentümlichkeiten der Juden seien für die Unfähigkeit wirklicher künstlerischer Tätigkeit verantwortlich. Wagner versteigt sich zu der Behauptung, der Jude sei in der europäischen Zivilisation immer nur Ausländer, die Sprache sei ihm immer nur Fremdsprache: „In dieser Sprache, dieser Kunst kann der Jude nur nachsprechen, nachkünsteln, nicht wirklich redend dichten oder Kunstwerke schaffen."[40] Wahre Kunst hat für Wagner stets auf ein historisch Gemeinsames, auf den „Volksquell"[41] zurückzugehen. Wo schon in der Sprache der Jude impotent sei, müsse er es umso mehr im Gesang sein, so schlussfolgert Wagner. Dennoch, so klagt er an, habe es der Jude „vermocht, in der verbreitetsten der modernen Kunstarten, der Musik, zur Beherrschung des öffentlichen Geschmackes zu gelangen"[42]. Wagner fährt fort: „der einzige Quell, aus welchem der Jude ihm verständliche volkstümliche Motive für seine Kunst schöpfen kann"[43], sei die Synagogenmusik. Die aber sei in den Mitteln beschränkt und im Ausdruck starr. Folglich habe sich der jüdische Komponist, um erfolgreich werden zu können, fremde Stile angeeignet. Die verschiedensten Stile aller Meister und Zeiten werfe er nunmehr durcheinander. Fazit Wagners: „wir müssen die Periode des Judentums in der modernen Musik geschichtlich als die der vollendeten Unproduktivität"[44] bezeichnen. Und nun wird Wagner konkret und nennt zuerst das Beispiel Mendelssohns, dann ohne Namensnennung, dennoch für jeden Leser erkennbar, das Beispiel Meyerbeers. Die bösartigste, aggressivste Invektive seines Pamphlets richtet sich gegen diesen. Wagner charakterisiert noch einmal, ganz im revolutionären Sinne von 1848/49, Paris als Symbol bourgeoiser Verflachung der Künste. Es heißt da über die Pariser Opernhäuser: „Die Räume dieser Unterhaltungslokale füllen sich meistens nur mit jenem Teile unserer bürgerlichen Gesellschaft, bei welchem der einzige Grund zur wechselnden Vornahme irgendwelcher Beschäftigung die Langeweile ist: die Krankheit der Langeweile ist aber nicht durch Kunstgenüsse zu heilen; denn sie kann absichtlich gar nicht zerstreut, sondern nur durch eine andere Form der Langeweile über sich selbst getäuscht werden. Die Besorgung dieser Täuschung hat nun jener berühmte

V. Wagners theoretische Schriften im antisemitischen Umfeld

Opernkomponist zu seiner künstlerischen Lebensaufgabe gemacht."[45]

Das war ein Schlag gegen Meyerbeer, der traf! Doch es ging Wagner nicht nur um Meyerbeer persönlich, sondern auch um Paris als europäisches Zentrum einer seiner Meinung nach verrotteten, kommerzialisierten und trivialisierten bürgerlichen Kunstauffassung – insbesondere im Bereich der Oper. Dies wird in folgendem Satz deutlich: „Wir glauben wirklich, dass er Kunstwerke schaffen möchte und zugleich weiß, dass er sie nicht schaffen kann: um sich aus diesem peinlichen Konflikte zwischen Wollen und Können zu ziehen, schreibt er für Paris Opern und lässt diese dann leicht in der übrigen Welt aufführen, – heutzutage das sicherste Mittel, ohne Künstler zu sein, doch Kunstruhm sich zu verschaffen."[46] Wagners Kampf – wenn man denn von einem solchen sprechen zu dürfen glaubt – richtet sich in dieser Schmähschrift – wie auch in seinen Kunst-programmatischen Zürcher Abhandlungen – vornehmlich gegen die „Unfähigkeit unserer musikalischen Kunstepoche", wie es kurz darauf heißt, deren Inbegriff für ihn eben Paris war, die Stadt seines persönlichen Scheiterns.

Wagners Flucht aus Dresden im Mai 1849 hatte ihn im Juni des Jahres noch einmal für einige Tage nach Paris geführt. An den Dresdner Freund Ferdinand Heine schreibt Wagner über diese neuerlichen Pariser Erfahrungen am 19. November 1849, mittlerweile in Zürich angekommen: „Erlaß es mir, Dir hier umständlich über die empörende Nichtswürdigkeit des Pariser Kunsttreibens, namentlich auch, was die Oper betrifft, mich auszulasen." Nicht zuletzt diese Empörung über die „Pariser Opernkunstangelegenheiten", die Wagner als „so stinkend scheußlich"[47] charakterisiert, ist es, die ihn veranlasst, schon Ende Juli des Jahres seinen grundlegenden Aufsatz „Die Kunst und die Revolution" zu schreiben. Darin entwirft Wagner zum ersten Mal seine Idee des künftigen, im Dienste einer sozialen Revolution stehenden Gesamtkunstwerks und geißelt gut marxistisch den Kapitalismus als Grundübel der modernen Kunst: „wundern wir uns daher nicht, wenn auch die Kunst nach Gelde geht, denn nach seiner

Freiheit, nach seinem Gotte strebt alles: unser Gott aber ist das Geld, unsere Religion der Gelderwerb."[48] Kaum einen Monat später folgt dann der Aufsatz über „Das Künstlertum der Zukunft". Und im November schließlich schreibt Wagner „Das Kunstwerk der Zukunft", in dem er mit dem Rückgang auf die Ideale des Hellenentums und unter Bezugnahme auf Beethoven das „vollendete Kunstwerk der Zukunft, das allgemeinsame Drama"[49] entwirft, eine Synthese aus Wort, Ton, Gebärde und Bühnenbild als bewusste Alternative, als Gegenentwurf zur Form der zeitgenössischen Oper. In diesen Arbeiten vollzieht Wagner den im Sinne Feuerbachs, Stirners, Proudhons und auch Marxens den Bruch mit der Gattung der bürgerlichen Oper, wie sie ihm in Paris exemplarisch zu existieren scheint[50]. Wagner entwirft kühn vorwärtsdenkend das radikale Programm seines „Kunstwerks der Zukunft".[51] Und er wird es in programmatischer Ausführlichkeit ein Jahr später in der Schrift „Oper und Drama" zu Papier bringen, um dann mit der Arbeit am „Ring des Nibelungen" zu beginnen, der das Paradigma seines im neuen opernästhetischen Programm vorgestellten „Musikdramas" werden sollte und doch nicht so recht wurde, da er episch und musikalisch ausuferte und die eigene theoretische Konzeption sprengte.

Zwischen der Niederschrift des Aufsatzes „Das Kunstwerk der Zukunft" und dem programmatischen Buch „Oper und Drama" schreibt Wagner Ende August 1850 „Das Judentum in der Musik". Der Zusammenhang mit den utopisch-sozialistischen Kunstschriften und der ästhetischen Programmschrift ist evident. Die Quellen und Bezüge, auf die Wagner in dieser Schrift zurückgreift, liegen auf der Hand. Wenn es in Wagners Judenaufsatz heißt: „Der Jude ist nach dem gegenwärtigen Stande der Dinge dieser Welt wirklich bereits mehr als emanzipiert: er herrscht und wird so lange herrschen, als das Gold die Macht bleibt, vor welcher all unser Tun und Treiben seine Kraft verliert. ... Was den Herren der römischen und mittelalterlichen Welt der leibeigene Mensch in Plack und Jammer gezinst hat, das setzt heutzutage der Jude in Geld um ... Was die Heroen der Künste dem kunstfeindlichen Dämon zweier unseliger Jahrtausende ...

abrangen, setzt heute der Jude in Kunstwarenwechsel um"[52], klingt das ganz nach Karl Marx, der in seiner Entgegnungsschrift auf Bruno Bauers „Zur Judenfrage" 1843 geschrieben hatte: „Der Jude hat sich auf jüdische Weise emanzipiert, nicht nur, indem er sich die Geldmacht aneignet, sondern indem durch ihn und ohne ihn das Geld zur Weltmacht und der praktische Judengeist zum praktischen Geist der christlichen Völker geworden ist."[53] An anderer Stelle heißt es bei Marx: „Welches ist der weltliche Grund des Judentums? Das praktische Bedürfnis, der Eigennutz. Welches ist der weltliche Kultus des Juden? Der Schacher. Welches ist sein weltlicher Gott? Das Geld." Und Marx schlussfolgert daraus: „Nun wohl! Die Emanzipation vom Schacher und vom Geld, also vom praktischen, realen Judentum wäre die Selbstemanzipation unserer Zeit."[54] Und das ist, mit etwas anderen Worten, ja auch die Forderung Wagners am Ende seiner Judenschrift: Die Erlösung des Juden könne „nur mit auch unserer Erlösung zu wahrhaften Menschen" geschehen, der Jude müsse nur „aufhören, Jude zu sein"[55].

Schon diese Gegenüberstellung demonstriert: Der Wagner'sche Antisemitismus ist zu einem Gutteil vorgefundener Marx'scher Antikapitalismus. Aber auch die Übernahme utopisch-frühsozialistischer Ideen,[56] auf die Wagner mit Sicherheit in seiner Pariser Zeit aufmerksam gemacht wurde. Immerhin stand Wagner dem Kreis um die „Gazette musicales de Paris" nahe, dem Autoren wie Liszt, Berlioz, Schlesinger (der Herausgeber der Zeitschrift, in der später der Judenaufsatz Wagners erscheinen sollte), H. Heine und Balzac angehörten. Ressentiments gegenüber allen Arten von Kunst, die nach Kommerz und nach Erfolg beim kulturellen Establishment strebte, waren in diesem Kreis selbstverständlich. Und sie hatten durchaus eine politische Stoßrichtung. Konterrevolutionäre Karrieristen und künstlerische Konservativisten wurden scharf gegeißelt. Franz Liszt forderte in seinen Aufsätzen „De la situation des artistes et leurs conditions" von 1835, veröffentlicht in der „Gazette musicales de Paris", eine „Reinigung der Kunst" als „Reinigung der Menschheit".[57] Vor allem beklagte er: „auch wir, die Priester der

„Das Judentum in der Musik"

Kunst ... anstatt fest zu stehen und wach zu bleiben, ... zu ermahnen und zu handeln, haben uns gebückt und feige zusammengekauert unter dem vergoldeten Joche."[58] Sein Ziel ist eine von Kommerzstreben und Unterhaltungsdenken befreite neue Tonkunst, die er in leidenschaftlichem Vokabular mit religiösen Attributen beschreibt: „Macht Platz für diese Neugesandten! – lauschet ihrer Sprache, dem Prophetentum ihrer Werke!"[59] Er setzt sich ein dafür, dass man den Musikern „religiöse und sociale Funktionen zuerkennen"[60] solle. Das war Wasser auf Wagners Mühlen.

Doch zurück zur Argumentation Wagners: Die Künstlichkeit und Seichtigkeit der gegenwärtigen Musik, speziell der Oper, „die Nichtigkeit unserer ganzen Öffentlichkeit, ihr durchaus unkünstlerisches Wesen und Verlangen"[61] ist es, die Wagner als „Judenschaft in der Musik"[62] definiert. Es geht also nicht nur um tatsächliche jüdische Komponisten und Musiker, sondern um etwas Prinzipielles, seine künstlerische Opposition nämlich[63].

Dass ausgerechnet Mendelssohn und vor allem Meyerbeer zur Zielscheibe seiner Angriffe werden, gründet sich auf Lebensgeschichtliches. Wie Wagner selbst gegenüber Franz Liszt erklärte: „Mit Meyerbeer hat es nun bei mir eine eigene Bewandnis: ich hasse ihn nicht, aber er ist mir grenzenlos zuwider. Dieser ewig liebenswürdige, gefällige Mensch erinnert mich, da er sich noch den Anschein gab mich zu protegieren, an die unklarste, fast möchte ich sagen lasterhafteste Periode meines Lebens; das war die Periode der Konnexionen und Hintertreppen, in der wir von den Protektoren zum Narren gehalten werden ... Zeit war es, dass ich mich vollkommen aus dem unredlichen Verhältnisse zu ihm losmachte. ... ich kann als Künstler vor mir und meinen Freunden nicht existiren, nicht denken und fühlen, ohne meinen vollkommenen Gegensatz in Meyerbeer zu empfinden und laut zu bekennen, und hierzu werde ich mit einer wahren Verzweiflung getrieben, wenn ich auf die irrthümliche Ansicht selbst vieler meiner Freunde stoße, als habe ich mit Meyerbeer irgend etwas gemein. Keinem meiner Freunde kann ich mich, mit Allem was ich will und fühle, in reiner, deutlicher Gestalt hinstellen, als

V. Wagners theoretische Schriften im antisemitischen Umfeld

wenn ich mich vollständig von diesen verschwimmenden Umrissen lostrenne, in denen ich so vielen noch erscheine. Es ist dies ein nothwendiger Akt der vollen Geburt meines gereiften Wesens."[64]

Es waren die bitteren Erfahrungen der erfolglosen, von permanenter Geldnot geprägten Jahre in Paris (1839–1842), die Wagner, wohl lange vor der Abfassung des „Judentums in der Musik", bereits zu dem negativen Urteil über Mendelssohn und Meyerbeer bewog[65], das dann in der Judenschrift nachträglich eine quasi sachliche Begründung erhielt. Die Vermutung liegt in der Tat nahe, „dass die Verurteilung seiner Rivalen nicht aus seiner anti-jüdischen Gesinnung herzuleiten ist, sondern umgekehrt seine anti-jüdische Gesinnung aus der Rivalität mit den zwei Juden verständlich wird"[66].

Der Aufsatz richtet sich also doch in erster Linie gegen den ungenannten Meyerbeer und nicht, wie Wagner vorgibt, gegen alles Jüdische an sich. Freilich, einmal am Fall Meyerbeer entzündet, haben sich antijüdische Vorurteile in Wagners Denken eingenistet. Zeitweilig – eifrig geschürt vor allem von Cosima – entwickelte sich daraus eine grundsätzliche Judenphobie.

Auch Jacques Offenbach gegenüber hegte Wagner eine tiefe Abneigung. Es sei daran erinnert: Neben seinen vielen Brotarbeiten, vor allem Liedern, Einlagearien und Bearbeitungen für den Musikverleger Schlesinger, hatte Wagner im Frühjahr 1841 in Paris ein Stück Musik geschrieben, das aus seinem Œuvre skurril herausragt: „Descendons gaiment la courtille". Es war als Einlage in einer Vaudeville-Ballett-Pantomime in zwei Bildern gedacht, die einen Pariser Karnevalsbrauch zum Thema hat: die Rückkehr der Masken am Aschermittwoch aus der Vorstadt Courtille nach Paris. Wer nicht wüsste, dass der Komponist Richard Wagner heißt, würde das Stück für ein Werk von Jacques Offenbach halten. – Wagner befasste sich ein Leben lang mit dem Kölner Kantorensohn und Wahlpariser, der die nie überbotene heitersatirische, hochintelligente und im Grunde moderne Form musikalischen Unterhaltungstheaters erfunden hatte, die „Offenbachiade", aus der die Wiener Operette hervorging. In Wagners Briefen und in Cosimas Tagebüchern kann man nachlesen, wie genau Wagner Offenbachs zunehmende Erfolge verfolgt und sie auch gegenüber Cosima immer wieder zum Gesprächsthema gemacht hat. Dass sich Wagner so sehr von diesem „Heinrich Heine des Musiktheaters", wie ich Jacques Offenbach nennen möchte, distanzierte, lag wohl in einer wahrgenommenen, aber heftig abgewehrten tieferen Affinität begründet. Diese untergründige Verwandtschaft muss Wagner unheimlich gewesen sein. Spätestens als 1864 seine „Tristan"-Uraufführung in Wien mit der Begründung der „Unaufführbarkeit" abgeblasen wurde zugunsten der Uraufführung der Offenbach-Oper „Die Rheinnixen", wurde Offenbach für Wagner zum Hassobjekt. Und wie im Falle Meyerbeers, Mendelssohns und Heines wehrte er die verspürte Affinität, auch seinen Erfolgsneid durch skrupellose und bösartige Denunzierung, ja Verteufelung ab.

Tatsächlich ist das Verhältnis Wagners zu Offenbach hochinteressant und bedürfte einmal einer genaueren Untersuchung. Subversiver Humor und Gesellschaftskritik jedenfalls zeichnen beider Werke aus. Natürlich setzt das Musiktheater von Wagner und Offenbach an entgegengesetzten Enden an und arbeitet mit konträren Mitteln. Aber es ist in beiden Fällen Musiktheater, das Gesellschaft und Politik, Staat und Machtinstitutionen, doppelte Moral und verlogene Prüderie in Frage stellt. Das eine heitersatirisch, das andere mythopoetisch-zukunftsmusikalisch.

Ob Offenbach, Meyerbeer, Mendelssohn oder Heine: Judenschmähung wurde Wagner zur Angewohnheit, doch sein Urteil über die Juden unterlag, wie gezeigt, beträchtlichen Veränderungen[67], wie auch seine Wahrnehmung negativer jüdischer Charakteristika in Bezug auf Freunde, Mitarbeiter und Kollegen sehr selektiv war, nämlich abhängig von seinem subjektiven Befinden und von seinen Launen. –

Es folgt ein ambivalenter Exkurs zur Person Heinrich Heines. Heine wird immerhin als „das Gewissen des Judentums"[68] bezeichnet, mehr noch: als „das üble Gewissen unserer modernen Zivilisation"[69]. Und nur vor dem Hintergrund dieser politischen Feststellung erklärt sich dann die Schlussfolgerung bzw. der Schlussappell Wagners, der am Beispiel Börnes entwickelt wird:

V. Wagners theoretische Schriften im antisemitischen Umfeld

„Aus seiner Sonderstellung als Jude trat er, Erlösung suchend, unter uns: er fand sie nicht und musste sich bewusst werden, dass er sie nur mit auch unserer erlösung zu wahrhaften menschen finden können würde. Gemeinschaftlich mit uns Mensch werden, heißt für den Juden aber zu allernächst soviel als: aufhören, Jude zu sein. Börne hatte dies erfüllt." Und dann heißt es weiter: „Nehmt rückhaltlos an diesem selbstvernichtenden, blutigen Kampfe teil, so sind wir untrennbar!"[70]

Von Selbstvernichtung ist die Rede, nicht von Vernichtung! Die physische kann Wagner damit schwerlich gemeint haben. Derlei ihm zu unterstellen wäre nicht nur, was Jacob Katz „Willkür einer rück-gewandten Interpretation"[71] nennt, sondern auch Ignoranz des wichtigen Zusatzes Wagners, dass die Erlösung des Juden, wie im Falle Börne, „nur mit auch unserer Erlösung zu wahrhaften Menschen" ermöglicht werden könne. Dieses „mit auch unserer Erlösung" meint unmissverständlich eine Lösung der Judenfrage nach sozialistisch-utopischem Konzept einer gesamtgesellschaftlichen Revolution, an der Juden wie Nichtjuden teilzunehmen haben.[72] (Später wird er diesen utopischen Gedanken noch einmal aufgreifen und modifizieren im Sinne einer christlichen Regenerationsidee.) Deutliche Anklänge an die Schlussforderung des Judenaufsatzes finden sich ja schon in dem Schlussappell des Aufsatzes von 1848: „Wie verhalten sich republikanische Bestrebungen dem Königtum gegenüber?". Da hieß es nach der Feststellung, dass die „Geschichte des letzten Jahrtausends mit blutiger Tinte eingeschrieben" sei: „Vergesset Eure Ahnen, werfet jeden Titel, jede mindeste Auszeichnung von euch, so versprechen wir euch, großmütig zu sein und die Erinnerung unserer Ahnen auch gänzlich aus unserem Gedächtnis zu streichen, damit wir fortan Kinder eines Vaters, Brüder einer Familie seien!"[73] In diesem Sinne ist Wagners Aufruf an die Juden gemeint, an der gemeinschaftlichen Menschwerdung, an dem gesamtgesellschaftlichen Erneuerungsprozess durch „Selbstvernichtung" teilzunehmen. „Selbstvernichtung" meint nichts anderes als Abwendung vom Geist des Kapitalismus.

Wagners Absicht ist es zwar, die „Judenschaft in der Musik"

zu geißeln und sich scharf gegen Meyerbeer abzugrenzen, doch er zeigt den einsichtigen Tonsetzern unter der „Judenschaft" auch einen Weg aus der Stigmatisierung eben durch „Selbstvernichtung". Was heißen soll, dass sie den Weg zu gehen hätten, der mit Börne im Satz zuvor empfohlen wird, zu assimilieren. In der Zweitfassung des Judenaufsatzes wird dies noch deutlicher ausgesprochen: Wagner nimmt bei der Schlussforderung des Aufsatzes nämlich eine entscheidende inhaltliche Präzisierung vor. Statt „Nehmt rückhaltlos an diesem selbstvernichtenden, blutigen Kampfe teil, so sind wir unzertrennbar!"[74] schreibt Wagner nun: „Nehmt rücksichtslos an diesem durch Selbstvernichtung wiedergebärenden Erlösungswerke teil, so sind wir einig und ununterschieden! Aber bedenkt, dass nur eines eure Erlösung von dem auf euch lastenden Fluche sein kann: die Erlösung Ahasvers, – der Untergang!"[75]

Damit wird der revolutionären, sozialistisch-utopischen Idee der Verbrüderung der Menschen, gleich welcher Konfession, zu einem neuen Menschentum das Wort geredet[76]. Mit dem Bild vom Untergang Ahasvers als Erlösung mythologisiert Wagner nur mehr die Assimilationsforderung im Sinne einer Anspielung auf die reinmenschliche Dimension seines „Fliegenden Holländers". Die Rückbesinnung auf das „Reinmenschliche" wird ja auch in den Schriften für die „Bayreuther Blätter" noch eine wichtige Rolle spielen, wie zu zeigen sein wird.

Wie weit Wagner mit dieser – bei aller Gehässigkeit gegenüber Meyerbeer – wohl versöhnlich gemeinten Schlussformel von allen militanten und rassistischen Schriften des aufkommenden Antisemitismus entfernt ist, bedarf keiner weiteren Erläuterung mehr. Die im vorigen Kapitel gegebene Darstellung der Entstehung der antisemitischen Bewegung mit ihren unversöhnlichen Argumentationsstereotypen macht die Diskrepanz deutlich. Wagner argumentiert eben nicht mit dem militanten Vokabular jener rüden Biologie des Rassischen und Völkischen der Treitschke, de Lagarde, Dühring, Ahlwardt und derlei Autoren.

Bleibt noch einmal – wie schon im dritten Kapitel dieses Buches – darauf hinzuweisen, was immer wieder ignoriert wird:

V. Wagners theoretische Schriften im antisemitischen Umfeld

„Das Judentum in der Musik" ist nicht Wagners letztes Wort in der Judenfrage. Im Gegenteil: Es war sein erstes – und er hat es später modifiziert, ja im Grunde in wesentlichen Punkten zurückgenommen. Neunzehn Jahre lang hat Wagner keinerlei weitere antisemitische Äußerungen zu Papier gebracht. Dass er dann, 1869, nach fast 20 Jahren diesen Aufsatz als selbständige Broschüre, die „Judenbroschüre" noch einmal herausgab, dürfte seinen Grund in nicht unwesentlichem Maße darin gehabt haben, dass – wie dargestellt – Cosima ihn dazu gedrängt hat[77].

In dem schon zitierten Brief an Franz Liszt schreibt Wagner über die Wirkung seines Judenaufsatzes: „es scheint schrecklich eingeschlagen zu haben, und das ist mir recht, denn solch einen Schreck wollte ich ihnen eigentlich nur machen."[78] Das hatte er in der Tat erreicht. Der mit Wagners Veröffentlichung des Aufsatzes ausgelöste Wagner-Streit, der eine Flut von Pro- und Contra-Schriften auslöste, hat die Gemüter zwar erhitzt[79], auch das Wagner-Publikum nachhaltig gespalten, aber eine auslösende, politisch wirkungsmächtige Funktion im Entstehungsprozess des modernen deutschen Antisemitismus kann man der Schrift, kann man Wagner nicht bescheinigen. Und Jacob Katz ist auch hierin zuzustimmen: „Vom ‚Judentum in der Musik' waren gewisse Anregungen für Gleichgesinnte ausgegangen, aber eine breitere Wirkung war ihm zu dieser Zeit versagt geblieben. Die ... später aufflackernde Agitation gegen die Juden nährte sich aus völlig anderen Quellen."[80]

Diese anderen Quellen, die ich zu Anfang des Kapitels in einem knappen historischen Abriss aufgeführt habe, seien an dieser Stelle noch einmal mit Hilfe eines prägnanten Zitats des Historikers Hans Jürgen Puhle auf den Punkt gebracht: Einmal war es eine „idealistisch-philosophisch motivierte Richtung, die von einem historisch und allenfalls ökonomisch (aber nicht biologisch) verstandenen volkstümlichen ‚Natur-Begriff' her gegen die Juden argumentierte und an der sich sowohl Liberale als auch Konservative beteiligten". Zum Zweiten „in der ‚Berliner Bewegung' um Stoecker eine wesentlich sozialpolitisch orientierte Richtung des Antisemitismus, die von konservativen Kreisen getragen wurde"; und drittens „der radikale Rassen- und Radauantisemitismus, der seit den siebziger Jahren zunehmend hervortrat und – zunächst nur von einzelnen Agitatoren vertreten – allmählich zur Organisation verschiedener Antisemitenparteien, -komitees und -clubs führte".[81]

C. Wagners Beiträge in den „Bayreuther Blättern". Die große Rücknahme und Absage an die antisemitische Bewegung

Richard Wagner hatte schon in seiner Münchner Zeit (1864–1865) mit dem Gedanken einer Stil- und Vortragsschule gespielt. Nach den ernüchternden ersten Bayreuther Festspielen reifte dieser Gedanke zum konkreten Plan. Parallel hierzu sollte eine eigens ins Leben zu rufende Zeitschrift das pädagogische Unternehmen begleiten. Das Projekt einer Stil- und Vortragsschule wurde bald aufgegeben. Doch die Hauszeitschrift der „Bayreuther Blätter" wurde gegründet. Nicht zuletzt fühlte sich Wagner dem eigens zum Zwecke der Gründung von Schule und Zeitschrift aus Berlin nach Bayreuth übersiedelten Freiherrn Hans Paul von Wolzogen verpflichtet. Dieser wurde zum Herausgeber der Zeitschrift ernannt. Der erste Jahrgang der „Bayreuther Blätter" erschien 1878, der letzte 1938, im Todesjahr des Herausgebers. Zunächst wurde die Zeitschrift vornehmlich an die Mitglieder der Wagner-Patronats-Vereine adressiert, mit Rechenschaftsberichten, Hinweisen auf die neueste Wagner-Literatur, Forschungsaufsätzen, mit Pressespiegeln sowie Listen mit Wagner-Vorlesungen in ganz Deutschland. Die „Bayreuther Blätter" als „Deutsche Zeitschrift im Geiste Richard Wagners" blieben aber nicht nur Publikationsorgan zum Ziele der Durchsetzung des Wagner'schen „Kunstwerks der Zukunft", sondern wurde nach dem Tode Richard Wagners bald auch Publikationsorgan deutschnationaler, antisemitischer Autoren. Dafür kann allerdings nicht Richard Wagner verantwortlich gemacht werden, sondern ausschließlich Hans von Wolzogen, der nach Wagners

V. Wagners theoretische Schriften im antisemitischen Umfeld

Tod zum unentbehrlichen Mitarbeiter Cosimas wurde und neben ihr maßgeblich die Hauspolitik Wahnfrieds bestimmte. „Die Bayreuther Blätter" nach Wagners Tod wurden eindeutig in den Dienst der antisemitischen Bewegung gestellt. Diese aber „hätte ohne Zweifel auch ohne die Mitwirkung der ‚Bayreuther Blätter' ihren Weg angetreten"[82].

Wagner selbst hat von 1878 bis zu seinem Tod im Jahre 1883 zweiundzwanzig Beiträge für die „Bayreuther Blätter" geschrieben[83]. Es sind dies unterschiedlichste, nicht immer bedeutende, zum Teil eher alters-schrullig zu nennende Beiträge, in denen er seine Kunstanschauungen mit weltanschaulichen, politischen, tierschützerischen und religiösen Anschauungen aufs Abenteuerlichste vermischte. Es finden sich pragmatische Grundsatzerklärungen, Beiträge, die Rechenschaft ablegen über die ersten Festspiele oder die Aktivitäten der Wagner-Vereine, Inventiven gegen Vivisektion und moderne Naturwissenschaften, offene Schreiben und Briefe sowie kunsttheoretische Spätschriften, die sogenannten Regenerationsschriften[84]. Für all diese Aufsätze gilt ohne Einschränkung, was Jürgen Kühnel über den Aufsatz „Religion und Kunst" anmerkt: „Im Gegensatz zu den großen Schriften der Zürcher Zeit fehlt diesem Spätwerk die klare gedankliche Linie; die Texte verfahren überwiegend assoziativ und zeichnen sich durch zahlreiche Wiederholungen und durch eine streckenweise ermüdende Weitschweifigkeit aus."[85] Wagner versteigt sich in diesen letzten Aufsätzen in die Vorstellung einer Regeneration der Gesellschaft nicht mehr durch eine politische und soziale Revolution, sondern durch eine quasi religiöse Erneuerung, wodurch sich, wie man weiß, Nietzsche besonders abgestoßen fühlte. Eine Vorstellung, an deren Genese ganz sicher Cosima in ihrer fanatischen und bigtten Religiosität beteiligt gewesen ist.

Zwei dieser späten Aufsätze sind allerdings bedeutsam insofern, als sie Wagners entscheidenden Wandel in seiner Einstellung gegenüber der Judenfrage dokumentieren: die Ausführungen zu dem Aufsatz „Religion und Kunst" (1880), nämlich: „Erkenne dich selbst" (1881) und „Heldentum und Christentum" (1881). Ausgangspunkt dieser Schriften ist Wagners Überzeugung vom Niedergang der deutschen Kultur, womit er ganz im Fahrwasser des Kulturpessimismus seiner Zeit treibt. Schon in seinem Aufsatz „Modern" (1878), in dem Wagner als Reaktion auf einen Brief eines Rabbi Friedmann aus der Bukowina eine Art Bestandsaufnahme der scheinbar gewaltigen, ja maßgeblichen Beteiligung der Juden an der modernen Kultur vornehmen zu müssen glaubt, beklagt Wagner die „Verkommenheit"[86] der Deutschen, die die Juden zu ihrem Vorteil ausnützten. Wagner gibt in diesem Aufsatz zu bedenken, dass die alte Welt als die „deutsche Welt"[87] von jüdischen Autoren, Journalisten und Komponisten überwuchert werde und Gefahr laufe, ganz unterzugehen. Seit der Erstveröffentlichung des „Judentums in der Musik" hat sich in Wagners Denken mehr und mehr diese Wahnvorstellung eingenistet. Die Ursache dieser Missstände schreibt Wagner allerdings weniger den Juden als den Franzosen und – merkwürdig genug, da er ihnen doch zeitweilig nahestand – den „Jungdeutschen" zu.

Ein neuer Gedanke wird erstmals ausgesprochen in dem Essay „Publikum und Popularität" (1878). In ihm wettert Wagner gegen das Gartenlauben-Publikum einer „heruntergebrachte(n) Nation"[88], gegen Kritik, seichte Belletristik und zerstreuungssüchtiges Theaterpublikum, vor allem aber gegen diejenigen Autoren, die für ein solches Publikum und dessen Kunstbedürfnis schreiben, das Wagner mit dem Wort „Unterhaltungssucht"[89] charakterisiert. Dagegen nun grenzt sich Wagner mit seinem Werk in aller Schärfe ab und rechtfertigt aus den vermeintlich verrotteten Kunstzuständen noch einmal seine eigenen Bayreuther Bühnenfestspiele. Gleichzeitig holt er zu einem Seitenhieb auf die Fortschritte der Naturwissenschaften aus, namentlich Darwin wird gegeißelt, und Wagner betont noch einmal das national Volkstümliche als wichtige Grundlage aller Kultur und Kunst. Die Wichtigste aber sei für ihn das Christentum! Wobei Wagner nachdrücklich den „Judenweltmacher Jehova" von der erhabenen „Gestalt des Erlösers"[90] unterschieden wissen möchte. Im Sinne eines „Deutschkatholizismus"[91] hofft Wagner, „dass die

V. Wagners theoretische Schriften im antisemitischen Umfeld

Theologie schließlich mit dem Evangelium in das Reine gekommen und die freie Erkenntnis der Offenbarung ohne jehovistische Subtilitäten uns erschlossen wäre"[92]. Einem solchen buddhistisch-schopenhauerisch gedeuteten Christentum[93] als Vademecum gegen den Verfall der Nation und ihrer Kunst zur Durchsetzung zu verhelfen, ja ihm als Zentrum einer „im erhabensten Sinne populären Kunst jetzt und zu jeder Zeit in der Weise vorzuarbeiten, dass die Bindeglieder der ältesten und edelsten Kunst nie vollständig zerreißen"[94], erklärt Wagner etwas großmäulig zu seinem Ziel.

In dem Essay „Wollen wir hoffen" (1879) paraphrasiert Wagner unter dem Eindruck der gescheiterten ersten Festspiele schließlich noch einmal – wie immer höchst pathetisch – sein Verzweifeln an den gegenwärtigen Kunstzuständen, fordert von den Patronatsvereinsmitgliedern, an die sich sein Aufsatz richtet, die Lektüre seiner Ansichten über das „Kunstwerk der Zukunft" und appelliert noch einmal an das „Vertrauen auf den deutschen Geist", das ihn sogar bei der Ausführung des Parsifal „erwärmt"[95] habe. Was allerdings wohl eher propagandistisch verstanden werden darf, denn gegenüber Cosima hat Wagner ja bereits am 14.3.1878 unmissverständlich erklärt: „An (das) deutsche Volk habe ich blutwenig dabei gedacht."[96]

Wagner erklärt in diesem Aufsatz den Fortschritt der Wissenschaften (der Naturwissenschaften zumal) für fragwürdig[97], die kirchliche Religion für „impotent"[98], die Presse und alles Zeitungswesen und Zeitungslesen für verderblich und er rechnet schonungslos mit dem preußisch-deutschen Reich und seinem Größenwahn ab, ja erklärt es „für unfähig …, die Kunst zu fördern" und damit unter Berufung auf Schiller als „barbarisch und durchaus kunstfeindlich"[99]. Die Deutschen, so das Credo Wagners – und darin zeigt sich eine tiefgreifende Differenz zum späteren imperialistischen, zu schweigen vom nationalsozialistischen Sendungsbewusstsein der Deutschen –, seien „nicht zu Herrschern, wohl aber zu Veredlern der Welt bestimmt"[100]. Wagner setzt Kunst und Kultur gegen politische Gewalt und Machtstaatlichkeit. Ein Gedanke übrigens, den er schon in den „Meistersingern von Nürnberg" Hans Sachs in den Mund legte. „Wollen wir hoffen" lautet die Kernfrage des Aufsatzes „und in ihrer Beantwortung haben wir das ‚Müssen' aufzusuchen"[101], so Wagner.

Was in „Publikum und Popularität" bereits als Forderung in Aussicht gestellt wurde, wird schließlich in „Religion und Kunst" (1880) sowie den drei Folgeschriften – den wichtigsten Schriften des späten Wagner – zum Programm ausgearbeitet: „Man könnte sagen, dass da, wo die Religion künstlich wird, der Kunst es vorbehalten sei, den Kern der Religion zu retten, indem sie die mythischen Symbole, welche die erstere im eigentlichen Sinne als wahr geglaubt wissen will, ihrem sinnbildlichen Werte nach erfasst, um durch ideale Darstellung derselben die in ihnen verborgene Tiefe Wahrheit erkennen zu lassen."[102] Drei Kapitel hat diese Schrift: Im ersten beschreibt Wagner das Absterben der Religion als Voraussetzung für seine ästhetische Utopie, die Einbuße der sinnstiftenden Funktion der christlichen (kirchlichen) Religion als Voraussetzung des Wagner'schen Kunstwerks der Zukunft, die heilsgeschichtlichen Wahrheiten dieser Religion in mythischen Symbolen darzustellen. Und diese Wahrheiten begreift Wagner ausschließlich im Sinne Schopenhauers als die „Erkenntnis der Hinfälligkeit der Welt und der hieraus entnommenen Anweisung zur Befreiung von derselben"[103] durch Mitleid und Entsagung. Wagner beschreibt dann in endlosen Paraphrasen die Umsetzung christlicher Wahrheiten in Werke der bildenden Kunst, um schließlich zu der Behauptung zu gelangen: „strenggenommen ist die Musik die einzige dem christlichen Glauben ganz entsprechende Kunst"[104]. Womit er praktischerweise den Bezug zu seinem „Kunstwerk der Zukunft" herstellt. Und Wagner spielt natürlich damit auf den „Parsifal" an, dessen Kernaussage er im Sinne des von ihm schopenhauerisch gedeuteten Christentums als das hier erklärte Kunstziel verstanden wissen möchte.

Im zweiten Kapitel versucht Wagner, „den mühsamen Weg" zu beschreiben, „auf welchem uns der Grund des Verfalles selbst der erhabensten Religionen, ... vor allem auch der Künste, die von ihnen befruchtet waren, erklärlich zu machen sein dürfte".[105] Nach den theologischen Grundsatzerörterungen des ersten Kapitels folgt hier Wagners geschichtsphilosophisches Räsonnement. Und auch hier übt Wagner wieder – in ganz utopisch-frühsozialistischer Denkweise – Kritik an Herrschafts- und Eigentumsverhältnissen, die auf Besitz und Macht gegründet sind, daneben aber auch an jeglichem Kriegswesen. Wagner wütet geradezu gegen Rüstungsfabrikation und die Aufrüstung des Deutschen Reiches (diese Passagen dürften die Kaiserlichen wie die Nationalsozialisten geflissentlich überlesen haben). Der Zerfall der ursprünglichen Religion, der Rückfall der Geschichte ins Alte Testament, Kapitalismus und imperialistisches Machtstreben, Militarismus und jegliche Form des Tötens, so Wagner, seien verantwortlich für das, was er „Degeneration"[106] nennt. Der pazifistische Geist dieser erstaunlich modern anmutenden Überlegungen gipfelt in dem Satz Wagners: „die Gewalt kann zivilisieren, die Kultur muss dagegen aus dem Boden des Friedens sprossen"[107]. Ein Satz, der weder mit den rassistischen Schriften seiner Zeitgenossen noch mit denen seiner nationalsozialistischen Nachwelt konvenieren dürfte. Der pazifistische Charakter auch des „Parsifal" erfährt in diesem Satz seine eindeutige Begründung. Jegliche Deutung des Werks in rassentheoretisch-militantem Sinne wird durch diese Schrift ad absurdum geführt. Wagners Regenerations-Gedanken entspringen einer durch und durch versöhnlichen, pazifistischen Idee.

Im dritten Teil nun versucht Wagner einen Weg aufzuzeigen, womit dem dargestellten Prozess der „Entartung des menschlichen Geschlechts"[108] entgegengearbeitet werden könne. Und es ist neben „Pflanzendiät"[109], Vereinen „zum Schutz der Tiere"[110], Mäßigungsvereinen, Pazifismus und Sozialismus vor allem die Kunst, vornehmlich seine eigene Kunst, die den Schritt von der Degeneration zur Regeneration zu vollziehen imstande sei, die der „Wiederauffindung des ‚verlorenen Paradieses'"[111] mittels einer Neu-Orientierung an christlichen Idealen in schopenhauerschem Sinne dienen könne und solle.

Im Nachtrag zum Aufsatz „Religion und Kunst", der unter

dem Titel „Was nützt diese Erkenntnis?" (1880) erschienen ist, zieht Wagner die praktischen Konsequenzen aus der vorigen Schrift und empfiehlt das Studium der Schopenhauer'schen Schriften zur Erkenntnis dessen, was die christlichen Tugenden Liebe, Glaube und Hoffnung (das Programm übrigens des Vorspiels zum „Parsifal") meinen. Und er fordert – noch einmal scharf die Bismarck'sche Politik geißelnd, von der Kunst die „Kraft zu solcher Offenbarung"[112], die die Kirche nicht mehr habe. Die Antwort auf die Frage im Titel dieses Aufsatzes lautet: „Wir erkennen den Grund des Verfalles der historischen Menschheit, sowie die Notwendigkeit einer Regeneration derselben; wir glauben an die Möglichkeit dieser Regeneration und widmen uns ihrer Durchführung in jedem Sinne."[113]

In der zweiten Nachschrift zu „Religion und Kunst", dem Aufsatz „Erkenne dich selbst" (1881), setzt Wagner seine Zivilisationskritik erbarmungslos fort. Er beklagt wiederum, dass „unsere Kultur und Zivilisation mit der christlichen Lehre im schreiendsten Widerspruche stehen"[114], sieht die Ursache des Kulturverfalls und des allgemeinen gesellschaftlichen Missstandes aber vor allem in den kapitalistischen Eigentumsverhältnissen: „Eine fast größere Heiligkeit als die Religion hat in unserem staatsgesellschaftlichen Gewissen das ‚Eigentum' erhalten."[115] Dann bringt Wagner die Sprache auf die „Kulturmacht"[116] des Geldes: Geld, so Wagner, sei „der unschuldwürgende Dämon der Menschheit"[117]. Und Wagner betont hier noch einmal: In seiner „Ring"-Tetralogie habe er im Bilde des Ringes „als Börsenportefeuille"[118] ein „schauerliches Bild des gespenstischen Weltbeherrschers"[119] entworfen. Und mit diesem Gedanken kommt Wagner schließlich auf die Juden zu sprechen. Und er knüpft an seine marxistische These an, die er schon im Aufsatz über „Das Judentum in der Musik" vortrug, dass die Juden sich eben vor allem durch „die Kunst des Geldmachens"[120] auszeichneten.

Und nun entwickelt Wagner einen völlig neuen Gedanken in Bezug auf die Juden: In offensichtlicher Anspielung auf Gobineaus Schrift „Über die Ungleichheit der Rassen" greift Wagner dessen Theorie „von dem Antagonismus der Rassen"[121] auf, fügt aber gleich hinzu, dass „wenn wir von einer deutschen ‚Rasse' reden wollten, diese mit einer so ungemein ausgesprochenen und unverändert erhaltenen, wie der jüdischen, verglichen, sehr schwer, ja fast kaum, mit Bestimmtheit zu spezifizieren sei."[122] Wagner glaubt, wenn man denn von Rassen rede, im Juden „das erstaunlichste Beispiel von Rassenkonsistenz, welches die Weltgeschichte noch je geliefert hat"[123], zu erkennen, eine Rassenkonsistenz, der die „deutsche Rasse" unterliege. Noch einmal bringt Wagner – möglicherweise auf Bleichröder anspielend – sein marxistisch-antikapitalistisches Judenressentiment zum Ausdruck: „Eine wunderbare, unvergleichliche Erscheinung; der plastische Dämon des Verfalles der Menschheit in triumphierender Sicherheit, und dazu deutscher Staatsbürger mosaischer Konfession, der Liebling liberaler Prinzen und Garant unserer Reichseinheit!"[124] Dann kommt die entscheidende Wendung: Wagner folgt nicht der rassistischen Argumentation Gobineaus, sondern er distanziert sich ohne jeden Zweifel von ihr. Die Lösung dessen, was Wagner unter dem Problem der Degeneration versteht – und daran geknüpft ist für ihn die Judenfrage –, sieht er nicht, wie Gobineau und in seiner Folge der aufkommende rassistische Antisemitismus, in angewandten biologistischen, rassistischen Überlegungen, sondern in einem Fragen und Forschen nach dem „Reinmenschlichen"[125], das er ja bereits in seinen Zürcher Kunstschriften, vor allem aber in den letzten Bayreuther Kunstschriften präzise charakterisiert hat als „Geist reiner Menschlichkeit"[126] im Sinne eines versöhnenden Christentums. Für Wagner ist dieses Suchen nach dem „Geist reiner Menschlichkeit" eben „der echte deutsche Instinkt"[127], und den gelte es zu erkennen und zu fördern. Nachdrücklich distanziert Wagner sich von den politischen (antisemitischen) Parteien Deutschlands. Den Weg zur Regeneration sieht Wagner, der betont: „Wir, die wir zu keiner all jener Parteien gehören", allein im „Erwachen des Menschen zu seiner einfach=heiligen Würde".[128] Und zum Schluss deutet er dann ganz marxistisch an, wie er sich die Regeneration der Kultur, der Sittlichkeit und der Gesellschaft, aber auch die Lösung der Judenfrage – die damit aufs Engste verknüpft ist –

vorstellt: „Nur aber, wann der ‚Dämon', der jene Rasenden im Wahnsinne des Parteikampfes um sich erhält, kein Wo und Wann zu seiner Bergung unter uns mehr aufzufinden vermag, wird es auch – keinen Juden mehr geben."[129] Und was das Wort Dämon hier meint, wurde ja wenige Seiten zuvor erklärt. Dieser Dämon ist nichts anderes als die „Kulturmacht des Geldes ..., der unschuldwürgende Dämon der Menschheit"[130].

Das bestätigt nun zweifellos die überlieferte briefliche Äußerung Wagners gegenüber Angelo Neumann: „Der gegenwärtigen ‚antisemitischen' Bewegung stehe ich vollständig fern; ein nächstens in den Bayreuther Blättern erscheinender Aufsatz von mir wird dies in einer Weise bekunden, dass Geistvollen es sogar unmöglich werden dürfte, mich mit jener Bewegung in Beziehung zu bringen."[131] Ein größerer Gegensatz dürfte in der Tat nicht denkbar sein[132] als der zwischen diesem Aufsatz Wagners und dem Antisemitismus der Rassentheoretiker, deren Argumentationen zu Anfang des Kapitels dargestellt wurden.

Doch Wagner geht noch einen Schritt weiter in der letzten seiner Regenerationsschriften, in „Heldentum und Christentum" (1881). Darin nämlich nimmt er noch einmal explizit Stellung zur rassistischen Argumentation, die vor allem durch Gobineau – und später Houston Stewart Chamberlain – in die öffentliche Diskussion und damit auch in die Rechtfertigung eines qualitativ neuen Antisemitismus Eingang fand. Wagner referiert zunächst Gobineaus Theorie, wendet dann aber ein, es sei doch „beim Überblick aller Rassen die Einheit der menschlichen Gattung unmöglich zu verkennen", und das sei eben die „Fähigkeit zu bewusstem Leiden". Sie sei „die Anlage zur höchsten moralischen Entwicklung."[133] Ungeachtet der Rasse und der Nation nennt Wagner jene Menschen, „in welchen dieser erhabene Prozess durch eine ihm entsprechende Tat als Kundgebung an uns sich vollzieht, Heldennaturen"[134]. Wagner nennt Beispiele: Herakles sei der griechische Typus, im christlichen Bereich seien das die Heiligen. Inbegriff aber „eines allen Eigenwillen, bezwingenden Mitleides mit der des tiefsten Entsetzens über die Eigenschaft dieses die Welt gestaltenden Willens" sei „der Anblick, das Abbild oder die Vorstellung des am Kreuze leidenden Heilands".[135] Wer, so fragt nun Wagner, „wer sollte frevelnd fragen", ob das „Blut des Heilandes, von seinem Haupte, aus seinen Wunden am Kreuze fließend", ob es „der weißen oder welcher Rasse sonst angehörte?"[136]. Wagner lehnt angesichts seiner Vorstellungen von Christentum jeglichen Rassismus ab: „die Racen haben ausgespielt", hat er am 17. Dezember 1881 zu Cosima gesagt, und einige Monate später habe er Gobineau vorgeworfen, so notierte Cosima am 23. April 1882, „das eine ganz außer acht gelassen zu haben, was einmal der Menschheit gegeben wurde, einen Heiland, der für sie litt und sich kreuzigen ließ!"[137]. Angesichts dieser eindeutig antirassistischen Stellungnahmen Wagners verbietet es sich, ihn als Vorläufer eines rassistischen Antisemitismus zu vereinnahmen und mit den erwähnten antisemitischen Autoren seiner Zeit in einen Topf zu werfen, die weit eher als Wagner dem nationalsozialistischen Antisemitismus Vorschub leisteten.

Wagner erteilt aber auch Gobineaus – und damit jeglichem – Rassismus eine deutliche Absage. Gobineaus Rassentheorie rechtfertige „eine schlechthin unmoralische Weltordnung"[138]. Eine Äußerung, die den späteren nationalsozialistischen Thesen diametral zuwiderläuft. Am Schluss dieses Aufsatzes verkündet Wagner in geradezu radikaler Versöhnlichkeit, dass eine „mögliche Gleichheit aller durch ihre Vermischung sich ähnlich gewordener Rassen ... einzig nur dadurch denkbar ist, dass sie sich auf den Gewinn einer allgemeinen moralischen Übereinstimmung gründet, wie das wahrhafte Christentum sie auszuüben uns berufen dünken muss." Mit Blick auf seinen „Parsifal" merkt Wagner an: „Auf der Grundlage einer wahrhaftigen, nicht ‚vernünftigen' ... Moralität" könne „eine wahrhaftige ästhetische Kunstblüte einzig gedeihen".[139] Der „Parsifal" wird so unausgesprochen und doch eindeutig zum Paradigma christlicher Kunst erklärt.

Christliche Ethik als ästhetisches Prinzip und als gesellschaftliche Richtlinie zur Überwindung möglicher „Rassenunterschiede", wenn es sie denn gibt, was Wagner ja immerhin anzweifelt, christliche Ethik aber auch als Schlüssel zur Lösung der Judenfrage: Das ist eine entscheidende Rücknahme früherer politischer, d.h. sozialistisch-revolutionärer Positionen, aber eben auch die Rücknahme seines (wenn auch Assimilation anempfehlenden) bösartigen Antisemitismus, wie er sich noch im „Judentum in der Musik" manifestierte. Wagners Wandlung in Bezug auf die Judenfrage – die Tagebuchnotizen Cosimas belegen das (wie in Kapitel III ausführlich dargestellt) – hat in diesem Aufsatz seinen extremen Punkt erreicht. Insofern darf man auch diese letzte Nachschrift zu „Religion und Kunst"[140] – für seine theoretischen Schriften – als das bezeichnen, was Wagner seinen „Parsifal" in Bezug auf Gobineaus Rassismus am 28. März 1881 nannte: „die letzte Karte"[141]. Es ist eine versöhnliche.

VI. Von Wagner zu Hitler: Die Wirkungsgeschichte von Wagners Antisemitismus

Wagnerismus im „Bayreuther Kreis" und nationalsozialistische Wagner-Vereinnahmung

So, wie sich die „Bayreuther Blätter" vom ursprünglichen Informationsorgan für die Mitglieder der Wagner-Vereine zur nationalistischen und antisemitischen „Deutschen Zeitschrift im Geiste Richard Wagners" – man muss hinzufügen: im vermeintlichen Geiste Richard Wagners – entwickelten, so wurde Richard Wagners utopische „Botschaft", so man von einer solchen überhaupt reden darf, vom Kreis seiner Bayreuther Nachlassverwalter unter Reduzierung und Ergänzung im Sinne eigener Anschauungen zum deutschnationalen „Evangelium" erhoben und als Wagner'sches Erbe verkündet, das den Weg ebnete für die Usurpation Wagners durch den Faschismus. Die entscheidenden Synapsen dieses rezeptionsgeschichtlichen Prozesses will ich im Folgenden vor dem Hintergrund des bisher Untersuchten skizzieren.

Mit Cosima begann recht eigentlich die verfälschende Wagner-Idolisierung. Richard erschien ihr „als gewaltige Rettung des germanischen Geistes"[1], der „Parsifal" als heiliges Werk eines neuen Christentums, dem sie missionarisch dienen zu müssen glaubte, wie sie Felix Mottl gegenüber am 16. August 1887 bekannte: „Auf unserem Hügel ist nun die feste Burg, da haben wir unseren teuren Heiland frei von allem Unwürdigen, welches eine traurige Menschheit ihm aufgebürdet. In diesem Gottes-Haus sind alle berufen, die nur wahrhaftig und notgedrungen sind." Auch die Juden sind dazu berufen, denn Cosima meint damit vor allem Levi. Sie schreibt weiter: „so jubelt mein Herz zu dieser Kraft unserer Sache, welche einzig alle Scheidungen, die uns schmerzen, wirklich und wahrhaftig aufhebt."² Ein nachträgliches Zeugnis für die versöhnliche Botschaft des „Parsifal", aber vor allem Dokument einer Religionsgründung in Bayreuth, als deren Hohepriesterin sich Cosima empfand³. Dienst am Werk wurde bei Cosima zum Gottesdienst, der Kreis der Getreuen zur Gemeinde. Eduard Hanslick charakterisierte den Kreis der Wagner-Jünger um Cosima nicht zu Unrecht als die „Betbruderschaft vom heiligen Richard"⁴. Auch Nietzsche registrierte den Bayreuther Wagnerismus mit Abscheu: „Die Jünglinge beten Wagner an ... Bayreuth reimt sich auf Kaltwasserheilanstalt."⁵

Einer der getreuesten Diener Cosimas war Hans von Wolzogen, der Herausgeber der „Bayreuther Blätter", der mit seinen eigenen Beiträgen in der Bayreuther Hauszeitschrift zum Sturm der Verkündigung eines „regenerierenden" germanischen Christentums blies. Eine ganze Autoren-Clique – die in den „Bayreuther Blättern" publizierte – stand seinen Intentionen zu Gebote: Heinrich von Stein, der Hauslehrer Siegfried Wagners, Karl Friedrich Glasenapp, der Bayreuther Haus-Biograph, aber auch der erste Gobineau-Übersetzer Ludwig Schemann und der Kunsthistoriker Henry Thode, Ehemann Daniela von Bülows, der ältesten Tochter Cosimas, um nur die wichtigsten des „inneren Bayreuther Kreises"⁶ zu nennen. Auch Nietzsches Schwager Bernhard Förster, dessen Petition seinerzeit Wagner nicht unterschrieben hatte, um sich von der antisemitischen Bewegung zu distanzieren, schrieb mittlerweile in den „Bayreuther Blättern", ebenso der militante Antisemit und Berliner Hofprediger Stöcker, der Kulturkritiker Houston Stewart Chamberlain, Theodor Fritsch, der Verfasser des berüchtigten „Handbuchs der Judenfrage"⁷, Paul de Lagarde, einer der radikalsten deutschen Rassenantisemiten der ersten Stunde, und Alfred Rosenberg, der spätere Chefideologe des Dritten Reiches, schließlich Karl Grunsky, der einer der linientreuesten Musikwissenschaftler des Dritten Reiches werden sollte.

Winfried Schüler stellte in seiner wegweisenden Arbeit über den Bayreuther Kreis fest: „Was der Meister noch an Ursprünglichkeit, an Größe und Ungebundenheit des Denkens besitzt ...

VI. Von Wagner zu Hitler: Die Wirkungsgeschichte von Wagners Antisemitismus

verengt sich bei den Jüngern zum Dogma, zur Formel, zum Programm. Zugleich mündet es ein in einen breiten Strom ähnlichgestimmter Erneuerungsbestrebungen."[8] Zu ergänzen ist, dass wesentliche Elemente des Wagner'schen Denkens von den Autoren des Bayreuther Kreises wie auch von den späteren nationalsozialistischen Wagner-Schriftstellern ignoriert oder gar in ihr Gegenteil verkehrt wurden. So vor allem Wagners utopischsozialistische Ansichten und seine im krassen Gegensatz zur entstehenden biologistischen Rassenlehre formulierte versöhnliche Altershaltung gegenüber den Juden im schopenhauerisch-christlichen Sinne. Aber auch „die universalen, übernationalen Elemente in Wagners Gesamtwerk wurden jetzt völlig ausgeklammert oder ganz auf das Deutschtümliche reduziert, die frühen sozialistischen Anregungen ebenso negiert wie etwa manche grundsätzlich-kritische Äußerung über die Deutschen und sein Misstrauen gegenüber der Staatsmacht und dem Machtstaat"[9] – von seinem im späten essayistischen Werk propagierten Pazifismus ganz zu schweigen. Trotz aller kulturpessimistischen und antimodernistischen Anknüpfungspunkte hatten sich die Bayreuther Wagner-Apostel in dem, was sie als Wagner'sche Gedanken ausgaben, von Wagner und seinem faszinierenden, zwischen Mythos und Aufklärung oszillierenden, letztlich aber doch human intendierten Werk[10] weit entfernt.

Wagner wurde idolisiert zum Religionsgründer eines germanischen, antisemitischen, völkischen Christen- und Deutschtums. Damit reihten sich die Autoren des Bayreuther Kreises in die Riege der geistigen Wegbahner des Nationalsozialismus ein. Einer der maßgeblichen Mittler dieses nationalistisch-antisemitischen Wagner-Bildes war der populärphilosophische Kulturkritiker englischer Abstammung Houston Stewart Chamberlain, der Wagners Tochter Eva 1908 heiratete und damit zu des toten Wagners Schwiegersohn wurde und unmittelbaren Zugang zu Wahnfried erhielt. Er wurde zum innigsten Vertrauten der Gralshüterin Cosima.

Bereits im Jahre 1909 kommentierte die Baronin von Spitzemberg die Verbindung Chamberlains mit dem Hause Wagner mit den bezeichnenden Worten: „welch ein Herd für den Antisemitismus"[11]. Als Dame der vornehmsten Gesellschaft in Berlin – mit guten Beziehungen zum Hofe – wusste sie, wovon sie sprach. Wagner ist, durch Vermittlung Chamberlains, zu Wilhelms des Zweiten und des Kronprinzen Lieblingskomponisten geworden und damit zur quasi offiziellen Reichssache. In einem Brief an Wilhelm Prinz von Preußen hatte Philipp Eulenburg schon am 6. Februar 1888 betont: „dass Bayreuth im Sommer und Berlin im Winter die Pflegestätte der deutsch-nationalen Musik sein muss. Darauf arbeiten Eure Königliche Hoheit hin, und darin werde ich allezeit nach Kräften sekundieren."[12] Bereits am 18. September desselben Jahres hatte Eulenburg nach einem Besuch bei Cosima Wagner in sein Tagebuch notiert: „Ich stehe auf dem Standpunkt, dass ich das deutsche Element Wagnerscher Musik, verkörpert in den feststehenden Festspielen zu Bayreuth, für eine Kräftigung des nationalen Bewusstseins halte. ... Deshalb ist es nicht nur politisch wichtig, die Festspiele zu erhalten, sondern sie zu fördern bedeutet auch eine deutsche Kultur-Aufgabe."[13] Nietzsches prophetische Worte hatten sich erfüllt: „Die Deutschen haben sich einen Wagner zurechtgemacht, den sie verehren können."[14]

Chamberlain wurde zu einem der Lieblingsautoren Wilhelms des Zweiten. Chamberlains Wagner-Buch[15] wurde zur vielgelesenen Heiligen Schrift deutschnationaler Wagnerianer und verbreitete den Glauben an Wagner als „künstlerischen Seher"[16], als Reformator der deutschen Kultur, als rassistischen Antisemiten und Propheten einer nordisch-deutschen Weltanschauung. Die weitreichende Wirkung dieses Buches und anderer Wagner-Publikationen dieses Autors kann gar nicht überschätzt werden.

Das Festspielhaus von Bayreuth war für Chamberlain „ein Kampfsymbol, eine Standarte, um welche sich die Getreuen kriegsgerüstet sammeln"[17]. Chamberlain begriff sich als Vorkämpfer eines vermeintlichen „Bayreuther Gedankens"[18], der indes kaum mehr etwas mit Wagners Gedanken gemein hatte, umso mehr mit denen der völkischen Wagner-Erben und -Exegeten in Bayreuth. Das völkische (antisemitische) Wagner-Schrifttum

VI. Von Wagner zu Hitler: Die Wirkungsgeschichte von Wagners Antisemitismus

blühte um die Jahrhundertwende geradezu auf. Der Bayreuther Kreis war zweifellos das Zentrum dieses nationalistischen Wagnerismus, der ideologisch nahtlos überging in die Wagner-Exegese der Nationalsozialisten[19].

Houston Stewart Chamberlain hatte sich nicht nur dem preußischen Hofe angedient und bei Kaiser Wilhelm und dem Kronprinzen für eine starke Wagner-Begeisterung gesorgt, er hat vor allem auch die Brücke vom Hause Wagner zu Adolf Hitler geschlagen. In den „Grundlagen des neunzehnten Jahrhunderts"[20] hatte er mit explizit rassistisch-antisemitischer, nationalistischer Kulturgeschichtsschreibung weite Teile des Bildungsbürgertums ideologisch auf das Kommende vorbereitet. Er redet einer nordisch-deutschen Rasse, zu deren künstlerischem Seher er Wagner erklärte,[21] das Wort und hatte damit gewissermaßen den Grundstein gelegt für die nationalsozialistische Weltanschauung, wie sie in Alfred Rosenbergs „Der Mythus des 20. Jahrhunderts"[22] programmatisch entwickelt wurde. Chamberlain hat vor allem Wagners antijüdische Haltung ins kämpferisch-unversöhnliche Extrem verkehrt und mit seiner eigenen „arischen" Blutideologie unterlegt, die die Assimilation der Juden von vornherein ausschließt. Christus wie Parsifal wurden von Chamberlain zu beispielhaften „Ariern" erklärt: Nur Reinrassigen leuchte der Gral. Mit Wagners Vorstellungen hatte das nichts mehr zu tun. Chamberlain war, darin jedenfalls kann man Erich Kuby ohne Einschränkung zustimmen, „einer der schlimmsten politischen Brunnenvergifter, die jemals in Deutschland gewirkt haben"[23].

In Rosenbergs „Mythus des 20. Jahrhunderts" wurde Wagner schließlich als Verkünder einer germanischen Volksreligion, in der „das nordische Schönheitsideal" mit „dem Wesen der nordisch-abendländischen Seele"[24] gepaart sei, gefeiert. Man liest bei Rosenberg: „Das Wesentliche aller Kunst des Abendlandes ist aber in Richard Wagner offenbar geworden: dass die nordische Seele nicht kontemplativ ist, dass sie sich auch nicht in individuelle Psychologie verliert, sondern kosmisch-seelische Gesetze willenhaft erlebt und geistig-architektonisch gestaltet."[25] Die Wagner'sche Kunst kündige somit „das Morgenrot eines neuen, wiedererstehenden Lebens"²⁶ an. Die Sonne dieses proklamierten Morgenrots ging 1933 auf, als Hitler Reichskanzler wurde.

Hitler kam am 30. September 1923 erstmals nach Bayreuth. Bereits am nächsten Tag besuchte er Chamberlain, durch dessen Vermittlung ihm am darauffolgenden Tag Audienz bei Winifred Wagner²⁷, der Gattin des Wagner-Sohnes Siegfried, in Haus Wahnfried gewährt wurde. Chamberlain war entzückt von Hitler. Er hielt ihn für die Hoffnung Deutschlands. Schon wenige Tage nach dessen Besuch schrieb Chamberlain an Hitler: „Mein Glauben an das Deutschtum hat nicht einen Augenblick gewankt, jedoch hatte mein Hoffen – ich gestehe es – eine tiefe Ebbe erreicht. Sie haben den Zustand meiner Seele mit einem Schlage umgewandelt. Dass Deutschland in der Stunde seiner höchsten Not sich einen Hitler gebiert, das bezeugt sein Lebendigsein."²⁸ In einem hymnischen Flugblatt zum Neujahrstag 1924 wird Chamberlain schließlich über Hitler schreiben: „Gott, der ihn uns geschenkt hat, möge ihn uns noch viele Jahre bewahren zum Segen für das deutsche Vaterland!"²⁹

Auch Winifred Wagner war begeistert von Adolf Hitler. Bereits wenige Wochen nach ihrem ersten persönlichen Kontakt mit Hitler, fünf Tage nach dem Putschversuch Hitlers am 9. November 1923, veröffentlicht sie in der „Oberfränkischen Zeitung" einen „Offenen Brief", in dem sie schreibt: „Seit Jahren verfolgen wir mit größter innerer Anteilnahme und Zustimmung die aufbauende Arbeit Adolf Hitlers, dieses deutschen Mannes, der, von heißer Liebe zu seinem Vaterlande erfüllt, sein Leben seiner Idee eines geläuterten, einigen, nationalen Großdeutschland zum Opfer bringt ... Seine Persönlichkeit hat wie auf jeden, der mit ihm in Berührung kommt, auch auf uns einen tiefen, ergreifenden Eindruck gemacht, und wir haben begriffen, wie ein solch schlichter, körperlich zarter Mensch eine solche Macht auszuüben fähig ist. Diese Macht ist begründet in der moralischen Kraft und Reinheit dieses Menschen, der restlos eintritt und aufgeht für eine Idee, die er als richtig erkannt hat, die er mit der Inbrunst und Demut einer göttlichen Bestimmung zu verwirklichen versucht."³⁰

VI. Von Wagner zu Hitler: Die Wirkungsgeschichte von Wagners Antisemitismus

Damit war die Allianz Bayreuth – Hitler geschlossen. Winifred Wagner machte sich bewusst zum Steigbügelhalter für Hitler und den Nationalsozialismus. Mit seiner Machtübernahme 1933 erfüllte sich ihr persönlicher Wunsch, aber auch „die Sehnsucht vieler Bayreuther. Wie die Großwirtschaft Hitler finanziell unterstützte, so half ihm Bayreuth ideologisch: indem es ihn bürgerlich respektabel machte."[31] 1930 starb der Wagner-Sohn Siegfried[32], der seit 1924 mit Winifred verheiratet war. Seine Frau trat das Wagner-Erbe an und übernahm das hohe Amt der Festspielführung, das sie bis 1944 energisch und zielbewusst versah. Sie stellte Bayreuth nunmehr konsequent in den Dienst des Nationalsozialismus, der seinerseits Bayreuth unterstützte. Der Grüne Hügel wurde alljährlich zum Schauplatz von Parteiprominenz und Hakenkreuz-Fahnenwäldern. Aber auch der persönliche Kontakt zwischen Winifred und Hitler intensivierte sich. Alljährlich während der Festspielzeit weilte Adolf Hitler in Bayreuth, ab 1936 wohnte er sogar in Haus Wahnfried. Und es ist erlaubt, in Winifreds persönlicher Beziehung zu Adolf Hitler mehr als nur geschäftliches Kalkül zu sehen. Nicht ohne Grund setzte Siegfried, dem das zunehmende Interesse Winifreds an Adolf Hitler nicht unbemerkt geblieben ist, am 8. März 1930 ein gemeinschaftliches Testament auf, das wohl, mit dem Siegfried-Biographen Peter Pachl zu reden, „in erster Linie eine mögliche Heirat zwischen Winifred und Adolf Hitler ausschließen"[33] sollte. Neben der rein taktischen Überlegung, durch den Schulterschluss mit Bayreuth bürgerliche Reputation zu erlangen, war Hitler zweifellos beseelt von einer inbrünstigen Wagner-Schwärmerei.

Hitler hatte gegenüber Wagner eine äußerst selektive Wahrnehmung an den Tag gelegt. Wie noch heute viele konservative Wagnerianer, so sah auch Hitler in Wagner nur den schwülstigbombastischen Verherrlicher eines Teutonentums, den erhebenden Instrumentator des altgermanischen Mythos, ja den musiktheatralischen Illustrator der mittelalterlichen Sage. Hitler berauschte sich lediglich an den mythischen Oberflächenreizen des Wagner'schen Werks und seiner Musik. Dass Hitler die Welt glauben machen wollte, er habe Wagner als seinen einzigen Vorläufer empfunden und begreife sich als dessen Vollender, bezeugt nicht mehr als seinen Größenwahn und sein Unverständnis Wagners. Wagner'sches Denken, die Aussagen der Wagner'schen Musikdramen, wirklich begriffen, hätten denn auch kaum in Hitlers Weltanschauung gepasst.

Dass Hitler übrigens von Wagners Musik, wie von Musik an sich, im Grunde nicht viel verstanden hat, bezeugen zahllose seiner Zeitgenossen. Musik war ihm wohl „nicht viel mehr als ein überaus wirkungsvolles akustisches Mittel zur Steigerung theatralischer Effekte"[34]. Wagners Werke dienten denn auch in Hitlers Drittem Reich vornehmlich als Untermalung von Wochenschauen, Parteifilmen und als Begleitmusiken von Parteitagen und ähnlichen Veranstaltungen. Musik, auch Wagner-Musik war vor allem ästhetisches Herrschaftsmittel in der Theatralik des deutschen Faschismus.[35] An Wagner-Aufführungen (bei denen der „Lohengrin" und „Die Meistersinger" favorisiert wurden) gab es keineswegs einen signifikanten Anstieg gegenüber der Zeit vor 1933. Ein deutlicher Anstieg ist eher an Operetten zu verzeichnen. Die Theaterstatistiken belegen dies.

Die gezielte ideologische Vereinnahmung, die Einpassung Wagners ins ideologische Raster der Nationalsozialisten, besorgten seine intellektuellen Helfershelfer. Einer der eifrigsten nationalsozialistischen Wagner-Schriftsteller war übrigens der Musikwissenschafter Karl Grunsky. In seinem Buch „Der Kampf um deutsche Musik"[36], in dem er die „musikalische Führung" Deutschlands in Europa und der Welt mit germanischem Blut[37] rechtfertigt, begründet er „Wagners Bedeutung für den völkischen Gedanken" bezeichnenderweise vor allem mit dem „Bekenntnis unseres Führers"[38] – in einer Art von vorweggenommenem „Zelinsky-Effekt" (Gregor-Dellin) – und weist alle sachlichen Einwände dagegen, und auch alle sachlichen Einwände gegenüber der nationalsozialisten Wagner-Vereinnahmung, als jüdische und wagnerfeindliche ab, in denen sich der „Haß des Judentums"[39] gegenüber Wagner abreagiere. Bereits 1920 hatte Grunsky in seinem Buch „Richard Wagner und die Juden"[40] Wag-

VI. Von Wagner zu Hitler: Die Wirkungsgeschichte von Wagners Antisemitismus

ner zum Vorreiter des modernen Antisemitismus erklärt und sein Werk in erstaunlicher Ignoranz und Borniertheit als „ein einziges Preislied auf alles Deutsche"[41] bezeichnet. Aber auch in den offiziellen Bayreuther Festspielführern wurde schließlich Wagner „als ein Wegbahner ins Dritte Reich"[42] apostrophiert. Dass in den „Nationalsozialistischen Monatsheften", der „Wissenschaftlichen Zeitschrift der NSDAP.", als deren Herausgeber Adolf Hitler fungierte, Richard Wagners Äußerungen, insbesondere seine antijüdischen Äußerungen als „praktisch-ethisches Vermächtnis an sein deutsches Volk, an den deutschen Nationalsozialismus"[43] gedeutet und proklamiert wurden, versteht sich von selbst. Was das nationalsozialistische Wagner-Schrifttum in toto auszeichnet, ist die Tatsache, dass es seine Wagner-Vereinnahmung ausschließlich mit willkürlichen – aus dem Zusammenhang gerissenen – Zitaten Wagners zu rechtfertigen versucht, was sich in jedem Einzelfall leicht überprüfen lässt[44] (nicht anders steht es um die mit dem Anspruch der Aufklärung antretende, bis heute nicht verstummende Wagner-Deutung aus der posthitlerschen Perspektive). Die nationalsozialistische Wagner-Vereinnahmung ist nichts anderes als Missbrauch im Sinne nationalsozialistischer Musikpolitik[45], die dezidiert als ästhetisches Herrschaftsmittel eingesetzt wurde.

Hubert Kolland hat geradezu beispielhaft an einer Goebbels-Rede, die am 6. August 1933 in einer Pause der „Meistersinger"-Übertragung über den Rundfunk ausgestrahlt wurde, einige typische Aspekte und Mechanismen der faschistischen Wagner-Usurpation deutlich gemacht. Das wesentliche Mittel dieser Usurpation bezeichnet Kolland zutreffend als „Suggestion mit Hilfe von manipulativer Vagheit"[46]. Diese Methode der Wagner-Vereinnahmung lässt sich bei der Lektüre nationalsozialistischer Wagner-Literatur auf Schritt und Tritt erkennen. Übrigens weist auch Kolland darauf hin, dass „mit einem hypothetisch noch lebenden Wagner ein faschistischer Wagner-Kult nicht möglich gewesen wäre – trotz dessen Antisemitismus und anderer völkisch interpretierbarer Züge. Aber für die persönlichen, künstlerischen und politischen Provokationen des hypothetischen Zeitgenossen wäre im NS-Staat kein Platz gewesen: nicht zuletzt wegen Wagners rigidem und unangepasstem Kunstanspruch. Die Nazis wären mit der neuesten Musik konfrontiert gewesen, und wie sie es mit der hielten, ist bekannt. ... Erst nach Wagners Tod beginnt der Wagner-Kult der Kaiserzeit, als gesichert war, dass von diesem nicht ganz geheuren Künstler keine unliebsamen Wendungen mehr ausgehen konnten. Nur der tote Wagner, verdeckt durch den nationalistisch gewendeten Ruhm, taugte zur Beschwörung der NS-Volksgemeinschaft, nachdem der historisch-konkrete Wagner einschließlich seiner rebellischen Züge schon zurückgedrängt war und die Widersprüche und Provokationen seiner Werke fürs bürgerliche Untertanenbewusstsein unterhalb der Wahrnehmungsschwelle blieben."[47]

Nein: Mit dem Geist des Dritten Reiches hatte Wagner, genau betrachtet, wenig zu tun. Die zurückliegenden Kapitel haben dies hoffentlich veranschaulicht. Aber Wagner hatte Erben, die ihn schamlos ideologischer Ausbeutung auslieferten. Und Wagners Interpreten und Exegeten spürten die Anknüpfungspunkte zielsicher auf, um aus dem heiklen Bodensatz Wagner'scher Äußerungen und gedanklicher Entgleisungen eine künstliche Ideologie zu konstruieren, die sie der Musik Wagners unterlegen und der eigenen Ideologie einverleiben konnten. Ernst Blochs Verdikt besitzt noch immer Gültigkeit: „Die Musik der Nazis ist nicht das Vorspiel zu den Meistersingern, sondern das Horst-Wessel-Lied; andere Ehre haben sie nicht, andere kann und soll ihnen nicht gegeben werden."[48]

Dass Wagner missbraucht werden konnte, liegt allerdings auf der Hand: Die Wiederbelebung germanischer Mythenstoffe und mittelalterlicher Epen, Wagners Betonung des „Volkshaften" und „Deutschen" aus dem Geiste der romantischen Tradition, sein ethisch-ästhetischer Erneuerungswille, sein Kulturpessimismus und sein in privaten Äußerungen wie in theoretischen Schriften vernehmbarer Antisemitismus konnten natürlich (unter Ausblendung alles dem Widersprechenden, alles Religiösen, Revolutionären, Antibürgerlichen, ja Künstlerisch-Anarchisch-Staatsfeindlichen, das ja auch in Wagner enthalten ist) im Zeitalter des Nationalismus starke völkische, nationalistische Impulse und Affekte auslösen.[49] Man mag hierin, wenn es denn überhaupt erlaubt ist, einen solchen Rückschluss zu ziehen, im Sinne der Rezeptionsästhetik eine gewisse Verantwortung Wagners für seine Rezeption sehen. Sie berechtigt allerdings keineswegs, von monokausalen Folgewirkungen zu sprechen, für die Wagner moralisch zur Verantwortung zu ziehen sein könnte. Es hieße, die Chronologie der Geschichte, den Zusammenhang von Ursache und Wirkung, ja den philosophischen Satz vom Grunde auf den Kopf stellen. Freilich, selbst davor scheut ein sich als Aufklärer apostrophierender Zelinsky-Anhänger und Wagner-Interpret wie Joachim Köhler nicht zurück, der schlechterdings schon im Titel seines unseriösen, nur mehr als grobe, simplifizierende und effektsüchtige Demagogie zu bezeichnenden Buches von „Wagners Hitler"[50] spricht und darin Ersteren zum Propheten, Letzteren als dessen Vollstrecker erklärt.

Das durchaus als rauschhaft und hypnotisch zu Empfindende der Wagner'schen Musik mit ihrem pathetischen Affekt (betrachtet man sie oberflächlich) kam natürlich nationalistischen Bedürfnissen entgegen, nicht zuletzt denen Hitlers, der seit seinem jugendlichen „Rienzi"-Erlebnis in Linz zeitlebens in Wagner-Aufführungen seine „wirklichkeitsflüchtigen Neigungen"[51] zu befriedigen suchte.

Doch gilt es sich zu vergegenwärtigen, dass der nationalsozialistische Wagner-Kult ein verordneter Wagnerismus von oben war. Wagner war das persönliche Idol, der musikalische Abgott Adolf Hitlers seit dessen Jugend. Als Hitler an die Macht kam, wurde aus des Führers Steckenpferd Kulturpolitik. Wagner wurde für die Sache des Nationalsozialismus usurpiert, wie auch Goethe, Schiller und Nietzsche, Beethoven, Bruckner, Bach und Mozart usurpiert wurden.

Im Sinne solcher nationalsozialistischen Wagner-Vereinnahmung entstand eine Flut von Wagner-Literatur, die nicht müde wurde, Wagner zum Propheten der nationalsozialistischen Weltanschauung, Wagners Musik zur Staatsmusik des Dritten Reiches zu erklären. Mehr noch als die völkische Beschlagnahme

Wagners ist die nationalsozialistische rein selektiv verfahren, um Wagner für propagandistische Zwecke und weltanschauliche Untermauerung der krausen und wirren Nazi-Ideologie zu benutzen.[52] Hitler und die Seinen weideten sich an den Helden Wagners, identifizierten sich mit ihnen, zumindest partiell. Ihren Untergang nämlich ignorierten sie geflissentlich. Hätten die Nationalsozialisten Wagners kritisch gebrochenes Verhältnis zum Heldischen, seinen ausgesprochenen Antimilitarismus, seine utopisch-anarchischen Züge, ja seine im Alter zunehmende Feindlichkeit gegenüber dem deutschen Staatswesen Bismarck'scher Provenienz, kurzum Wagner in seiner Vielschichtigkeit und geistigen Flexibilität zu verstehen gesucht, hätten sie ihn beim Wort genommen, dann hätten sie ihn eher verschweigen, wenn nicht gar verbieten müssen. Werk und Theorie Wagners widersprechen, wie im Vorhergehenden dargestellt wurde, in wesentlichen Aussagen nationalsozialistischen Haltungen aufs Entschiedenste. Die einzige Beziehung Wagners zum Dritten Reich besteht darin, dass er mit seinem Kulturpessimismus, seiner romantisch-pessimistischen neuen Mythologie[53], wie übrigens viele andere Autoren auch – überspitzt formuliert – „als Anreger ästhetisch-mythologischer Herrschaftspraktiken"[54] bezeichnet werden kann. Doch selbst solche Anregung kann nur der gewinnen, der nicht den ganzen, den utopisch-sozialistischen, im Grunde anarchisch-staatsverachtenden, europäisch-undeutschen Wagner zur Kenntnis nimmt.

Es sei an dieser Stelle noch einmal betont: Hitlers ideologische und propagandistische Wagner-Vereinnahmung war nur möglich geworden, ja wurde vorbereitet durch die Wagner-Rezeption des Bayreuther Kreises und seiner „Ausdrucksformen ... des Faschismus-Syndroms"[55] unter Ausblendung wesentlicher Elemente Wagners und Hinzufügung neuer Ideologeme. Nationalsozialistische Wagner-Exegeten und Bayreuther Nationalsozialisten reichten sich dabei die Hände. Schon 1933 wurde eine edel gestaltete kleine Festschrift veröffentlicht mit dem Titel „Bayreuth im Dritten Reich"[56], in dem der Rostocker Germanist Wolfgang Golther im einleitenden Aufsatz über „Bayreuth im neuen Deutschland" die Bedeutung Adolf Hitlers für Bayreuth hervorgehoben hat: Sein Bekenntnis zu Bayreuth bezeuge die „Absicht, das neue Reich durch die Deutsche Kunst zu beseelen". Besonders die deutsche Jugend müsse „zum Kunstwerk Richard Wagners erzogen werden, dem sie durch die seelische Verelendung der letzten Jahrzehnte völlig entfremdet war"[57]. Aber auch für die Rückgewinnung der Schutzrechte des „Parsifal" für Bayreuther Exklusivaufführungen durch Hitler spricht er sich aus. Die Hoffnungen, die Bayreuth in Hitler setzte, waren denn nicht zuletzt kommerzieller Natur.

Seit 1930 regierte auf dem Grünen Hügel Winifred Wagner. In ihrem Sinne (wo nicht gar in ihrem Auftrag) schreibt ein gewisser Siegfried Scheffler in erwähnter Festschrift von der an Hitler geknüpften Zuversicht in eine „staatliche Subventionsorganisation ... die sicherlich auch dem Bayreuther Festspielhaus zugute kommen wird"[58], und betont ausdrücklich Winifreds Einsatz für Hitler, „lange, bevor der Nationalsozialismus ‚modern' war ... Winifred Wagner ist stolz darauf, dass Wahnfried auch eine Adolf Hitler-Tradition besitzt."[59] Winifred Wagner bekannte sich zeit ihres Lebens zu ihrer Verbundenheit mit Hitler. In ungebrochener Nibelungentreue hielt sie – offenbar unbelehrbar und ungerührt vom Geschehen – noch Jahrzehnte nach 1945 zu Hitler, als die Welt ihn längst als einen der schlimmsten Diktatoren und Verbrecher gebrandmarkt hatte. Winifred Wagner hat Bayreuth und Richard Wagner – nach Houston Stewart Chamberlains Wegbereitung – in den Dienst des Nationalsozialismus gestellt, der ihr und ihren Festspielen wiederum finanziell und propagandistisch unter die Arme griff. Allein der Wagner-Schwiegertochter und ihrem politisch so naiven wie skrupellosen Geschäftssinn ist die folgenreiche Identifizierung Wagners mit dem Nationalsozialismus letztlich zu verdanken.[60] Seit ihrer „Machtübernahme" in Bayreuth nach dem Tod ihres Mannes wurde Winifred Zielscheibe massiver Kritik von konservativen Wagnerianern wie von Nationalsozialisten, die keineswegs geschlossen Verständnis für den „Spleen"[61] ihres Führers aufbrachten. Die materielle Situation der Festspiele war alles andere als rosig. Adolf Hitler stellte die Bayreuther Festspiele unter seinen persönlichen Schutz und sorgte für beträchtliche Unterstützungsmaßnahmen. Seit 1933 erhielt Bayreuth für jede Neuinszenierung zusätzlich 50 000–100 000 Mark, das Reichspropagandaministerium kaufte jährlich etwa ein Drittel der Karten[62]. Und mit den verordneten Serienaufführungen vor „Kraft durch Freude"-Publikum im Rahmen der Kriegsfestspiele sicherte Hitler Bayreuth bis August 1944 die materielle Existenz. Der für 1940/41 geplante Umbau des Festspielhauses nach Plänen des Architekten Mewes, eine Art Monumentalisierung des Festspiel-Komplexes im Nazistil, wurde gottlob nicht realisiert.

Es ist mit Michael Karbaum zu konstatieren: „Die Geschichte der Bayreuther Festspiele zwischen 1933 und 1944 ist zu einem guten Teil die Geschichte der Beziehungen zwischen Hitler und Bayreuth."[63] Doch es war eine reine Zweckehe, die da geschlossen wurde. Mit Geistesverwandtschaft zwischen Wagner und Hitler hat das nichts zu tun, sosehr das auch von den Beschwörern der Ahnherrentheorie im Dritten Reich, aber auch nach 1945 immer wieder behauptet wurde. Dass das Werk und der Name Wagners nach 1945 häufig mit dem Nationalsozialismus identifiziert werden, ist angesichts des nationalsozialistischen Wagnerismus verständlich. Fast zwölf Jahre lang wurde ja mit großem Aufwand die Identifikation der Nationalsozialisten mit dem Werk Wagners propagiert, auch wenn es sich dabei, genau betrachtet, um einen missbrauchten Wagner „auf der Stufe der Verhunzung"[64] handelte. Aber wen interessierte das schon nach 1945? Umso mehr hat es – nach einem halben Jahrhundert historischen Abstands – den heutigen Wagner-Rezipienten zu interessieren. Es gilt im Sinne historischer Gerechtigkeit und wissenschaftlicher Redlichkeit – bei der Frage moralischer Verantwortlichkeit Wagners – zu unterscheiden zwischen Werk und Wirkung. Der Historiker Jacob Katz macht völlig zu Recht, auf Hartmut Zelinsky zielend, darauf aufmerksam: Die Deutung Wagners „aufgrund der Gesinnung und der Taten von Nachfahren, die sich mit Wagner identifizierten, ist ein unerlaubtes Verfahren"[65]. Die von Hitlers Wagner-Usurpation aus rückblickende

Interpretation Wagners durch Zelinsky, Rose[66], Köhler[67] und andere, ins gleiche Horn stoßende Autoren ist schon rein methodologisch betrachtet Fehlinterpretation, denn es „handelt sich ... um eine Rückdatierung, ein Hineinlesen der Fortsetzung und Abwandlung Wagnerscher Ideen durch Chamberlain und Hitler in die Äußerungen Wagners selbst"[68]. Jacob Katz ist nichts hinzuzufügen.

Natürlich fällt es schwer, nach dem Holocaust gewisse private Äußerungen Wagners, seine antisemitischen Schriften und selbst manche Formulierungen in seinen Musikdramen (die bei genauer Betrachtung allerdings ihren ganz anderen Sinn enthüllen) ohne Unbehagen und ohne Assoziationen an ein späteres Vokabular zu lesen. Doch Hitlers Vokabular ist ein späteres, das sich auch aus anderen Quellen speist. Und Hitlers Berufung auf Wagner ist Wirkungsgeschichte, ist Willkür eines Nachgeborenen. Es ist fatal, Wirkung und Ursache zu verwechseln, und es ist historisch unzulässig, von der Wirkung einsträngig auf die Ursache zu schließen. Der Zusammenhang zwischen Wagner und Hitler ist, man kann es nicht deutlich genug sagen, ein ausschließliches Rezeptionsproblem. Man vergesse nicht, dass es immer die Nachfolger sind, die sich ihre Vorläufer erschaffen. Wagner dem „Führer" als dessen Propheten, Vorläufer oder Ahnherrn auszuliefern, wäre Hitlers postmortaler Triumph. Wagner heute noch durch die Optik Hitlers wahrzunehmen ist wissenschaftlich unhaltbar und, wofern gegen bessere Einsicht unternommen, aus welchen Interessen und mit welchen Absichten auch immer, moralisch infam.

Anmerkungen

Vorwort zur Neuausgabe 2013

[1] Dieter Borchmeyer: Richard Wagner. Ahasvers Wandlungen, Frankfurt am Main und Leipzig 2002, S. 16.
[2] Ebd. S. 12.
[3] Scheel, Walter: Reden und Interviews (3), S. 40.
[4] Dto. S. 38.
[5] Nietzsche, Friedrich: Ecce homo. In: Werke Bd. 2, S. 1092.
[6] Bayreuther Festspielnachrichten, Jahrgang 1996, Parsifal-Heft, S. 1013.
[7] Sie sind bestens ediert und publiziert in: Richard Wagner. Sämtliche Werke Bd. 31. Dokumente und Texte zu unvollendeten Bühnenwerken, herausgegeben von Isolde Vetter und Egon Voss, Mainz 2005.
[8] Siehe dazu: Scholz, Dieter David: Richard Wagner. Eine europäische Biographie.
[9] R. Wagner, Sämtliche Briefe Bd. 1, S. 206.
[10] In: Leipziger Beiträge zur Wagner-Forschung 2, Markkleeberg 2010, S. 43.

Vorwort zur ersten Ausgabe

[1] Katz, S. 13.

Einleitung

[1] Ulrich Müller (Hrsg.): Richard Wagner 18831983, Die Rezeption im 19. und 20. Jahrhundert, Gesammelte Beiträge des Salzburger Symposiums, Stuttgart 1984, S. III (Vorwort).
[2] Lore Lucas: Die Festspiel-Idee Richard Wagners, Regensburg 1973, Umschlag.
[3] „Antisemitismus" nicht im Sinne von Wilhelm Marr, der den Ausdruck 1879 als Unterscheidung des politisch neuen vom traditionell-religiösen Judenhass erstmals verwendete, sondern als mittlerweile allgemein gebräuchliche Bezeichnung für alle Formen der Judenfeindschaft.
[4] Jürgen Söring: Wagner und Brecht. Zur Bestimmung des Musik-Theaters, In: Wagner-Symp., S. 452.

Anmerkungen

⁵ Paul Lawrence Rose: Richard Wagner und der Antisemitismus, Zürich und München 1999.
⁶ Ebd. S. 259.
⁷ Peter Gay: Freud, Juden und andere Deutsche. Herren und Opfer in der modernen Kultur, Hamburg 1986, S. 13.
⁸ Albrecht Dümling und Peter Girth (Hrsg.): Entartete Musik. Eine kommentierte Rekonstruktion zur Düsseldorfer Ausstellung von 1938, Düsseldorf 1988, S. XXVIII.
⁹ Theodor W. Adorno: Nachschrift zur Wagner-Diskussion, in: DIE ZEIT Nr. 41 v. 9. Okt. 1964, S. 22–23, zitiert nach: Dietrich Mack: Richard Wagner, Das Betroffensein der Nachwelt, Beiträge zur Wirkungsgeschichte, Königstein/Taunus 1985, S. 11.
¹⁰ Joachim Köhler: Wagners Hitler. Der Prophet und sein Vollstrecker, München 1997.
¹¹ Gottfried Wagner: Wer nicht mit dem Wolf heult. Autobiographische Aufzeichnungen eines Wagner-Urenkels, Köln 1997.
¹² Peter Gay: Freud, Juden und andere Deutsche, op. cit., S. 27.
¹³ Katz, S. 11.
¹⁴ Peter Gay: Freud, Juden und andere Deutsche, op. cit., S. 23.
¹⁵ Nur so ist wohl zu erklären, dass ich weder zu den Symposien zum Thema des Wagner'schen Antisemitismus in Bayreuth noch auf Schloss Elmau eingeladen wurde.
¹⁶ Peter Wapnewski: Der traurige Gott. Richard Wagner in seinen Helden, München 1978, S. 20.

I. Der Antisemitismus Richard Wagners in Forschung und Wagner-Literatur. Ein Problemaufriss

¹ John Deathridge: Grundzüge der Wagner-Forschung, in: Wagner-Handb., S. 803 ff.
² Die wichtigste Wagner-Literatur des Zeitraums von 1850 bis 1978 ist in folgenden Bibliographien erfasst: Wagner-Catalog – Chronologisches Verzeichnis der von und über Richard Wagner erschienenen Schriften, Musikwerke, zusammengestellt von Emerich Kastner, Wien 1877/Offenbach a. M. 1878, Nachdruck Hilversum 1966; Katalog einer Richard Wagner-Bibliothek, veröffentlicht von Nikolaus Oesterlein, Leipzig 1882–1895 (4 Bände); Bibliographie der auf Richard Wagner bezüglichen Buch-, Zeitungs- und Zeitschriften-Literatur für die Jahre 1907–1911, zusammengestellt und herausgegeben von Ludwig Frankenstein, Berlin 1912; Maria Adelaide Bartoli Bacherini: Bibliografia Wagneriana (1900–1957) o. O. 1971; Internationale Wagner-Bibliographie 1945–1955, hrsg. von Herbert Barth, Bayreuth 1956; Internationale Wagner-Bibliographie 1956–1960, hrsg. von Henrik Barth, Bayreuth 1961;

Internationale Wagner-Bibliographie 1961–1966, hrsg. von Henrik Barth, Bayreuth 1968; Internationale Wagner-Bibliographie 1967–1978, hrsg. von Herbert Barth, Bayreuth 1979; Bibliographie (bis 1986) von John Deathridge in: Wagner-Handb., S. 852–880.

[3] Nicht selten ist dabei festzustellen, dass Autoren die Ergebnisse ihrer Untersuchungen mit dem Anspruch interdisziplinärer Geltung publizieren und ihre eigentlichen Kompetenzen außer Acht lassen.

[4] Moshe Zimmermann: „Lessing contra Sem". Literatur im Dienste des Antisemitismus, in: Juden in der deutschen Literatur – Ein deutsch-israelisches Symposium, hrsg. von Stéphane Moses und Albrecht Schöne, Frankfurt a. M. 1986, S. 179.

[5] So der Titel einer ersten kritischen Auseinandersetzung mit Richard Wagner durch Joachim Raff: Die Wagner-Frage, Braunschweig 1854.

[6] Die Schrift über „Das Judentum in der Musik" veröffentlichte Richard Wagner zuerst unter dem Pseudonym K. Freigedank am 3. und 6.9.1850 in der von Brendel herausgegebenen „Neuen Zeitschrift für Musik" und noch einmal 1869 als selbständige Broschüre bei J.J. Weber in Leipzig in revidierter Fassung und mit einer Marie Muchanoff-Kalergis gewidmeten Einleitung „Aufklärungen über das Judentum in der Musik".

[7] Katz, S. 127.

[8] So Theodor Mommsen, zit. nach Hermann Bahr: Der Antisemitismus. Ein Internationales Interview, hrsg. und mit einem Anhang versehen von Hermann Greive, Königstein/Ts. 1979, S. 28.

[9] So etwa J. Lang: Zur Versöhnung des Judenthums mit Richard Wagner, Berlin 1869.

[10] So nannte man (nicht nur) im Hause Wagner die zweite, selbständig veröffentlichte Fassung des Aufsatzes über „Das Judentum in der Musik". Siehe hierzu die Eintragung Cosimas am 9. März 1869 in ihrem Tagebuch.

[11] So berichtet Josef Engel de Jánosi: Das Antisemitentum in der Musik, Zürich, Leipzig, Wien 1933, S. 11; vgl. auch Houston Stewart Chamberlain: Richard Wagner, München 1919, 6. Auflage, S. 227.

[12] Julian Schmidt: Bilder aus dem geistigen Leben, Leipzig 1871, S. 416. Zitiert nach Jacob Katz, op. Cit., S. 123.

[13] Der „Katalog einer Richard Wagner-Bibliothek" von Nikolaus Oesterlein, Leipzig 1882–1895, verzeichnete damals bereits mehr als 10000 Titel.

[14] Guido Adler: Richard Wagner. Vorlesungen, gehalten an der Universität zu Wien 1903/1904, München 1923, 2. Aufl., Vorwort.

[15] Ebd. S. 196.

[16] Ebd. S. 197.

[17] Ebd.

[18] Paul Bekker: Wagner. Das Leben im Werke, Berlin, Leipzig 1924, S. 536.

[19] Ebd.

[20] Ebd.

Anmerkungen

[21] Ebd.

[22] Siehe Hermann Rauschning: Gespräche mit Hitler, Wien, Zürich, New York 1940, S. 215 f.

[23] Als Beispiele für die nationalsozialistische Wagner-Vereinnahmung seien an dieser Stelle nur einige charakteristische Titel angeführt: Karl Grunsky: Richard Wagner und die Juden, München o.J.; ders.: Der Kampf um deutsche Musik, Stuttgart 1933; Curt von Westernhagen: Richard Wagners Kampf gegen seelische Fremdherrschaft, München 1935; Karl Richard Ganzer: Richard Wagner und das Judentum, Hamburg 1938; Richard Wagner. Ein Kämpfer und sein Werk, Festschrift der N.S.=Gemeinschaft „Kraft durch Freude" für die Gäste der Bayreuther Kriegsfestspiele, Bayreuth 1940. Des Weiteren sei verwiesen auf die reichlich zitierte nationalsozialistische Wagner-Literatur in der Dokumentation von Hartmut Zelinsky: Richard Wagner. Ein deutsches Thema, 1876–1976, Frankfurt a.M. 1976.

[24] Vgl. die Dissertation von Winfried Schüler: Der Bayreuther Kreis von seiner Entstehung bis zum Ausgang der wilhelminischen Ära. Wagnerkult und Wagnerreform im Geist völkischer Weltanschauung, Münster 1971.

[25] Paul Arthur Loos: Richard Wagner. Vollendung und Tragik der deutschen Romantik, Bern u. München 1952, Vorwort S. VIII.

[26] Curt von Westernhagen: Richard Wagners Kampf gegen seelische Fremdherrschaft, s.o.

[27] Curt von Westernhagen: Richard Wagner. Sein Werk – sein Wesen – seine Welt, Zürich 1956, S. 422.

[28] Ebd.

[29] Ebd.

[30] Walter Panofsky: Wagner. Eine Bild-Biographie, o.O. 1963.

[31] Ebd. S. 120.

[32] Peter Viereck: Hitler and Richard Wagner, in der amerikanischen Zs. „Common Sense" Nov./Dez. 1939, übersetzt und abgedruckt in: Musik-Konzepte 5, Richard Wagner. Wie antisemitisch darf ein Künstler sein?, hrsg. von H.-K. Metzger und R. Riehn, München 1981, S. 16–28.

[33] Oscar Meyer: Von Bismarck zu Hitler, New York 1944.

[34] Ernest Newman: The Life of Richard Wagner, New York 1933–1946, 4 Bände (Neuausgabe, New York 1968–69).

[35] Theodor W. Adorno: Versuch über Wagner, Frankfurt a.M. 1952, zitiert im Folgenden nach der Neuausgabe Frankfurt a.M. 1974 (Suhrkamp Taschenbuch 177).

[36] G.G. Windell: Hitler, Nationalsozialism and Richard Wagner, in: Journal of Central European Affairs, Jg. 22, 1962/1963, S. 479 ff.; Erich Kuby: Richard Wagner & Co. Zum 150. Geburtstag des Meisters, Hamburg 1963; Ludwig Marcuse: Das denkwürdige Leben des Richard Wagner, München 1963. In einigen Punkten schwimmt auch Robert Gutman im Kielwasser Adornos: Richard Wagner. The Man, His Mind and His Music, New York 1969 (die

deutsche Übersetzung erschien unter dem Titel „Der Mensch, sein Werk, seine Zeit" 1970 in München).

[37] Hartmut Zelinsky: Richard Wagner. Ein deutsches Thema, 1876–1976, s.o.

[38] So ist es nur bezeichnend, dass eine der bisher wichtigsten Quellen der Wagner-Forschung, nämlich die Tagebücher Cosima Wagners, die 1976 erstmals veröffentlicht wurden, zwar als Steinbruch ausgewählter Zitate zur Untermauerung althergebrachter Thesen genützt werden, aber bis heute nicht einer konsequenten und umfassenden Auswertung unterzogen wurden.

[39] Martin Gregor-Dellin: Richard Wagner. Sein Leben, sein Werk, sein Jahrhundert, München 1980.

[40] Ebd. S. 26.

[41] Ebd. S. 24.

[42] Ebd. S. 25.

[43] Ebd.

[44] Ebd.

[45] Ebd. S. 27.

[46] Ebd. S. 340.

[47] Ebd. S. 340f.

[48] Ebd. S. 768.

[49] Ebd. S. 766.

[50] Nicht zuletzt zeigt sich das auch darin, dass Wagner schon zu seinen Lebzeiten zum Gespött derer, die er hasste, in zahlreichen Karikaturen selbst als Jude dargestellt wurde. Siehe hierzu Manfred Eger: Richard Wagner in Parodie und Karikatur, in: Wagner-Handb., S. 760–777.

[51] Friedrich Nietzsche: Der Fall Wagner. Erste Nachschrift, in: Colli/Montinari Bd. 6, S. 41 (Anmerkung).

[52] Julius Kapp: Richard Wagner, Berlin 1910, S. 2f.

[53] So der Untertitel eines Aufsatzes des Musikwissenschaftlers R. Batka: Richard Wagner oder Richard Geyer? Eine Vaterschaftsfrage, in: Prager Tageblatt v. 2.8.1908; vgl.: Richard Batka: Richard Wagner oder Richard Geyer?, in: Der Merker (Zs) 1,1 (Okt.-Dez. 1909), S. 226–229.

[54] Thomas Mann: Zu Wagners Verteidigung, in: Mann, Leiden und Größe der Meister, S. 820.

[55] Vgl. dazu: Theodor Lessing: Der jüdische Selbsthaß, Berlin 1930, Nachdruck München 1984.

[56] Newman, Bd. 1. S. 18, Anm. 2.

[57] Robert W. Gutman: Richard Wagner, op. cit., S. 26.

[58] Adorno: Versuch über Wagner, op. cit., S. 24.

[59] Ebd. S. 25.

[60] Zur Wagner-Kritik Adornos siehe Rainer Cadenbach: Theodor W. Adornos Versuch über Wagner, in: Helmut Loos und Günter Massenkeil (Hrsgg.): Zu Richard Wagner, Bonn 1984, S. 145–159; vgl. auch das hervorragende

Buch von Richard Klein: Solidarität mit Metaphysik? Ein Versuch über die musikphilosophische Problematik der Wagner-Kritik Theodor W. Adornos, Würzburg 1991.

[61] Robert W. Gutman: Richard Wagner, op. cit., S. 25.
[62] Hartmut Zelinsky: Die „feuerkur" des Richard Wagner oder die „neue religion" der „Erlösung" durch „Vernichtung", in: Musik-Konzepte 5. Wie antisemitisch darf ein Künstler sein?, hrsg. von H.-K. Metzger und R. Riehn, München 1978, S. 93.
[63] Ebd. S. 97.
[64] Ebd. S. 91.
[65] Ebd. S. 95.
[66] Gregor-Dellin, s. o.
[67] Ebd. S. 31 ff.
[68] Peter Gradenwitz: Das Judentum. Richard und Cosima Wagners Trauma, In: Wagner-Symp. S. 84.
[69] Ebd. S. 81.
[70] Ebd. S. 88.
[71] Walter Panofsky (op. cit., S. 28) glaubt, dass vor allem die Begegnung mit dem ungleich erfolgreicheren Konkurrenten Halévy Wagner die ersten konkreten Gedanken über das Judentum in der Musik eingegeben habe.
[72] Katz, s. o.
[73] M. Gutman: Richard Wagner, der Judenfresser, Dresden 1869, S. 6 (zitiert nach Katz).
[74] Hans Mayer: Wir Wagnerianer heute, S. 322, in: Richard Wagner. Das Betroffensein der Nachwelt. Beiträge zur Wirkungsgeschichte, hrsg. von Dietrich Mack, Darmstadt 1984, S. 319–345.
[75] Theodor Schieder: Richard Wagner, das Reich und die Deutschen. Nach den Tagebüchern Cosima Wagners, S. 360, in: Festschrift für Walter Bußmann. Staat und Gesellschaft im politischen Wandel, hrsg. von Werner Pöls, Stuttgart 1979, S. 360–373.
[76] CT, S. 342.
[77] Darüber Ausführlicheres im „Editorischen Bericht" zu den Tagebüchern von Martin Gregor-Dellin, CT Bd. 4, S. 1122 f.
[78] Hans Mayer: Wir Wagnerianer heute, op. cit., S. 341.
[79] Ebd. S. 343.
[80] Hartmut Zelinsky: Die „feuerkur" des Richard Wagner oder die „neue religion" der „Erlösung" durch „Vernichtung", op. cit., S. 80.
[81] Hartmut Zelinsky: Rettung ins Ungenaue. Zu Martin Gregor-Dellins Wagner-Biographie, in: Musik-Konzepte 25. Richard Wagner – Parsifal, hrsg. von H.-K. Metzger und R. Riehn, München 1982, S. 98.
[82] Vgl. hierzu die Beiträge des Wagner-Symp.
[83] Erich Schubert: Richard Wagners Beiträge zu den Bayreuther Blättern, Wien 1949 (Phil. Diss. v. 21. Dez. 1949), S. 137.

Anmerkungen

[84] Katz.

[85] Wanda Kampmann veröffentlichte eines der bis in die Siebzigerjahre wichtigsten Bücher über das Verhältnis von Deutschen und Juden: Wanda Kampmann: Deutsche und Juden, Heidelberg 1963.

[86] Gordon A. Craig: Über die Deutschen, München 1982.

[87] Hermann Greive: Geschichte des modernen Antisemitismus in Deutschland, Darmstadt 1983.

[88] Hartmut Zelinsky: Rettung ins Ungenaue, op. cit., S. 97f.

[89] Hartmut Zelinsky: Die „feuerkur" des Richard Wagner oder die „neue religion" der „Erlösung" durch „Vernichtung", op. cit., S. 91.

[90] Ebd. S. 102.

[91] Hartmut Zelinsky: Ein deutsches Thema, op. cit., S. 19.

[92] Ebd.

[93] Ebd.

[94] Ebd.

[95] Paul Bekker: Richard Wagner, op. cit.

[96] Ebd. S. 536.

[97] Ebd. S. 534.

[98] Ebd. S. 535.

[99] Josef Engel de Jánosi: Das Antisemitentum in der Musik, s. o.

[100] Ebd. S. 275.

[101] Carl Friedrich Glasenapp: Richard Wagners Leben und Wirken, 1876–77; 3., erw. Aufl. u.d.T.: Das Leben Richard Wagners, 1894–1911; rev. 1910–23.

[102] Theodor W. Adorno: Versuch über Wagner, op. cit., S. 19.

[103] George G. Windell: Hitler, Nationalsozialism and Richard Wagner, s. o.

[104] Erich Kuby: Richard Wagner & Co., s. o.

[105] R. Gutman: Richard Wagner, s. o.

[106] Hartmut Zelinsky: Rettung ins Ungenaue, op. cit., S. 115.

[107] Hartmut Zelinsky: Der Tod als Gralsgebiet. Hermann Levy und Bayreuth, Teil I, in: Phono-Forum, Juli 1985, S. 20.

[108] Hartmut Zelinsky in: Rettung ins Ungenaue, op. cit., S. 86: „Wagner ging es um die rücksichtslose, unbarmherzige Durchsetzung seiner ‚neuen Religion' mit Hilfe seines Ring- und Parsifal-Planes und der später hinzukommenden aber eng damit verknüpften Werke Tristan und Meistersinger und eines eigenen Kunsttempels."

[109] Rudolf Schottlaender: Vom Judenhaß dreier Großer. Nachbemerkungen zum Luther-Marx-Wagner-Gedenkjahr, S. 44f, in: Frankfurter Hefte, 38. Jg., Heft 12, S. 37–46.

[110] Ebd. S. 45.

[111] Ebd.

[112] Bereits Dieter Borchmeyer hat darauf in folgenden Publikationen hingewiesen: Dieter Borchmeyer: Das Theater Richard Wagners, Stuttgart 1982;

ders.: Wie antisemitisch sind Richard Wagners Musikdramen?, S. 53, in: Meistersinger-Programmheft der Bayreuther Festspiele 1983, S. 39–53; ders.: Richard Wagner und der Antisemitismus, in: Wagner-Handb.

[113] Paul Lawrence Rose: Richard Wagner und der Antisemitismus, op. cit.

[114] Einen Eindruck davon vermitteln die Beiträge des Salzburger Wagner-Symposiums 1983, siehe: Wagner-Symp.

[115] Katz S. 10.

[116] Franz Beidler: Bedenken gegen Bayreuth (1951), in: Michael Karbaum: Studien zur Geschichte der Bayreuther Festspiele (1876–1976), Regensburg 1976, S. 127.

[117] Ebd. S. 130.

[118] Newman Bd. 2, S. 639.

[119] Thomas Mann: Leiden und Größe Richard Wagners S. 770, in: Mann – Leiden und Größe der Meister.

[120] Peter Viereck: Hitler und Richard Wagner, in: Musik-Konzepte 5, s. o.

[121] Thomas Mann: Zu Wagners Verteidigung. Brief an den Herausgeber des ‚Common Sense', S. 821, in: Mann – Leiden und Größe der Meister.

[122] Thomas Mann: Briefe Richard Wagners. The Burrell Collection, S. 833, in: Leiden und Größe der Meister.

[123] Ludwig Marcuse: Das denkwürdige Leben des Richard Wagner, München 1963, S. 312.

[124] E. Kuby: Richard Wagner & Co., op. cit., S. 138; vgl. auch Robert Gutman: Richard Wagner, op. cit., der auf S. 11. ebenfalls von „Protonazismus" spricht.

[125] Hartmut Zelinsky: Die „feuerkur" des Richard Wagner oder die „neue religion" der „Erlösung" durch „Vernichtung", op. cit., S. 109.

[126] Ebd. S. 106. Hierzu zitiert Zelinsky Hermann Rauschning als Kronzeugen, der in seinen „Gesprächen mit Hitler" (S. 215) von diesem zu berichten weiß: „Er (Wagner, D. S.) sei die größte Prophetengestalt, die das deutsche Volk besessen habe. Er, Hitler, sei durch Zufall oder Schickung früh auf Wagner gestoßen. Er hätte mit einer geradezu hysterischen Erregung gefunden, dass alles, was er von diesem großen Geist las, seiner innersten, unbewussten, schlummernden Anschauung entsprochen habe."

[127] H.-K. Metzger und R. Riehn: Wie antisemitisch darf ein Künstler sein? Musik-Konzepte 5, op. cit., Vorwort.

[128] Klaus Umbach: Richard Wagner. Ein deutsches Ärgernis, op. cit., S. 12.

[129] Rudolf Schottlaender: Vom Judenhaß dreier Großer, op. cit., S. 46.

[130] Berndt Wessling: Bayreuth im Dritten Reich, op. cit., S. 311.

[131] Ebd. S. 326.

[132] Moshe Zuckermann: Die Ideologie Richard Wagners als politisches Paradigma Deutschlands, in: Jb. d. Instituts f. Dt. Geschichte, Bd. 13., Tel Aviv 1984, S. 210.

[133] Ebd.

[134] Ebd. S. 209; vgl. auch Paul Lawrence Rose: The Noble Anti-Semitism of Richard Wagner, in: The Historical Journal, 25,3 (1982), S. 751–763.

[135] Hans Mayer: Diskussion über Recht, Unrecht und Alternativen, in: Musik-Konzepte 5, op. cit., S. 71.

[136] Ebd. S. 76.

[137] Dénes Zoltai: Wagner hier et aujourd'hui, in: Neohelicon IX/1 (1982), S. 63 (Übersetzung: D. S.).

II. Abstammungsfragen

[1] Der Name des Hauses war keineswegs ungewöhnlich, es gab im Brühl, wie auch in anderen Straßen der Altstadt, eine Reihe alter Häuser mit Namen wie „Goldenes Hufeisen", „Grüne Tanne", „Goldene Kanne", „Blauer Harnisch" usw.

[2] So z. B. von Gregor-Dellin, S. 14.

[3] Das Wort „Brühl" wurde in ganz Sachsen und Thüringen häufig verwendet. Es ist wahrscheinlich slawischen Ursprungs und bedeutet so viel wie „Sumpf", lässt also lediglich geographische Rückschlüsse zu. Siehe hierzu Johannes Hartenstein: Die Juden in der Geschichte Leipzigs von der Entstehung der Stadt an bis zur Mitte des 19. Jahrhunderts, Berlin 1938, S. 72–87.

[4] J(acques) Adler: Der Leipziger Brühl und die Weltwirtschaft, S. 49, in: Sachsen. Politik, Wirtschaft, Kunst und Wissenschaft im Freistaat Sachsen, Leipzig 1931.

[5] Max Freudenthal-Nürnberg: Juden als Messgäste in Leipzig, S. 23, in: Aus Geschichte und Leben der Juden in Leipzig, Festschrift zum 75jährigen Bestehen der Leipziger Gemeindesynagoge, hrsg. vom Vorstand der Israelitischen Kultusgemeinde, Leipzig 1930, S. 17–27; siehe auch Alphons Levy: Geschichte der Juden in Sachsen, Berlin 1900; Siegbert Neufeld: Die Juden im thüringisch-sächsischen Gebiet während des Mittelalters, Berlin 1917.

[6] Das eigentliche Ghetto der bereits vom Ende des zwölften bis weit ins fünfzehnte Jahrhundert hinein in Leipzig sesshaften Juden beschränkte sich auf eine „Judengasse am Rande der Stadt, außerhalb der Stadtmauer, an der Straße, die von Merseburg nach Leipzig führte, nahe der Pleiße". In: Enzyclopaedia Judaica, 1934, Bd. 10, S. 760. Präziser heißt es bei Gustav Cohn: „Im Stadtbuche von Leipzig wird (1359) eine Judengasse erwähnt, die sich von der Barfußmühle an der Pleiße hin erstreckte." In: Frühzeit und Übergang, S. 8, in: Aus Geschichte und Leben der Juden in Leipzig, siehe vorige Anm. Zum Brühl siehe auch: Der Leipziger Brühl, seine Geschichte, in: Zs. „Der Brühl" 8 (1967), Heft 1, S. 4–6; Heft 2, S. 9–11; vgl. auch Ernst Goldfreund: Der Leipziger Brühl, sein Werden, seine Zukunft, in: Vossische Zeitung vom 18.2.1918.

[7] Wilhelm Harmelin: Juden in der Leipziger Rauchwarenwirtschaft, S. 256, in: „Tradition", Zs. für Firmengeschichte, 11/1966, S. 249–282.

Anmerkungen

[8] Walter Lange: Richard Wagners Sippe. Vom Urahn zum Enkel, Leipzig 1938, S. 82. Der Autor, langjähriger Kustos des Stadtgeschichtlichen Museums zu Leipzig, hat in dieser Arbeit, die in die 1920er-Jahre zurückreicht, auch wenn sie „dem Führer und Reichskanzler Adolf Hitler, dem Schutzherrn des Werkes von Bayreuth" gewidmet ist, die umfangreichste Faktensammlung familiengeschichtlicher Forschung über die Herkunft Richard Wagners zusammengetragen. Siehe auch Walter Lange: Richard Wagner und seine Vaterstadt Leipzig, Leipzig 1933; vgl. Werner Konstatin von Arnswald: Ahnentafel des Komponisten Richard Wagner, Leipzig 1930.

[9] In der Bezeichnung Curt von Westernhagens: Richard Wagner, op. cit., S. 26; siehe auch Newman, Bd. 2, S. 613 ff.

[10] Volker L. Sigismund: Ein unbehauster Prinz, Hamburg 1984.

[11] Martin Gregor-Dellin: Neue Wagner-Ermittlungen, S. 149, in: Martin Gregor-Dellin: Was ist Größe? Sieben Deutsche und ein deutsches Problem, S. 141–175, München, Zürich 1985.

[12] RWML Bd. I, S. 11.

[13] Vom 14.1.1870 über Briefe Vater Geyers an die Mutter, die sie ihm abgeschrieben und zugesandt hatte, Briefe, die möglicherweise als Indizien seiner (Geyers) leiblichen Vaterschaft Richards zu werten sein könnten: „Mir ist es", schreibt Richard Wagner an Cäcilie nach der Lektüre der Geyer-Briefe, „als ob unser Vater Geyer durch seine Aufopferung für die ganze Familie eine Schuld zu verbüssen glaubte" (Familienbriefe von Richard Wagner, hrsg. von C. Fr. Glasenapp, Berlin 1907, S. 276.)

[14] Newman Bd. I, S. 5–10.

[15] CT Bd. 3, S. 272. Erwähnenswert ist auch die Tatsache der frappanten äußeren Ähnlichkeit Richard Wagners mit seinem Bruder Albert, dem ältesten Sohn Carl Friedrich Wilhelm Wagners, was ziemlich eindeutig gegen die leibliche Vaterschaft Ludwig Geyers spricht.

[16] Otto Bournot: Ludwig Heinrich Christian Geyer. Der Stiefvater Richard Wagners. Ein Beitrag zur Wagner-Biographie, Leipzig 1913.

[17] Ebd. S. 13.

[18] Katz S. 195.

[19] Gutman: Richard Wagner, s.o. (Daran ändert auch nichts die Tatsache, dass er selbst in einer am Ende seines Buches in einer leicht zu übersehenden Anmerkung alle diesbezüglichen Behauptungen als unhaltbar bezeichnet.)

[20] Ebd. S. 246.

[21] Peter Gradenwitz: Das Judentum – Richard und Cosima Wagners Trauma, in: Wagner-Symp., S. 77–91.

[22] Ebd. S. 81. Schon gar nicht vermag ein von Gradenwitz zitierter kleiner satirischer Essay Arnold Schönbergs aus dem Jahre 1931 diese These zu untermauern, da auch Schönberg lediglich Gerüchte von der angeblich jüdischen Abstammung Cosima wie Richard Wagners wiedergibt.

Anmerkungen

[23] In keinem der biographisch informierenden Nachschlagewerke (Allgemeine Deutsche Biographie von 1875, Meyers Enzyklopädisches Lexikon, Brockhaus Enzyklopädie) werden jüdische Vorfahren der Bethmanns erwähnt. Der Name Schimsche Naphtali Bethmann ist überhaupt nicht nachweisbar. Auch im bis heute an Sachlichkeit und Informationsgehalt unübertroffenen „Jüdischen Lexikon" (Jüdischer Verlag, Berlin 1927-1930) sowie in der großen, dem neueren Forschungsstand entsprechenden „Encyclopaedia Judaica" (Jerusalem 1972) findet sich kein einziger Hinweis auf eine jüdische Abstammung der Familie Bethmann. Auch die Bethmann'sche Familienchronik (Bankiers sind auch Menschen, Festschrift des Bankhauses Bethmann, Frankfurt am Main 1972) verzeichnet keine jüdischen Vorfahren.

[24] Dass dieser erste Simon Moritz Bethmann lediglich in zwei jüdischen Biographien (Adolf Kohut: Berühmte israelitische Männer und Frauen in der Kulturgeschichte der Menschen, Leipzig 1901; S. Wininger: Große Jüdische Nationalbiographie, Czernowitz 1925) erwähnt wird, Biographien, die nicht die zuverlässigsten sind, dennoch von Gradenwitz als Stütze seiner Argumentation zitiert werden, verwundert zwar, besagt aber nicht viel. Beide Biographien nämlich bleiben jeden Nachweis tatsächlicher jüdischer Abstammung Simon Moritz Bethmanns schuldig, sie verzeichnen nicht mehr als die ohnehin bekannten dürftigen biographischen Daten.

[25] Auch in den sehr ausführlichen und detaillierten Abhandlungen über Frankfurt und den Anteil der Juden im deutschen Finanzwesen des schon erwähnten Jüdischen Lexikons (Berlin 1927-1930), das alle bedeutenden jüdischen Bankiers verzeichnet, wird der Name Bethmann nicht aufgeführt. Auch in der Publikation des neugegründeten Jüdischen Museums der Stadt Frankfurt (Hinaus aus dem Ghetto, Juden in Frankfurt am Main 1800-1950, Frankfurt a. M. 1988, S. 24) wird ausdrücklich darauf hingewiesen, dass es sich bei dem Bankhaus Bethmann um ein „nichtjüdisches", ein christliches handelt.

III. Die Tagebücher Cosimas

[1] Cosimas Tagebücher enthalten darüber hinaus zahlreiche aufschlussreiche werkgeschichtliche Kommentare, Hinweise und Informationen, die von großem Wert für das entstehungsgeschichtliche Verständnis der Musik, der Dramen und der theoretischen Schriften Wagners sind. Vor allem die Äußerungen Richard Wagners zum „Ring" und zum „Parsifal" sind von großer Bedeutung. Eine Fülle von Äußerungen Richard Wagners zu zeitgenössischen Persönlichkeiten, zu gesellschaftlichen und politischen Ereignissen, zur Literatur, zur Oper und zur Musik an sich, aber auch zu Religion und Philosophie erlauben nicht nur, sondern verlangen Korrekturen in vielen Fällen bisheriger Erkenntnisse. In den folgenden Kapiteln wird darauf genauer einzugehen sein. Zur Bedeutung der Tagebücher als historische Quelle siehe Theodor Schieder: Richard Wagner, das

Reich und die Deutschen, in: Festschrift für Walter Bußmann „Staat und Gesellschaft im politischen Wandel", hrs. von Werner Pöls, Stuttgart 1979, S. 360 f.; siehe auch Joachim Fest: Über Richard Wagner. Eine Skizze nach den Tagebüchern Cosimas, in: FAZ Nr. 82 v. 22.4.1978 (Beilage in „Bilder und Zeiten").

[2] Cosima dokumentiert in erster Linie die Entwicklung seines Denkens während des Zeitraumes der Tagebuchaufzeichnungen. Über die zurückliegenden Motive seines Antisemitismus ist in den Tagebüchern fast nichts zu erfahren. Es gibt lediglich eine interessante Bemerkung zur Frage der vermeintlich jüdischen Abstammung, Vater Geyer betreffend. Am 26.12.1878 fragt Cosima: „,Vater Geyer ist gewiss dein Vater gewesen.' R.: ,Das glaube ich nicht'" (CT Bd. 3, S. 272). Siehe hierzu die Ausführungen zur Abstammungsfrage Wagners. Zur Frage des Konkurrenzneides auf Meyerbeer, Mendelssohn etc. gibt es immerhin zwei Stellen, die in ihrer Widersprüchlichkeit einen wunden Punkt markieren. Am 30.3.1869, kurz nach der Zweitveröffentlichung des Aufsatzes „Das Judentum in der Musik", wehrt Wagner die These ab, „dass er sein Judentum geschrieben habe aus Neid auf Mendelssohn's Genie und Meyerbeer's Erfolge" (CT Bd. 1, S. 78). Zwölf Jahre später hingegen, als er über seine drei Lebensalter philosophiert, äußert er sich über das zweite folgendermaßen: „das zweite war schauderhaft, Meyerbeer, Mendelssohn" (CT Bd. 3, S. 69).

[3] Hartmut Zelinsky: Die „feuerkur" des Richard Wagner oder die „neue religion" der „Erlösung" durch „Vernichtung", op. cit., S. 80.

[4] Peter Wapnewski: Cosima Wagner und Cosimas Wagner, S. 141, in: Merkur, Heft 2/1977, S. 130–144.

[5] CT Bd. 1, S. 206.

[6] Ebd. S. 486.

[7] Newman Bd. 3, S. 284.

[8] CT Bd. 1, S. 203.

[9] CT Bd. 3, S. 236.

[10] CT Bd. 4, S. 794.

[11] CT Bd. 2, S. 658.

[12] CT Bd. 3, S. 96. Über einen für R. Wagner eintretenden Referenten (Journalisten).

[13] CT Bd. 2, S. 714.

[14] Ebd. S. 826.

[15] Ebd. S. 986.

[16] Ebd. S. 1061.

[17] CT Bd. 3, S. 367.

[18] Siehe hierzu: Richard du Moulin-Eckart: Cosima Wagner (2 Bde.), München 1929/1931; Siegfried Walther: Frau Cosima Wagner. Studie eines Lebens, Stuttgart 1930; George R. Marek: Cosima Wagner. Ein Leben für ein Genie, Bayreuth 1982.

Anmerkungen

[19] Ein Unwertgefühl, das sie als Herrin von Bayreuth nach seinem Tod in einem fanatisch-missionarischen Dienst am Werk ihres „Meisters" zu kompensieren suchte.

[20] CT Bd. 2, S. 973.

[21] Ebd. S. 725.

[22] CT Bd. 1, S. 160.

[23] Ebd. S. 342.

[24] Am 31.1.1871 heißt es: „den ganzen Tag möchte ich beten, büßen, danken!" (CT Bd. 1, S. 350); „mich laßt mit Fassung leiden", so schreibt sie im Gedenken an ihre Kinder, „daß meiner Sendung ich nie vergesse" (CT Bd. 2, S. 1044).

[25] Nicht uninteressant in diesem Zusammenhang ist die Tatsache, dass sie, psychologisch gesprochen, immer auf der Suche nach der Mutter war, die sie ja in der Tat in ihrer von Gefühlsarmut und Liebesentzug bestimmten Kindheit schmerzlich vermisste. Am 20.2.1869 schreibt sie im Tagebuch: „wie glücklich ich jetzt sein würde, wenn ich eine Mutter hätte! Eine Mutter, die alles verstünde" (CT Bd. 1, S. 60).

[26] So heißt es z. B. über ihre Rollenvorstellung der Frau: „die tierische Geduld zur heiligsten Aufopferung erhebend, so begreife ich sie" (CT Bd. 3, S. 335). Vgl. auch CT Bd. 1, S. 138, 270, 278.

[27] Siehe CT Bd. 2, S. 765.

[28] CT Bd. 1, S. 240.

[29] Ebd. S. 137.

[30] Ebd. S. 109.

[31] Ebd. S. 173.

[32] Ebd. S. 137.

[33] Ebd. S. 231.

[34] Ebd. S. 238.

[35] Ebd. S. 311.

[36] CT Bd. 4, S. 664.

[37] Überzeugt davon, dass mit dem „Geschlechtstrieb ... alle Produktivität zusammenhängt" (CT Bd. 1, S. 429).

[38] Um ein repräsentatives Beispiel zu geben: Am 3.11.1873 schreibt Cosima in der für sie typischen, naiv-sentimentalen Religiosität in ihr Tagebuch: „Allerseelentag! Ich gehe zu Beichte und Abendmahl ... am Altar einzige Gemeinsamkeit mit dem Volke, Sorge, Kummer, in Reue und Andacht sich verlierend, nicht nur kein Zweifel, sondern kein Gedanke möglich in dieser Wahrhaftigkeit des Glaubens ... unausgesprochene Liebe waltet, und meine Seele begrüßt die ernsten gefurchten Bauernantlitze, das bist du, und alles bist du, alles zum Leib geboren, zum Heil erkoren; ewige Ruhe, kein Wunsch ist wach, keine Sorge sehrt, kein Leiden kränkt, keine Sünde quält, in allen Tiefen ist Ruh, keine Regung spürest du, und nun ruhst du auch!" (CT Bd. 2, S. 747). Am 1.2.1871 schreibt sie: „den ganzen Tag möchte ich beten, büßen, danken" (CT Bd. 1,

Anmerkungen

S. 350); am 21. November 1874 vertraut sie ihrem Tagebuch an: „Und so freue ich mich meines Schmerzes und falte dankbar die Hände!" (CT Bd. 2, S. 872); siehe auch CT Bd. 2, S. 728; Bd. 1, S. 588.

[39] CT Bd. 1, S. 51.

[40] Dass Wagner sie, seine „gute Glucke" (CT Bd. 1, S. 191), für kindlich hielt (für zu kindlich vielleicht, um eine Beeinflussung ihrerseits für möglich zu halten und ihr zu widerstehen), hat Cosima festgehalten: Am 15.1.1875 notiert sie: „‚Nein', ruft er heute früh aus, wie ich zu ihm in den Saal komme, ‚dass ich dich noch gewonnen habe! Du bist aber die einzige, die für mich taugte, so hoch und kindlich'" (CT Bd. 2, S. 888).

[41] CT Bd. 2, S. 765.

[42] Immer wieder schreibt sie z.B. über ihre Fledermaus-Angst. So in Bd. 1, S. 286 darüber, dass sich eines Abends fünf Fledermäuse in Richards Stube verirrten: „wie ich es erfahren habe, dann, mich fassend, habe ich gebetet, dass, was auch für ein Unheil mir drohen möchte, ich meine Aufgabe als Christin, als Weib, als Mutter erfüllen möchte." Spinnen hingegen, um ein anderes Beispiel zu erwähnen, schätzt Cosima sehr. Am 22.1.1872 schreibt sie: „Einzig labend eine Spinne, die bei Lampenschein auf dem Cohn'schen Brief unablässig wandert. Stiller, schwerer Abend!" (CT Bd. 1, S. 483).

[43] CT Bd. 1, S. 47 (31.1.1869).

[44] Siehe CT Bd. 3, S. 153 (3.8.1878).

[45] CT Bd. 2, Seite 872.

[46] Dessen zahllose (von Cosima festgehaltenen) antikirchlichen, zumeist antikatholischen Invektiven seine Distanz zu allem Kirchlich-Religiösen bezeugen. Siehe nur z.B. CT Bd. 1, S. 415, 532, 562; CT Bd. 2, S. 756; CT Bd. 3, S. 362.

[47] CT Bd. 1, S. 588 (31.10.1872).

[48] CWZL S. 40 f.

[49] CT Bd. 4, S. 978: „Mir gewährte Stein eine große Freude durch die Erfüllung meiner Bitte, an das Wagner-Lexikon zu gehen."

[50] Über Glasenapp habe Richard Wagner (nicht zu Unrecht) am 14. Juli 1878 folgende kritische Bemerkung geäußert: „er mache die Toten lebendig und die Lebendigen tot durch seine Art, Biographien zu schreiben" (CT, Bd. 3, S. 138).

[51] Siehe Anm. 3.

[52] Althaus, Richard Wagner, op. cit., S. 242.

[53] Zitiert nach Julius Kapp: Richard Wagner und die Frauen, op. cit., S. 215 f.

[54] RWML Bd. II, S. 769.

[55] CT Bd. 1, S. 128.

[56] Ebd. S. 129.

[57] Ebd. S. 151.

[58] CT Bd. 4, S. 661.

[59] Ebd. S. 688.

Anmerkungen

⁶⁰ Ebd. S. 689.

⁶¹ Einzelheiten zum Inhalt dieser Schrift im übernächsten Kapitel.

⁶² Zum religiösen Gehalt des „Parsifal" und zu Wagners Begriff des Christentums, wie er sich in den Tagebüchern eruieren lässt, Detailliertes im folgenden Kapitel.

⁶³ Colli/Montinari Bd. 13, S. 16. In diesem Zusammenhang nicht uninteressant ist die Parallelerscheinung bei Franz Liszt: Auch er stand unter wachsendem Einfluss einer religiösen Schwärmerin (Caroline von Sayn-Wittgenstein), die sogar mit dazu beigetragen haben mochte, dass Liszt sich 1865 zum Geistlichen (Abbé) weihen ließ, und auch sein Spätwerk trug deutlich religiöse Züge.

⁶⁴ Am 14. Januar 1882 notierte Cosima: „Neulich waren wir, ich weiß nicht mehr bei welcher Gelegenheit, darüber einig geworden, dass man nur mit Beschränkung und indem man vieles nicht kennt oder beachtet, ein System ausbauen kann" (CT Bd. 4, S. 872).

⁶⁵ Die Wissenschaftsfeindlichkeit Wagners kommt deutlich zum Ausdruck in einer Notierung Cosimas vom 14.10.1881. Da heißte es über ein wissenschaftliches Buch, dass im Gegensatz zu einem „geistvollen Gedanken", einer „geniale(n) Hypothese", die ihn immer interessiere (es geht um Gobineaus Buch), „dieses vorsichtige Zitats-Wesen ihm widerwärtig sei" (CT Bd. 4, S. 808).

⁶⁶ Siehe dazu die Ausführungen im ersten Kapitel.

⁶⁷ CT Bd. 4, S. 1040.

⁶⁸ Ebd. S. 1041.

⁶⁹ Ebd. S. 1085.

⁷⁰ Ebd. S. 1076.

⁷¹ So am 23.12.1882 zu Cosima (CT Bd. 4, S. 1079).

⁷² Dass er hingegen durchaus selbstkritisch sein konnte, belegen eine ganze Reihe von Notierungen Cosimas, in denen er sich über seine musikalisch-handwerklichen Fähigkeiten äußert. So z.B. am 23. Juni 1871: „Was ich für ein Stümper bin, glaubt kein Mensch, ich kann gar nicht transponieren. Das Komponieren ist bei mir auch ein seltsamer Zustand; ... Mendelssohn würde die Hände über dem Kopf zusammenschlagen, wenn er mich komponieren sähe" (CT Bd. 1, S. 404 f.).

⁷³ CT Bd. 2, S. 459.

⁷⁴ Der makaberste, ja infamste ist zweifelsohne der, „es sollten alle Juden in einer Aufführung des ‚Nathan' verbrennen" (CT Bd. 4, S. 852).

⁷⁵ Peter Gay: Freud, Juden und andere Deutsche, op. cit., S. 36.

⁷⁶ CT Bd. 4, S. 795,

⁷⁷ Ebd. S. 981.

⁷⁸ CT Bd. 1, S. 524 f.

⁷⁹ CT Bd. 3, S. 442.

⁸⁰ Ebd. S. 236.

⁸¹ Ebd. S. 240.

⁸² Ebd. S. 247.

Anmerkungen

[83] Ebd. S. 273.
[84] Ebd. S. 290.
[85] Die er übrigens bis zu seinem Tode nie ganz aufgibt. Cosima hat zahlreiche Äußerungen überliefert, die eindeutig belegen, dass Antikapitalismus und utopischer Sozialismus Konstanten seines politischen Denkens sind. Siehe hierzu besonders Bd. 1, S. 87, 140; Bd. 2, S. 1027, 1052; Bd. 3, S. 372, 483; Bd. 4, S. 721, 849, 1008. Noch am Vorabend seines Todes ruft er bei Betrachtung unbewohnter Paläste in Venedig aus: „Das ist Eigentum! Der Grund alles Verderbens, Proudhon hat die Sache noch viel zu materiell aufgefaßt" (CT Bd. 4, S. 1107).
[86] CT Bd. 3, S. 367.
[87] „ein Ausdruck einer Schrift von Haug, ... gefällt R. sehr". Ebd. S. 406.
[88] Ebd. S. 372.
[89] Siehe Edmund Silberner: Sozialisten zur Judenfrage. Ein Beitrag zur Geschichte des Sozialismus vom Anfang des 18. Jahrhunderts bis 1914, Berlin 1962; vgl. Manfred Kreckel: Richard Wagner und die französischen Frühsozialisten, Frankfurt a. M. 1986.
[90] Genaueres hierzu und zu anderen antisemitischen Schriften Wagners im übernächsten Kapitel.
[91] CT Bd. 3, S. 293.
[92] Ebd. S. 454.
[93] Ebd. S. 460.
[94] Ebd. S. 599.
[95] Ebd. S. 460.
[96] Ebd. S. 397.
[97] Ebd. S. 129.
[98] CT Bd. 1, S. 404; Bd. 3, S. 361.
[99] CT Bd. 2, S. 919; Bd. 3, S. 107; Bd. 4, S. 970.
[100] CT Bd. 1, S. 178.
[101] CT Bd. 3, S. 564.
[102] Ebd. S. 620.
[103] Abgedruckt in: Bayreuther Parsifal-Programmheft 1959, S. 9.
[104] CT Bd. 4, S. 669.
[105] Ebd. S. 728.
[106] Ebd. S. 755.
[107] Zitiert nach Hans Rudolf Jung: Franz Liszt in seinen Briefen, Ost-Berlin 1987/Frankfurt am Main 1988, S. 234.
[108] CT Bd. 4, S. 755.
[109] RWGS Bd. 10, S. 68 ff.
[110] CT Bd. 4, S. 669.
[111] Ebd.
[112] Ebd.
[113] In dieser Phase rassistischen Denkens hat Wagner jenen Brief an Lud-

wig II. geschrieben, in dem es heißt, „dass ich die jüdische Race für den geborenen Feind der reinen Menschheit und alles Edlen in ihr halte" (König Ludwig II. und Richard Wagner. Briefwechsel, hrsg. vom Wittelsbacher Ausgleichsfond u. von Winifred Wagner, bearbeitet von Otto Strobel, Karlsruhe 1936, Band 3, S. 229 f.).

[114] CT Bd. 4, S. 691.
[115] Ebd. S. 706.
[116] Ebd. S. 700.
[117] Ebd. S. 690.
[118] Ebd. S. 850.
[119] Ebd. S. 936.
[120] Ebd. S. 718.
[121] Ebd.
[122] Siehe hierzu Kap. I. Einzelheiten zum „Parsifal" dann auch im nächsten Kapitel.
[123] CT Bd. 4, S. 848.
[124] Ebd. S. 866.
[125] Genaueres hierzu und zu Wagners Auffassung vom Christentum wird im folgenden Kapitel erörtert.
[126] CT Bd. 4, S. 1004.
[127] CT Bd. 3, S. 242.
[128] Einzelheiten dazu im übernächsten Kapitel.
[129] CT Bd. 4, S. 1113.
[130] CT Bd. 3, S. 52.

IV. Wagners musikdramatisches Œuvre

[1] Friedrich Nietzsche: Der Fall Wagner, in: Colli/Montinari, Bd. 6, S. 18.
[2] Siehe die Ausführungen in Kapitel I.
[3] So zuletzt in: Die deutsche Losung Siegfried oder die innere Notwendigkeit des Juden-Fluches im Werk Richard Wagners, in: Udo Bermbach: In den Trümmern der eignen Welt. Richard Wagners „Der Ring des Nibelungen", Berlin 1989, S. 242. Zelinsky wiederholt hier noch einmal mit geradezu manischer Hartnäckigkeit, ja Verbohrtheit seine hinlänglich bekannte Hypothese. Das einzig Neue in diesem Aufsatz ist eine dreiseitige (!) Anmerkung, in der er zu einem ins Persönliche entgleitenden Rundumschlag gegen seine Kritiker ausholt und damit nur seine Unfähigkeit zu selbstkritischer Einsicht demonstriert.
[4] Zelinskys Hypothese bezieht sich vor allem auf den „Fliegenden Holländer", den „Ring", die „Meistersinger" und auf den „Parsifal".
[5] Paul Lawrence Rose: Richard Wagner und der Antisemitismus, s. o.
[6] Thomas Mann: Zu Wagners Verteidigung, in: Mann: Leiden und Größe der Meister, S. 821.

Anmerkungen

[7] Ebd. S. 822.
[8] Siehe Peter Wapnewski: Thomas Mann und München, Frankfurt am Main 1989.
[9] Mann: Leiden und Größe der Meister, insbes. S. 803 f.
[10] Gustav Freytag: Der Streit über das Judenthum in der Musik, op. cit., S. 336, abgedruckt in: Hartmut Zelinsky: Richard Wagner. Ein deutsches Thema, op. cit., S. 28.
[11] Hartmut Zelinsky: Die „feuerkur" des Richard Wagner oder die „neue religion" der „Erlösung" durch „Vernichtung", op. cit., S. 96.
[12] Ebd. S. 97.
[13] In: Zu schönen Klängen eine brutale Ideologie. Interview Klaus Umbachs mit Hartmut Zelinsky im Spiegel Nr. 29 v. 19.7.1982 über „Parsifal" und dessen Auswirkungen auf Hitler und Holocaust, in: Klaus Umbach: Richard Wagner – Ein deutsches Ärgernis, Reinbek 1982, S. 135.
[14] Hartmut Zelinsky: Richard Wagner. Ein deutsches Thema, Vorwort, S. 5.
[15] Helga de la Motte: Der Hörer bleibt in Prag. Über Sprache und Musik, in: Freibeuter. Vierteljahreszeitschrift für Kultur und Politik, 34/1987, S. 71.
[16] Hartmut Zelinsky: Zu schönen Klängen eine brutale Ideologie, in: Der Spiegel Nr. 29 v. 19.7.1982, S. 139.
[17] Adolf Nowak: Wagners Parsifal und die Idee der Kunstreligion, in: Richard Wagner, Werk und Wirkung, hrsg. von Carl Dahlhaus, Regensburg 1971 (Studien zur Musikgeschichte des 19. Jahrhunderts, Bd. 26), S. 161–175.
[18] Ebd. S. 174.
[19] Theodor W. Adorno: Fragment über Musik und Sprache. In: Sprache, Dichtung, Musik, hrsg. von Jakob Knaus, Tübingen 1973, S. 71.
[20] Ebd. S. 73.
[21] Ebd.
[22] Ebd. S. 71.
[23] Ebd.
[24] In: Theodor W. Adorno: Versuch über Wagner, s. o. Dass dennoch Adorno Wagners Werk, nicht nur die Texte, antisemitisch nannte, gehört zu den Widersprüchen Adornos.
[25] Können Opern antisemitisch sein? Ein Gespräch mit Dieter Schnebel über die Widersprüche bei Richard Wagner, Feuilleton-Beilage in der Süddeutschen Zeitung Nr. 185 v. 14./15.8.1982.
[26] CT Bd. 4, S. 719. (Ein erneutes Beispiel Wagner'scher Vernichtungs-Metaphorik in ihrer ganz und gar unideologischen Bedeutung.)
[27] Um nur einige herausragende Bearbeiter des Stoffs zu nennen: Byron, Shelley und Goethe, Eugène Sue und Alexandre Dumas, Lenau, Hauff, Heyse, Auerbach, Lienhardt und Strindberg, schließlich Walter Jens und Stefan Heym.
[28] Heinrich Heine: Aus den Memoiren des Herren Schnabelewopski, in: Heinrich Heine: Sämtliche Werke, Bd. II, hrsg. von Jost Perfahl u. Werner Vordtriede, München 1969, S. 579.

[29] Else Liefmann: Die Legende vom Antichrist und die Sage von Ahasver. Ihre Bedeutung für den Antisemitismus, S. 147, in: Zs. „Judaica" v. 1. Juli 1947, S. 122–156.
[30] Arthur Schopenhauer: Parerga und Paralipomena II, Kapitel 9, Zur Rechtslehre und Politik, in: Arthur Schopenhauer: Sämtliche Werke in fünf Bänden, op. cit., Bd. 5, S. 238.
[31] Richard Wagner: Eine Mitteilung an meine Freunde. In: RWGS Bd. 4, S. 266.
[32] Ebd. S. 265.
[33] Ebd.
[34] Ebd.
[35] Ebd.
[36] Ebd.
[37] Ebd. S. 266.
[38] Ebd.
[39] Ebd. S. 265.
[40] Richard Wagner: Der fliegende Holländer, in: RWGS Bd. 1, S. 260.
[41] Dieter Borchmeyer: Wie antisemitisch sind Richard Wagners Musikdramen?, in: Programmheft I der Bayreuther Festspiele 1983 zu „Die Meistersinger von Nürnberg", S. 40.
[42] Ebd. S. 41.
[43] Hartmut Zelinsky: Der Tod als Gralsgebiet, Teil I, in: Zs. Phono-Forum Juli 1985, S. 20.
[44] George Bernard Shaw: Ein Wagner-Brevier, aus dem Englischen von Bruno Vondenhoff, Frankfurt am Main 1973, S. 21.
[45] Ebd. S. 194.
[46] RWGS Bd. 10, S. 268.
[47] Vgl. dazu Hans Mayer: Der Ring als bürgerliches Parabelspiel, in: Jahresheft Bayreuth 1966.
[48] Udo Bermbach: Die Destruktion der Institutionen. Zum politischen Gehalt des ‚Ring', in: In den Trümmern der eignen Welt. Richard Wagners „Der Ring des Nibelungen", hrsg. von Udo Bermbach, Berlin 1989, S. 123 f. Siehe dazu auch das Kapitel „Der Politische" in: Eckart Kröplin: Richard Wagner. Theatralisches Leben und lebendiges Theater, Leipzig 1989, S. 25–68.
[49] Karl Marx: Zur Judenfrage, in: Marx-Engels Studienausgabe Bd. I, hrsg. von Iring Fetscher, Frankfurt a. M. 1966, S. 55.
[50] Siehe hierzu die detaillierten Ausführungen in Kapitel I.
[51] CT Bd. 4. S. 687.
[52] CT Bd. 4. S. 1051.
[53] Hartmut Zelinsky: Die „feuerkur" des Richard Wagner oder die „neue religion" der „Erlösung" durch „Vernichtung", op. cit., S. 84.
[54] Wolfgang Fuhrmann: Allwissend? – Perspektiven des Orchesters in Richard Wagners Musikdramen. In: Wagnerspectrum Heft 1/2012, hrsg. von

Anmerkungen

Udo Bermbach, Dieter Borchmeyer, Hermann Danuser, Sven Friedrich, Hans R. Vaget, Würzburg 2012, S. 85–103.

[55] Ebd. S. 94
[56] CT Bd. 3, S. 52.
[57] WGS Bd. 4, S. 284.
[58] Ebd.
[59] WGS Bd. 4, S. 284 f.
[60] RWML S. 720.
[61] Ausführliches dazu in Peter Wapnewski: Die Szene und ihr Meister, München 1978; auch in Peter Wapnewski: Der traurige Gott, München 1978.
[62] Eduard Hanslick: Aus meinem Leben. Mit einem Nachwort hrsg. von Peter Wapnewski, Kassel, Basel 1987, S. 357 f.
[63] CT Bd. 2, S. 655.
[64] CT Bd. 1, S. 208.
[65] CT Bd. 2, S. 919 (25.5.1875), vergleiche auch den Eintrag vom 4.6.1878.
[66] CT Bd. 4, S. 970.
[67] Carl Dahlhaus: Richard Wagners Musikdramen, op. cit., S. 75.
[68] Paul Bekker: Wagner, op. cit., S. 422.
[69] Wie er bereits zu Wagners Zeiten in beinahe allen westlichen Synagogen benutzt wurde. So z. B. in „Der Münchner Tempelgesang" von Ett, „Der Braunschweiger Gesang" von Goldberg, „Der israelitische Gemeindegesang" von Jacobsohn, „S'miroth Israel" von Naumbourg oder „Todah Ns'mirah" von Lewandowski. Siehe hierzu: A. Z. Idelsohn: Jewish Music in its historical development, New York 1929; Alfred Sendrey: Musik in Alt-Israel, Leipzig 1970.
[70] Heinrich Berl: Das Judentum in der Musik, Berlin und Leipzig 1926, S. 210. Man lasse sich vom Titel des Buches nicht zu falschen Vermutungen verleiten: dem Autor geht es darum, „Wagners Antisemitismus gerade am Problem der Musik ad absurdum zu führen" (S. 10).
[71] Zu diesem Ergebnis kamen, auf meine Anfrage hin, die Musikwissenschaftler Ruth Katz, Israel Adler und Batya Bayer, Spezialist für jüdische Musik, von der Hebräischen Universität Jerusalem. Auch Carl Dahlhaus bestätigte mir kurz vor seinem Tod, dass keinerlei Hinweise, Indizien oder gar Quellen existieren, die eine Aufrechterhaltung der These rechtfertigen.
[72] Carl Dahlhaus: Richard Wagners Musikdramen, op. cit., S. 75.
[73] Peter Wapnewski: Der traurige Gott, op. cit., S. 95.
[74] Hartmut Zelinsky: Der Tod als Gralsgebiet, Teil I, in: Phono-Forum Juli 1985, S. 20.
[75] CT Bd. 4, S. 718 (am 28.3.1881, wohlgemerkt als Entgegnung auf Gobineau, der die Germanen als ‚letzte Karte' der Natur bezeichnete!).

[76] Peter Wapnewski: Das Bühnenweihfestspiel, in: Wagner-Handb., S. 344; siehe auch das letzte Kapitel in Peter Wapnewski: Tristan der Held Richard Wagners, Berlin 1981.
[77] Dieter Borchmeyer: Das Theater Richard Wagners, op. cit., S. 291 f.
[78] CT Bd. 4, S. 866.
[79] Ebd. S. 925.
[80] Dieter Borchmeyer: Das Theater Richard Wagners, op. cit., S. 301.
[81] Hartmut Zelinsky: Die „feuerkur" des Richard Wagner oder die „neue religion" der „Erlösung" durch „Vernichtung", op. cit., S. 102.
[82] Ebd. S. 99.
[83] Ebd. S. 102.
[84] CT Bd. 4, S. 848.
[85] Carl Dahlhaus: Erlösung dem Erlöser, in: Richard Wagner. Parsifal: Texte, Materialien, Kommentare, hrsg. von Attila Csampai und Dietmar Holland, Reinbek 1984 (Abdruck eines Artikels in der Süddeutschen Zeitung vom 27. August 1982), S. 264.
[86] Richard Wagner: Parsifal, in: WGS Bd. 10, S. 329.
[87] Ebd. S. 346.
[88] Dieter Borchmeyer: Wie antisemitisch sind Wagners Musikdramen?, op. cit., S. 52.
[89] Ebd. S. 330.
[90] Ebd. S. 360.
[91] „Parsifal"-Prosaentwurfs (Tagebuchaufzeichnung vom 29. August 1865), in: Richard Wagner. Das braune Buch, hrsg. u. kommentiert von Joachim Bergfeld, Zürich/Freiburg 1975, S. 62.
[92] Ebd. S. 361.
[93] Peter Wapnewski: Das Bühnenweihfestspiel – Parsifal, in: Wagner-Handb., S. 343.
[94] So etwa bittet Wagner Judith in einem Brief vom 1.10.1877: „vielleicht legen Sie etwa ein halbes Dutzend Papiersachets bei, damit ich sie zwischen meine eigene Morgenwäsche stecken kann, so verschaffe ich mir eine innige Beziehung zu Ihnen, sobald ich mich ans Klavier setze, um die Musik zu Parsifal zu komponieren." In: Die Briefe Richard Wagners an Judith Gautier, hrsg. von Willi Schuh, Zürich/Leipzig 1936, S. 146 f.
[95] Robert Gutman: Richard Wagner, op. cit., S. 444.
[96] In: Richard Wagner: Das braune Buch, op. cit., S. 62.
[97] CT Bd. 3, S. 52: „ganz wie die Jesuiten" heißt es erläuternd! (Womit wahrscheinlich die Sexualitätsfeindlichkeit der Katholiken gemeint ist.)
[98] Friedrich Nietzsche: Jenseits von Gut und Böse, in: Colli/Montinari Bd. 5, S. 102.
[99] RWGS Bd. 10, S. 375.
[100] Wagner: Das braune Buch, op. cit., S. 66.
[101] Ebd.

Anmerkungen

[102] Ebd. S. 356.
[103] Hartmut Zelinsky: Rettung ins Ungenaue, op. cit., S. 81.
[104] CT Bd. 3, S. 205.
[105] Hans Küng: Sehnsucht nach Erlösung, in: Parsifal-Programmheft der Bayreuther Festspiele 1982, S. 34.
[106] Ebd. S. 36.
[107] Dieter Richter: Klingsors Zaubergarten. Eine exotische Landschaft in Richard Wagners Parsifal und der ‚Mythos Ravello'. In: Eros und Literatur. Festschrift für Gert Sautermeister, hrsg. von Christiane Solte-Gesser, Wolfgang Emmerich, Hans Wolf Jäger, Bremen 2005, S. 191–201.
[108] Ebd. S. 195
[109] CT Bd. 4, S. 690.
[110] Ebd. S. 850.
[111] Ebd. S. 936.
[112] Paul Arthur Loos: Richard Wagner. Vollendung und Tragik der deutschen Romantik, S. 204 f.
[113] Dieter Schnebel: Religiöse Klänge – Klangreligionen, in: Wagner-Handbuch, S. 703.
[114] RWGS Bd. 10, S. 35.
[115] CT Bd. 3, S. 145.
[116] Peter Wapnewski: Das Bühnenweihfestspiel – Parsifal, in: Wagner-Handb., S. 345.
[117] Hartmut Zelinsky: Der Tod als Gralsgebiet, in: Fono Forum 9/85, S. 42.
[118] Hartmut Zelinsky: Rettung ins Ungenaue, op. cit., S. 81.
[119] Carl Dahlhaus: Erlösung dem Erlöser, op. cit., S. 265.
[120] Richard Wagner: Das braune Buch, op. cit., S. 75.
[121] CT Bd. 3, S. 337.
[122] Ebd. S. 490.
[123] Ebd. S. 115.
[124] Ebd.
[125] Carl Dahlhaus: Erlösung dem Erlöser, op. cit., S. 269.
[126] Hartmut Zelinsky: Rettung ins Ungenaue, op. cit., S. 86. Dabei ignoriert Zelinsky, dass selbst Cosima am 19.6.1881 bemerkte: „Tristan ist die Musik für die Aufhebung aller Schranken, also auch der Racen" (CT Bd. 4, S. 751).
[127] Nietzsche, Colli/Montinari Bd. 5, S. 204.
[128] Dieter Borchmeyer hat interessanterweise darauf hingewiesen, dass, wie im übrigen Werk, so auch im „Parsifal" Wagners Orientierung an der griechischen Tragödie durchscheint. Borchmeyer macht deutlich, dass im „Parsifal" Wagners des Aischylos „Gefesselter Prometheus" als deutliche Parallele zur christlichen Legende des „Parsifal" erscheint. Einzelheiten dazu in: Dieter Borchmeyer: Das Theater Richard Wagners, op. cit., S. 298.
[129] Bereits Martin Gregor-Dellin spricht davon und bezieht sich auf den Titel (und das Wagner-Kapitel) des von Carl Christian Bry 1923 veröffentlichten

Buchs: Verkappte Religionen. Kritik des kollektiven Wahns, Neuausgabe hrsg. von Martin Gregor-Dellin, München 1979.

[130] Hartmut Zelinsky: Rettung ins Ungenaue, op. cit., S. 81 f.

[131] RWGS Bd. 10, S. 211.

[132] Cosima an Felix Mottl am 16.8.1887. In: Cosima Wagner: Das zweite Leben, op. cit., S. 125.

[133] CT Bd. 3, S. 307.

[134] Arthur Schopenhauer: Die Welt als Wille und Vorstellung, in: Arthur Schopenhauer, Sämtliche Werke in fünf Bänden, op. cit., Bd. 4. S. 499.

[135] Ebd. Bd. 3, S. 137.

[136] CT Bd. 3, S. 228.

[137] Arthur Schopenhauer, Sämtliche Werke in fünf Bänden, op. cit., Bd. 2, S. 702.

[138] CT Bd. 3, S. 147.

[139] Arthur Schopenhauer, Sämtliche Werke in fünf Bänden, op. cit., Bd. 2, S. 731.

[140] CT Bd. 3, S. 39 f. (24.1.1878)

[141] Ebd. S. 115.

[142] CT Bd. 4, S. 1004.

[143] Friedrich Nietzsche: Die Fröhliche Wissenschaft, in: Colli/Montinari Bd. 3, S. 456.

[144] Paul Arthur Loos: Richard Wagner. Vollendung und Tragik der deutschen Romantik, op. cit., dort vor allem Kap. VIII, Religion und Kunst. (Eine im Übrigen hervorragende geistesgeschichtliche Studie, die bereits 1943 gegen die nationalsozialistische Vereinnahmung Wagners für den „nordisch-germanischen Rassenmythos" geschrieben wurde. Aus naheliegenden Gründen konnte sie erst 1952 erscheinen.)

V. Wagners theoretische Schriften im antisemitischen Umfeld

[1] Siehe dazu die Ausführungen in Kap. III.

[2] Jacob Katz: Richard Wagner. Vorbote des Antisemitismus, op. cit., S. 171.

[3] Horst Althaus: Richard Wagner. Genie und Ärgernis, Bergisch Gladbach 1982, S. 99.

[4] Zitiert nach Hermann Graml: Reichskristallnacht. Antisemitismus und Judenverfolgung im Dritten Reich, München 1988, S. 53.

[5] Ebd. S. 56 f.

[6] Ebd. S. 64.

[7] Paul de Lagarde: Juden und Indogermanen. Eine Studie nach dem Leben, Göttingen 1887, S. 339.

[8] Eugen Dühring: Die Judenfrage als Racen, Sitten und Culturfrage. Mit einer weltgeschichtlichen Antwort, Karlsruhe/Leipzig 1881.

Anmerkungen

⁹ Ebd. S. 109.
¹⁰ Ebd. S. 3.
¹¹ Hermann Graml: Reichskristallnacht, op. cit., S. 74.
¹² Als groteske und dem gebildeten Bürgertum obsolet scheinende Beispiele mögen der ehemalige österreichische Zisterziensermönch Adolf Lanz, der sich selbst zu Jörg Lanz von Liebenfels scheinadelte, sowie der Münchner Intellektuelle Alfred Schuler gelten. Jörg Lanz entwickelte eine rassistische „Theozoologie", die er in den berüchtigten „Ostara"-Heften verkündete, Alfred Schuler schwang sich im großbürgerlichen Münchner Milieu zum Apostel eines germanischen Blutkultes auf.
¹³ Hermann Graml: Reichskristallnacht, op. cit., S. 77.
¹⁴ Hermann Ahlwardt: Der Verzweiflungskampf der arischen Völker mit dem Judentum, Berlin 1890.
¹⁵ Siehe dazu: Juden in der deutschen Literatur. Ein deutsch-israelisches Symposion, herausgegeben von Stéphane Moses und Albrecht Schöne, Frankfurt a. M. 1986; vgl. auch: Juden und Judentum in der Literatur, herausgegeben von Herbert A. Strauss und Christian Hoffmann, München 1985.
¹⁶ Dieter Borchmeyer: Richard Wagner und der Antisemitismus, in: Wagner-Handb., S. 152 ff.
¹⁷ Vergleiche dazu: Walter A. Strauss: Judenbilder in der französischen Literatur, op. cit., S. 307–338.
¹⁸ Borchmeyer: Richard Wagner und der Antisemitismus, in: Wagner-Handb., S. 152.
¹⁹ Siehe hierzu: Hans Otto Horch: Judenbilder in der realistischen Erzählliteratur, in: Wagner-Symp., S. 140–172.
²⁰ Siehe hierzu: Geschichten aus dem Ghetto, hrsg. von Jost Hermand, Frankfurt a. M. 1987.
²¹ Katz S. 36.
²² Siehe hierzu: Pauline Paucker: Jüdische Gestalten im englischen Roman des 19. Jahrhunderts, in: Juden und Judentum in der Literatur, op. cit., S. 106–140.
²³ Stenographische Berichte über die Verhandlungen des deutschen Reichstages, 53. Sitzung, 6. März 1895, S. 1296 ff. (zitiert nach Hermann Graml).
²⁴ Hermann Graml: Reichskristallnacht, op. cit., S. 83.
²⁵ Siehe dazu im Einzelnen Hermann Graml: Reichskristallnacht (siehe Anm. 4), dessen logischer, essentieller Darstellung ich weitgehend folge. Vgl. auch: Paul Massing: Vorgeschichte des politischen Antisemitismus, Frankfurt 1959; Peter G. J. Pulzer: Die Entstehung des politischen Antisemitismus in Deutschland und Österreich 1867 bis 1914, Gütersloh 1966; Hans Jürgen Puhle: Agrarische Interessenpolitik und Konservatismus im wilhelminischen Reich 1893–1914, 2. Aufl. Bad Godesberg 1975; Hermann Greive: Geschichte des modernen Antisemitismus in Deutschland, Darmstadt 1983; Jacob Katz: Vom Vorurteil bis zur Vernichtung. Der Antisemitismus 1700–1933, Mün-

chen 1989; Friedrich Battenberg: Das europäische Zeitalter der Juden. Zur Entwicklung einer Minderheit in der nichtjüdischen Umwelt Europas (2 Teilbände), Darmstadt 1990.

[26] Es erschien in den Ausgaben der „Neuen Zeitschrift für Musik" Nr. 19 und 20 vom 3. und 6. September 1850 unter dem Pseudonym R. Freigedank. Wagner schreibt am 24. August 1850 an Karl Ritter: „ich vermeide ... durch den finguierten namen einen unnützen scandal, der absichtlich herbeigeführt sein würde, wenn ich meinen wirklichen namen unterschriebe"." In: RWSB Bd. III, S. 384.

[27] So definiert sie Hermann Greive in seinem Buch: Geschichte des modernen Antisemitismus in Deutschland, op. cit., S. 42.

[28] Friedrich Battenberg: Das europäische Zeitalter der Juden, op. cit., Teilband II, S. 175.

[29] Richard Wagner: Das Judentum in der Musik, RWGS Bd. 5, S. 67.

[30] Noch 1841 hatte Wagner zum Beispiel in einem Aufsatz mit dem Titel „Über den Standpunkt der Musik Meyerbeers", den er ihm zum Druck übergeben hatte, geschrieben: „Meyerbeer schrieb Weltgeschichte, Geschichte der Herzen und Empfindungen, er zerschlug die Schranken der National-Vorurtheile, vermischte die beengenden Grenzen der Sprach-Idiome, er schrieb Thaten der Musik, Musik, wie sie vor ihm Händel, Gluck und Mozart schrieben, und diese waren Deutsche und Meyerbeer ist ein Deutscher." Zitiert nach: Giacomo Meyerbeer – Weltbürger der Musik, Katalog zur Ausstellung der Musikabteilung der Staatsbibliothek Preußischer Kulturbesitz zum 200. Geburtstag des Komponisten, hrsg. von Heinz und Gudrun Becker, Wiesbaden 1991, S. 158.

[31] Vor allem in den Gesprächen mit Cosima wird es sichtbar, siehe Kapitel III.

[32] Brief von Franz Liszt vom 18. April 1851, in: RWGB Bd. 3, S. 544. (Die Uneinheitlichkeit der Groß- und Kleinschreibung habe ich aus dieser Edition unverändert übernommen.)

[33] Dies die mit geradezu manischer Hartnäckigkeit wiederholt in zahlreichen Publikationen vorgetragene These Hartmut Zelinskys. Siehe Kapitel I, S. 38 f., Anm. 65.

[34] Richard Wagner: Das Judentum in der Musik, RWGS Bd. 5, S. 66.

[35] Ebd. S. 68.

[36] Ebd.

[37] Ebd. S. 67.

[38] Ebd.

[39] Ebd. S. 69.

[40] Ebd. S. 71. (Dass Wagner später sehr wohl einsah, sich auch in diesem Punkte geirrt zu haben, belegt eine Notiz Cosimas vom 20.7.1881: „dann kommt R. auf das Thema der Juden als Schauspieler, dass er noch im Jahre 53 schreiben konnte, es gebe keine, und nun! Und wie sie mit der Sprache umgingen!")

[41] Ebd. S. 77.

Anmerkungen

⁴² Ebd. S. 73.
⁴³ Ebd. S. 76.
⁴⁴ Ebd. S. 79.
⁴⁵ Ebd. S. 82.
⁴⁶ Ebd. S. 83.
⁴⁷ RWSB, Bd. 3, S. 146 f.
⁴⁸ Richard Wagner: Die Kunst und die Revolution, RWGS Bd. 3, S. 28.
⁴⁹ Richard Wagner: Das Kunstwerk der Zukunft, RWGS Bd. 3, S. 96.
⁵⁰ Am 22. Oktober 1850 schreibt Wagner an Theodor Uhlig: „Mit völligster besonnenheit und ohne allen schwindel versichere ich Dir, dass ich an keine andere revolution mehr glaube, als an die, die mit dem Niederbrande von Paris beginnt." In: RWSB, Bd. 3, S. 460.
⁵¹ Für das ein Professor Bischoff aus Köln in der „Niederrheinischen Musikzeitung" das Spottwort von der „Zukunftsmusik" in die Welt setzen wird.
⁵² Richard Wagner: Das Judentum in der Musik, RWGS Bd. 5, S. 68.
⁵³ Karl Marx: Zur Judenfrage, S. 56. In: Karl Marx, Friedrich Engels, Studienausgabe in vier Bänden, hrsg. von Iring Fetcher, Bd. 1, Frankfurt a. M. 1982.
⁵⁴ Ebd. S. 55.
⁵⁵ Richard Wagner: Das Judentum in der Musik, RWGS, Bd. 5, S. 85.
⁵⁶ Vgl. hierzu das vorzügliche und konkurrenzlose Buch von Edmund Silberner: Sozialisten zur Judenfrage. Ein Beitrag zur Geschichte des Sozialismus vom Anfang des 19. Jahrhunderts bis 1914, aus dem Englischen übersetzt von Arthur Mandel, Berlin 1962.
⁵⁷ Franz Liszt. Gesammelte Schriften, hrsg. von L. Ramann, Leipzig 1881, Nachdruck Hildesheim/New York 1978, S. 18.
⁵⁸ Ebd. S. 14.
⁵⁹ Ebd. S. 15.
⁶⁰ Ebd. S. 26.
⁶¹ Ebd. S. 84.
⁶² Ebd.
⁶³ In einem Brief an Eduard Bernsdorf macht Wagner Ende Oktober 1850 mit Nachdruck noch einmal deutlich: Er habe nie gesagt „unsre Kunst sei in Verfall gerathen, weil die Juden sich in sie gemischt hätten", sondern vielmehr, „dass die Juden sich in unsre Kunst mischen konnten, als sie organisch lebensunfähig geworden war". In: RWSB, Bd. 3, S. 462 f.
⁶⁴ Siehe Anmerkung 32 (auch hier habe ich die konfuse Groß- und Kleinschreibung Wagners, gemäß der Edition der Sämtlichen Briefe, unverändert zitiert).
⁶⁵ Ein Urteil, das zumindest teilweise sachliche Gründe aufweist, die von einer Reihe anderer Musikerkollegen geteilt wurden.
⁶⁶ Katz S. 56.
⁶⁷ Vgl. Kapitel III.
⁶⁸ Richard Wagner: Das Judentum in der Musik, RWGS Bd. 5, S. 85.

[69] Ebd.

[70] WGS (Kapp), Bd. 14, S. 29. (Kapp merkt die Stellen, an denen die Erstfassung von der Zweitfassung abweicht, an und weist die ursprüngliche Textgestalt aus.)

[71] Katz S. 204.

[72] Dass Wagner nicht nur ein Sympathisant der Revolution gewesen ist, sondern ein ernstzunehmender, bewusster Revolutionär, darauf hat Hans Gerhard Heymel mit Nachdruck und deutlichen Belegen hingewiesen in: Die Entwicklung Richard Wagners bis 1851 als politischer Künstler und sein Kunstwerkbegriff als gesellschaftliche Utopie. Dissertation Univ. Osnabrück, 1981.

[73] Richard Wagner: Wie verhalten sich republikanische Bestrebungen dem Königtum gegenüber?, WGS (Kapp), Bd. 12, S. 8f.

[74] Ebd.

[75] Richard Wagner: Das Judentum in der Musik, RWGS Bd. 5, S. 85. In dieser Form hat Wagner den Aufsatz schließlich auch in seine Gesammelten Werke und Schriften aufgenommen.

[76] Man vergesse nicht, dass Wagners Ahasverus-Gestalt, der von Heine übernommene „Fliegende Holländer", durch die Liebe einer aufopferungsvollen Frau erlöst wird. Und im „Parsifal" schließlich ist es die christliche Caritas, die Ahasverus-Kundry von ihrem Fluch erlöst (siehe Kap. IV). Vgl. auch Peter Peil: Die Krise des neuzeitlichen Menschen im Werk Richard Wagners, Köln, Wien 1990, S. 448 ff.

[77] Siehe Kap. III, B.

[78] Vgl. Anm. 25.

[79] Wie Jacob Katz dargestellt hat, spiegelte sich im Wagner-Streit beispielhaft die polarisierte Auseinandersetzung der Zeitgenossen mit der Assimilationsillusion.

[80] Katz S. 177. Und es muss ergänzt werden: Auch zu anderen Zeiten, etwa der des Nationalsozialismus, ist Wagners Judenaufsatz eine breitere Wirkung versagt geblieben.

[81] Hans Jürgen Puhle: Agrarischer Interessenkonflikt und Konservativismus im wilhelminischen Reich 1893–1914, op. cit., S. 112.

[82] Katz S. 177.

[83] Vgl. Erich Schubert: Richard Wagners Beiträge zu den „Bayreuther Blättern", Dissertation Wien 1949; vgl. auch Jürgen Kühnel: Wagners Schriften, in: Wagner-Handb. S. 471–589.

[84] „Publikum und Popularität" (1878), „Wollen wir hoffen" (1879), „Religion und Kunst" (1880), „Was nützt diese Erkenntnis" (1880), „Erkenne dich selbst" (1881) und „Heldentum und Christentum" (1881).

[85] Jürgen Kühnel: Wagners Schriften, in: Wagner-Handb., S. 550.

[86] Richard Wagner: Modern, RWGS Bd. 10, S. 55.

[87] Ebd. S. 58.

[88] Richard Wagner: Publikum und Popularität, RWGS Bd. 10, S. 67.

Anmerkungen

[89] Ebd. S. 71.
[90] Ebd. S. 89.
[91] Siehe meine Ausführungen hierzu in Kap. IV.
[92] Richard Wagner: Publikum und Popularität, RWGS Bd. 10, S. 89.
[93] Vgl. meinen Exkurs über Wagners Religiosität in Kap. IV.
[94] Richard Wagner: Publikum und Popularität, RWGS Bd. 10, S. 90.
[95] Richard Wagner: Wollen wir hoffen, RWGS Bd. 10, S. 136.
[96] CT Bd. III, S. 58.
[97] „Wenn unsere Wissenschaft, der Abgott der modernen Welt, unseren Staatsverfassungen so viel gesunden Menschenverstand zuführen könnte, dass sie z. B. ein Mittel gegen das Verhungern arbeitsloser Mitbürger auszufinden vermöchte, müssen wir sie am Ende im Austausche für die impotent gewordene kirchliche Religion dahinnehmen. Aber sie kann gar nichts." RWGS Bd. 10, S. 124.
[98] Ebd.
[99] Ebd. S. 121.
[100] Ebd. S. 130.
[101] Ebd.
[102] Richard Wagner: Religion und Kunst, RWGS Bd. 10, S. 211.
[103] Ebd. S. 212.
[104] Ebd. S. 221.
[105] Ebd. S. 223.
[106] Ebd. S. 230.
[107] Ebd. S. 234.
[108] Ebd. S. 236.
[109] Ebd. S. 242.
[110] Ebd. S. 239.
[111] Ebd. S. 238.
[112] Richard Wagner: Was nützt diese Erkenntnis?, RWGS Bd. 10, S. 262.
[113] Ebd. S. 263.
[114] Richard Wagner: Erkenne dich selbst, RWGS Bd. 10, S. 266.
[115] Ebd. S. 267.
[116] Ebd. S. 265.
[117] Ebd.
[118] Ebd.
[119] Ebd.
[120] Ebd.
[121] Ebd. S. 269.
[122] Ebd.
[123] Ebd. S. 271.
[124] Ebd. S. 272.
[125] Ebd. S. 27.
[126] Ebd. S. 272.

[127] Ebd. S. 273.
[128] Ebd. S. 274.
[129] Ebd.
[130] Vgl. Anm. 103.
[131] Angelo Neumann: Erinnerungen an Richard Wagner, Leipzig 1907, S. 139.
[132] Und die Behauptung Jürgen Kühnels: „Der Gedanke einer globalen Judenvernichtung wird zumindest angedeutet", in: Richard Wagners Schriften (Wagner-Handb., op. cit., S. 554 entbehrt jeder Grundlage.
[133] Richard Wagner: Heldentum und Christentum, RWGS Bd. 10, S. 277.
[134] Ebd.
[135] Ebd. S. 279.
[136] Ebd. S. 280.
[137] Vgl. Kapitel IV, Anm. 104 und 105.
[138] RWGS Bd. 10, S. 284.
[139] Ebd. S. 284 f.
[140] Es ist die letzte Schrift Wagners überhaupt. Ihr sollte allerdings noch eine über die Emanzipation der Frau folgen („Über das Weibliche im Menschen"). Durch den Tod Wagners blieb diese Schrift fragmentarische Skizze.
[141] So berichtet Cosima. Siehe CT Bd. 4, S. 718.

VI. Von Wagner zu Hitler: Die Wirkungsgeschichte von Wagners Antisemitismus

[1] CT Bd. 2, S. 725.
[2] CWZL S. 40 f.
[3] Vgl. Kap. III, A.
[4] Eduard Hanslick: Aus meinem Leben, mit einem Nachwort hrsg. von Peter Wapnewski, Kassel 1987, S. 360.
[5] Friedrich Nietzsche: Der Fall Wagner, in: Colli/Montinari Bd. 6, S. 44.
[6] Über den Bayreuther Kreis, seine Zusammensetzung und seine Wirkung informiert ausführlich Winfried Schüler in seinem Buch: Der Bayreuther Kreis von seiner Entstehung bis zum Ausgang der wilhelminischen Epoche, Münster 1971.
[7] Erschienen erstmals in Leipzig 1887 als „Antisemiten-Katechismus", später wurde es in „Handbuch der Judenfrage" umbenannt. Als solches erlebte es bis 1955 49 Auflagen. Es war eines der antisemitischen Standardwerke des Dritten Reiches.
[8] Winfried Schüler: Der Bayreuther Kreis, op. cit., S. 27.
[9] Wolfgang Altgeld: Wagner, der ‚Bayreuther Kreis' und die Entwicklung des völkischen Denkens, in: Ulrich Müller: Richard Wagner. Die Rezeption im 19. und 20. Jahrhundert, op. cit., S. 54.

Anmerkungen

[10] Vgl. die hervorragende Arbeit von Peter Peil: Die Krise des neuzeitlichen Menschen im Werk Richard Wagners, Köln/Wien 1990.

[11] Das Tagebuch der Baronin von Spitzemberg. Aufzeichnungen aus der Hofgesellschaft des Hohenzollernreiches. Ausgewählt und herausgegeben von Rudolf Vierhaus, mit einem Vorwort von Peter Rassow, Göttingen, 3. Auflage 1963, S. 497.

[12] Philipp Eulenburgs politische Korrespondenz. Bd. 1, hrsg. von John C. G. Röhl, Boppard 1976 (Deutsche Geschichtsquellen des 19. und 20. Jahrhunderts, hrsg. von der Historischen Kommission bei der Bayerischen Akademie der Wissenschaften, Bd. 52/I), S. 265.

[13] Ebd.

[14] Friedrich Nietzsche: Der Fall Wagner, in: Colli/Montinari Bd. 6, S. 21.

[15] Houston Stewart Chamberlain: Richard Wagner, München 1895 (es erlebte zahlreiche Auflagen bis in die Zwanzigerjahre).

[16] Ebd. (zit. nach der 5. Auflage 1910) S. 210.

[17] Ebd. S. 504.

[18] Ebd. S. 505.

[19] Vgl. Winfried Schüler: Der Bayreuther Kreis, op. cit.

[20] Erstmals erschienen 1899 in München. Das Buch erlebte bis 1944 29 Auflagen!

[21] Leopold von Schröder hatte bereits 1911 (München) „Die Vollendung des arischen Mysteriums in Bayreuth" konstatiert.

[22] Alfred Rosenberg: Der Mythus des 20. Jahrhunderts, München 1930.

[23] Erich Kuby: Richard Wagner & Co., op. cit., S. 138.

[24] Alfred Rosenberg: Der Mythus des 20. Jahrhunderts, op. cit., S. 434 (zit. aus der 129.–132. Auflage, München 1938).

[25] Ebd. S. 433.

[26] Ebd. S. 444.

[27] Geborene Williams, Adoptivtochter des Pianisten und Dirigenten Karl Klindworth, der für Wagner Klavierauszüge herstellte und eng mit ihm befreundet war. Von frühester Jugend an wurde Winifred im Geiste Richard Wagners erzogen.

[28] Zitiert nach Hartmut Zelinsky: Richard Wagner. Ein deutsches Thema, op. cit., S. 169.

[29] Ebd. S. 170.

[30] Ebd. S. 169.

[31] Ernst Hanisch: Die politisch-ideologische Wirkung und „Verwendung" Wagners, in: Wagner-Handb., op. cit., S. 644.

[32] Im Gegensatz zu seiner Gattin zeigte Siegfried persönlich, aber auch in seinem Werk eine respektable Liberalität und Toleranz und distanzierte sich im Übrigen von der antisemitischen Politik der Nationalsozialisten und jedweder faschistischen Deutschtümelei.

[33] Peter Pachl: Siegfried Wagner. Genie im Schatten, München 1988, S. 399.
[34] Ebd. S. 712; vgl. auch die Schilderung der Hitlererlebnisse Friedelind Wagners in: „Nacht über Bayreuth". Die Geschichte der Enkelin Richard Wagners, Bern 1945, S. 150 ff.
[35] Vgl. Andrea Mork: Richard Wagner als politischer Schriftsteller (Anm. 198).
[36] Erhard Walther Verlag für nationalsozialistisches Schrifttum, Stuttgart 1933.
[37] Ebd. S. 8. In zahlreichen Publikationen wie zum Beispiel der von Eugen Schmitz: „Richard Wagner wie wir ihn heute sehen", Dresden 1937, erklärt man Wagner gemäß der Rassenforschung zum „nordischen Tonbaumeister" par excellence (S. 47). Im großen Stile hat den Zusammenhang von „Musik und Rasse" bereits 1932 Richard Eichenauer beschrieben.
[38] Siehe Anm. 186 (Grunsky), S. 62.
[39] Ebd. S. 67.
[40] München 1920.
[41] Ebd. S. 9.
[42] Otto Tröbes: Mit Richard Wagner ins Dritte Deutsche Reich, in: Offizieller Festspielführer 1938, hrsg. von Otto Strobel, S. 14.
[43] Hans Schilling: Richard Wagners ethischer Nationalsozialismus, in: Nationalsozialistische Monatshefte, 4. Jg., Heft 40 v. Juli 1933, S. 289–297.
[44] Eine eindrucksvolle Dokumentation nationalsozialistischen (wie auch völkischen) Wagner-Schrifttums findet sich (auch wenn die Schlussfolgerungen des Herausgebers im einrahmenden Essay irrig sind) in Hartmut Zelinsky: Richard Wagner. Ein deutsches Thema, Frankfurt am Main 1976; ein markantes Beispiel nationalsozialistischer Wagner-Vereinnahmung ist auch das Juliheft 1933 der nationalsozialistischen Monatszeitschrift „Deutsches Wesen" mit dem Titel: „Richard Wagner und das neue Deutschland".
[45] Vgl. Peter Raabe: Die Musik im Dritten Reich. Kulturpolitische Reden und Aufsätze, 2 Bde., Regensburg 1935.
[46] Hubert Kolland: Wagner und der deutsche Faschismus, in: Musik und Musikpolitik im faschistischen Deutschland, hrsg. von Hanns-Werner Heister und Hans-Günter Klein, Frankfurt a. M. 1984, S. 128.
[47] Ebd. S. 129 f.
[48] Ernst Bloch: Politische Messungen. Pestzeit, Vormärz, Gesamtausgabe Bd. 11, Frankfurt a. M. 1970, S. 319.
[49] Vgl. Ernst Hanisch: Ein Wagnerianer namens Adolf Hitler, in: Ulrich Müller: Richard Wagner 1883–1983, s. o.
[50] Joachim Köhler: Wagners Hitler. Der Prophet und sein Vollstrecker, München 1997.
[51] Joachim C. Fest: Hitler. Eine Biographie, Frankfurt am Main/Berlin/Wien 1976, Bd. 1, S. 43.

Anmerkungen

⁵² Vgl. Prieberg: Musik im NS-Staat (Anm. 181); vgl. auch Joseph Wulf: Kultur im Dritten Reich. Eine Dokumentation, Bd. 5: Musik im Dritten Reich, Berlin / Frankfurt a. M. 1989.
⁵³ Vgl. Manfred Frank: Der kommende Gott. Vorlesungen über die Neue Mythologie, Frankfurt a. M. 1982.
⁵⁴ Andrea Mork: Richard Wagner als politischer Schriftsteller. Frankfurt a. M. / New York 1990, S. 17.
⁵⁵ Michael Karbaum: Studien zur Geschichte der Bayreuther Festspiele, op. cit., S. 72.
⁵⁶ Ein Buch des Dankes und der Erinnerung, Hamburg 1933.
⁵⁷ Ebd. S. 8.
⁵⁸ Ebd. S. 62.
⁵⁹ Ebd.
⁶⁰ Wie kalt-berechnend Winifreds politischer Opportunismus war, bezeugen ihre eigenen Äußerungen in der Spruchkammer-Denkschrift von 1948 (Richard-Wagner-Archiv, Bayreuth), in der sie lang und breit erklärt, dass Wagners Werk ganz und gar nicht dem Geist der Nationalsozialisten entspreche, sondern zum Beispiel im Falle des „Parsifal" sogar als „weltanschaulich untragbar" (S. 24) gegolten habe, was sie aber nicht daran hinderte, Bayreuth und Wagner in den Dienst des Nationalsozialismus zu stellen. Die Richter des Berufungsverfahrens sahen denn auch in der Tatsache „dass sie das Gewicht eines der berühmtesten Namen der Kulturgeschichte für Hitler in die Waagschale warf", als entscheidenden Tatbestand einer Schuld an. Dennoch wurde sie als Minderbelastete mit geringfügigen Auflagen auf Bewährung eingestuft, was lediglich ihre Verzichtserklärung als Leiterin der Festspiele zur Folge hatte. Im ersten Spruchkammerverfahren von 1947 wurde sie noch in Gruppe II der Belasteten (Aktivisten) eingestuft und es wurden ihr beträchtliche Sühnemaßnahmen auferlegt.
⁶¹ Ebd. S. 23 f.
⁶² Konkrete Angaben und Zahlen über Hitlers Zuwendungen an die Bayreuther Festspiele finden sich in: Michael Karbaum: Studien zur Geschichte der Bayreuther Festspiele, Regensburg 1976, S. 86; vgl auch: Fred K. Prieberg: Musik im NS-Staat, Frankfurt am Main 1982, S. 307; vgl. auch Manfred Eger: Die Bayreuther Festspiele und die Familie Wagner, S. 604, in: Wagner-Handbuch.
⁶³ Ebd. S. 87.
⁶⁴ Thomas Mann: Bruder Hitler, S. 256, in: Mann, Einzelband „An die gesittete Welt".
⁶⁵ Katz, S. 203.
⁶⁶ Paul Lawrence Rose: Richard Wagner und der Antisemitismus, s. o.
⁶⁷ Joachim Köhler: Wagners Hitler, s. o.
⁶⁸ Katz, S. 200.

Abkürzungen

Die nachstehend aufgeführte, häufig benutzte Literatur wird mit folgenden Kürzeln zitiert:

Colli/Montinari	Friedrich Nietzsche: Kritische Studienausgabe, hrsg. von Giorgio Colli und Mazzino Montinari, 2. Auflage, München 1988.
CT	Cosima Wagner: Die Tagebücher, hrsg. und kommentiert von Martin Gregor-Dellin und Dietrich Mack (4 Bände), München / Zürich, 2., durchgesehene und im Anhang revidierte Auflage 1982.
CWZL	Cosima Wagner: Das zweite Leben, Briefe und Aufzeichnungen 1883–1930, hrsg. von Dietrich Mack, München 1980.
Gregor-Dellin	Martin Gregor-Dellin: Richard Wagner. Sein Leben, sein Werk, sein Jahrhundert, München 1980.
Kapp	Richard Wagners gesammelte Schriften, 14 Bde., hrsg. von Julius Kapp, Leipzig o.J.
Katz	Jacob Katz: Richard Wagner. Vorbote des Antisemitismus, Königstein/Ts. 1985.
Mann	Thomas Mann: Gesammelte Werke in Einzelbänden, hrsg. von Peter de Mendelssohn (20 Bde.), Frankfurt am Main 1980–1986 (zitiert nach Titeln der Einzelbände).
Newman	Ernest Newman: The Life of Richard Wagner, 3. Auflage, New York 1969.
RWGS	Richard Wagner: Gesammelte Schriften und Dichtungen in zehn Bänden, hrsg. von Wolfgang Golther, Berlin / Leipzig / Wien / Stuttgart o.J.
RWML	Richard Wagner: Mein Leben, einzige vollst. Ausgabe, hrsg. von Martin Gregor-Dellin, München 1963.
RWSB	Richard Wagner: Sämtliche Briefe, hrsg. Im Auftrag der Richard-Wagner-Stiftung Bayreuth von Gertrud Strobel und Werner Wolf, Hans Joachim Bauer und Johannes Forner, Leipzig 1967–1991.
Wagner-Handb.	Richard-Wagner-Handbuch, hrsg. von Ulrich Müller und Peter Wapnewski, Stuttgart 1986.
Wagner-Symp.	Ulrich Müller (Hrsg.): Richard Wagner 1883–1983. Die Rezeption im 19. und 20. Jahrhundert, Gesammelte Beiträge des Salzburger Symposiums, Stuttgart 1984.

Literaturverzeichnis

Das nachfolgende Verzeichnis enthält neben der zitierten nur eine Auswahl der benutzten Literatur, die derart umfangreich ist, dass hier nur die wichtigsten Titel aufgenommen werden konnten.

Adermann, J.: Wagner and Wagnerism, in: The New York Review of Books, 22. Dezember 1983, S. 27–37.
Adler, Guido: Richard Wagner. Vorlesungen, gehalten an der Universität zu Wien 1903/1904, 2. Aufl. München 1923.
Adler, J[acques]: Der Leipziger Brühl und die Weltwirtschaft, in: Sachsen. Politik, Wirtschaft, Kunst und Wissenschaft im Freistaat Sachsen, Leipzig 1931.
Adorno, Theodor W.: Nachschrift zur Wagner-Diskussion, in: DIE ZEIT, Nr. 41 (9. Oktober 1964).
Ders.: Wagners Aktualität, in: Programmhefte der Bayreuther Festspiele 1964: „Tristan und Isolde", Bayreuth 1964.
Ders.: Fragment über Musik und Sprache. In: Sprache, Dichtung, Musik, hrsg. von Jakob Knaus, Tübingen 1973.
Ders.: Versuch über Wagner, Frankfurt a. M. 1952, zitiert im Folgenden nach der Neuausgabe, Frankfurt a. M. 1974.
Ahlwardt, Hermann: Der Verzweiflungskampf der arischen Völker mit dem Judentum, Berlin 1890.
Altgeld, Wolfgang: Wagner, der ‚Bayreuther Kreis' und die Entwicklung des völkischen Denkens, in: Wagner-Symp., S. 35–65.
Althaus, Horst: Richard Wagner. Genie und Ärgernis, Bergisch Gladbach 1980.
Arnswald, Werner Konstatin von: Ahnentafel des Komponisten Richard Wagner, Leipzig 1930.
Bahr, Hermann: Der Antisemitismus. Ein Internationales Interview, hrsg. und mit einem Anhang versehen von Hermann Greive, Königstein/Ts 1979.
Barth, Henrik (Hrsg.): Internationale Wagner-Bibliographie 1956–1960, Bayreuth 1961.
Ders. (Hrsg.): Internationale Wagner-Bibliographie 1961–1966, Bayreuth 1968.
Barth, Herbert (Hrsg.): Internationale Wagner-Bibliographie 1967–1978, Bayreuth 1979.
Ders. (Hrsg.): Internationale Wagner-Bibliographie 1945–1955, Bayreuth 1956.

Ders. (Hrsg.): Bayreuther Dramaturgie, Stuttgart / Zürich 1980.
Ders. (Hrsg.): Der Festspielhügel, München 1973.
Ders., Dietrich Mack, Egon Voss: Richard Wagner. Leben und Werk in zeitgenössischen Bildern und Dokumenten, erweitert und bearbeitet von Egon Voss, Mainz/München 1982.
Bartoli Bacherini, Maria Adelaide: Bibliografia Wagneriana (1900–1957) o. O. 1971.
Batka, R.: Richard Wagner oder Richard Geyer? Eine Vaterschaftsfrage, in: Prager Tageblatt vom 2.8.1908.
Battenberg, Friedrich: Das europäische Zeitalter der Juden. Zur Entwicklung einer Minderheit in der nichtjüdischen Umwelt Europas (2 Teilbände), Darmstadt 1990.
Bauer-Lechner, Natalie: Erinnerungen, hrsg. von Herbert Killian, Hamburg 1984.
Bayreuther Blätter (1879–1936), Bayreuth.
Bayreuther Festspielführer 1924, hrsg. von Karl Grunsky, Bayreuth.
Bayreuther Festspielführer 1934, hrsg. von Otto Strobel, Bayreuth.
Bayreuther Festspielführer 1938, hrsg. von Otto Strobel, Bayreuth.
Becker, Heinz und Gudrun (Hrsgg.): Giacomo Meyerbeer – Weltbürger der Musik, Katalog zur Ausstellung der Musikabteilung der Staatsbibliothek Preußischer Kulturbesitz zum 200. Geburtstag des Komponisten, Wiesbaden 1991.
Bekker, Paul: Wagner. Das Leben im Werke, Berlin / Leipzig 1924.
Beidler, Franz Wilhelm: Bedenken gegen Bayreuth, in: Das literarische Deutschland, Zeitung der Deutschen Akademie für Sprache und Dichtung, Heidelberg vom 20.8.1951.
Beidler, Franz Wilhelm: Cosima Wagner-Liszt. Der Weg zum Wagner-Mythos. Hrsg. und mit einem Nachwort versehen von Dieter Borchmeyer, Bielefeld 1997.
Berl, Heinrich: Das Judentum in der Musik, Berlin und Leipzig 1926 (entgegen der Assoziationen des Titels beabsichtigt der Autor, „Wagners Antisemitismus gerade am Problem der Musik ad absurdum zu führen").
Bermbach, Udo: Die Destruktion der Institutionen. Zum politischen Gehalt des ‚Ring', in ders.: In den Trümmern der eignen Welt. Richard Wagners „Der Ring des Nibelungen", Berlin 1989.
Ders.: Der Wahn des Gesantkunstwerks. Richard Wagners politisch-ästhetische Utopie, Frankfurt a. M. 1994.
Ders.: Mythos Wagner, Reinbek 2013.
Ders.: Richard Wagner in Deutschland, Stuttgart / Weimar 2011.
Bie, Oscar: Richard Wagner und Bayreuth, Zürich / Leipzig 1931.
Blessinger, Karl: Judentum und Musik – Ein Beitrag zur Kultur und Rassenpolitik, 2. Auflage, Berlin 1944 (rassistisches Machwerk nationalsozialistischer Ideologie, wie auch folgender Titel des Autors).

Literaturverzeichnis

Ders.: Mendelssohn, Meyerbeer, Mahler – Drei Kapitel Judentum in der Musik als Schlüssel zur Musikgeschichte des 19. Jahrhunderts, Berlin 1938.
Bloch, Ernst: Politische Messungen. Pestzeit, Vormärz, Gesamtausgabe Bd. 11, Frankfurt a. M. 1970.
Ders.: Erbschaft dieser Zeit, darin: Rettung Wagners durch surrealistische Kolportage, Frankfurt am Main 1973.
Borchmeyer, Dieter: Das Theater Richard Wagners, Stuttgart 1982.
Ders.: Erlösung – nicht Endlösung, in der Zs.: Titel, Febr./März 1983, S. 18–25.
Ders.: Wie antisemitisch sind Richard Wagners Musikdramen? In: Meistersinger-Programmheft I der Bayreuther Festspiele 1983, S. 39–53.
Ders.: Richard Wagner und der Antisemitismus, in: Müller/Wapnewski: Wagner-Handb., S. 152 ff.
Ders.: Richard Wagner. Ahasvers Wandlungen, Frankfurt am Main / Leipzig 2002.
Ders., Maayani Ami Maayani, Susanne Vill (Hrsg.): Richard Wagner und die Juden, Stuttgart/Weimar 2000.
Bournot, Otto: Ludwig Heinrich Christian Geyer. Der Stiefvater Richard Wagners. Ein Beitrag zur Wagner-Biographie, Leipzig 1913.
Brauneck, Manfred: Das Theaterfest als soziale Utopie. Richard Wagners Entwurf eines Kunstwerks der Zukunft, in: Neue Rundschau 4/1983, S. 60–78.
Bry, Carl Christian: Verkappte Religionen. Kritik des kollektiven Wahns, hrsg. von Martin Gregor-Dellin, München 1979.
Bullock, Alan: Hitler. Eine Studie über Tyrannei, Düsseldorf 1969.
Buschinger, Danielle: Das Mittelalter Richard Wagners, Würzburg 2007.
Cadenbach, Rainer: Theodor W. Adornos Versuch über Wagner, in: Helmut Loos, Günther Massenkeil (Hrsgg.): Zu Richard Wagner, Bonn 1984, S. 145–159.
Chamberlain, Houston Stewart: Richard Wagner, München 1919. 6. Auflage. (Folgenreiche, völkisch-rassistische Wagnerdarstellung, deren erste Auflage 1896 herauskam.)
Ders.: Die Grundlagen des neunzehnten Jahrhunderts, München 1899.
Ders.: Rasse und Persönlichkeit, München 1925. Darin von besonderer Bedeutung das Kapitel: Richard Wagners Regenerationslehre. (Rassistische Deutung der Wagner'schen Vorstellungen.)
Claussen, Detlev: Grenzen der Aufklärung. Zur gesellschaftlichen Geschichte des modernen Antisemitismus, Frankfurt am Main 1987.
Craig, Gordon A.: Über die Deutschen, München 1982.
Csampai, Attila und Dietmar Holland (Hrsgg.): Die Meistersinger von Nürnberg. Texte, Materialien, Dokumente, Reinbek 1981.
Dies. (Hrsgg.): Parsifal. Texte, Materialien, Dokumente, Reinbek 1984.

Dahlhaus, Carl (Hrsg.): Das Drama Richard Wagners als musikalisches Kunstwerk, Regensburg 1970.
Ders.: Erlösung dem Erlöser, In: Richard Wagner. Parsifal: Texte, Materialien, Kommentare, hrsg. von Attila Csampai und Dietmar Holland, Reinbek 1984 (Abdruck eines Artikels in der Süddeutschen Zeitung vom 27. August 1982).
Ders.: Richard Wagners Musikdramen, 2. Auflage, Zürich 1985.
Ders.: Wagners Konzeption des musikalischen Dramas, Regensburg 1971, Neuausgabe München, Kassel / Basel / London / New York 1990.
Ders. (Hrsg.): Richard Wagner. Werk und Wirkung, Regensburg 1971.
Ders. und E. Voss (Hrsgg.): Wagnerliteratur und Wagnerforschung, Referate des Wagner-Symposiums München 1983, München 1985.
Dühring, Eugen: Die Judenfrage als Racen, Sitten und Culturfrage. Mit einer weltgeschichtlichen Antwort, Karlsruhe / Leipzig 1881.
Dümling, Albrecht und Peter Girth (Hrsgg.): Entartete Musik. Eine kommentierte Rekonstruktion zur Düsseldorfer Ausstellung von 1938, Düsseldorf 1988.
Eger, Manfred: „Alle 5000 Jahre glückt es." Richard und Cosima Wagner. Zeugnisse einer außergewöhnlichen Verbindung, Tutzing 2010.
Ders.: Die Bayreuther Festspiele und die Familie Wagner, in: Wagner-Handb., S. 589–605.
Ders.: Richard Wagner in Parodie und Karikatur, in: Wagner-Handb., S. 760–777.
Ders.: Wagner und die Juden, Fakten und Hintergründe. Eine Dokumentation zur Ausstellung im Richard-Wagner-Museum Bayreuth, Bayreuth 1985.
Ders.: „Wenn ich Wagnern den Krieg mache ..." Der Fall Nietzsche und das Menschliche, Allzumenschliche, Wien 1988.
Eichenauer, Richard: Musik und Rasse, o. O. 1932. (Nationalsozialistisches Werk rassistischer Musikpolitik.)
Engel de Jánosi, Josef: Das Antisemitentum in der Musik, Zürich / Leipzig / Wien 1933. (Mutige Auseinandersetzung mit der antisemitischen Musikpolitik der Nationalsozialisten, speziell der Wagner-Vereinnahmung.)
Erdmann, K. D.: Deutschland unter der Herrschaft des Nationalsozialismus 1933–1939, Gebhard Handbuch der deutschen Geschichte, Bd. 20, München 1980.
Eulenburg, Philipp: Politische Korrespondenz, Bd. 1, hrsg. von John C. G. Röhl, Boppard 1976 (Deutsche Geschichtsquellen des 19. und 20. Jahrhunderts, hrsg. von der Historischen Kommission bei der Bayerischen Akademie der Wissenschaften, Bd. 52/I).
Fest, Joachim C.: Hitler. Eine Biographie, Frankfurt am Main / Berlin / Wien 1976.
Ders.: Über Richard Wagner. Eine Skizze nach den Tagebüchern Cosimas, Beilage in der FAZ Nr. 82 vom 22.4.1978.

Literaturverzeichnis

Field, Geoffrey G.: Evangelist of race. The german vision of Houston Stewart Chamberlain, New York 1981.

Frank, Manfred: Der kommende Gott. Vorlesungen über die Neue Mythologie, Frankfurt am Main 1982.

Frankenstein, Ludwig: Bibliographie der auf Richard Wagner bezüglichen Buch-, Zeitungs- und Zeitschriften-Literatur für die Jahre 1907–1911, Berlin 1912.

Frank, Manfred: Der kommende Gott. Vorlesungen über die Neue Mythologie, Frankfurt am Main 1982.

Freudenthal-Nürnberg, Max: Juden als Messgäste in Leipzig, in: Aus Geschichte und Leben der Juden in Leipzig, Festschrift zum 75jährigen Bestehen der Leipziger Gemeindesynagoge, hrsg. vom Vorstand der Israelitischen Kultusgemeinde, Leipzig 1930.

Freytag, Gustav: Der Streit über das Judenthum in der Musik, in: Die Grenzboten XXVIII, Leipzig 1869.

Friedrich, Sven: Richard Wagners Opern, München 2012.

Fries, Othmar: Richard Wagner und die deutsche Romantik, Zürich 1952.

Fritsch, Theodor: Antisemiten-Katechismus, 22. Auflage, Leipzig 1892. (Im Dritten Reich unter dem Titel „Handbuch zur Judenfrage" neu aufgelegt. Eines der Standardwerke nationalsozialistischer Musikpolitik.)

Ganzer, Karl Richard: Richard Wagner und das Judentum, Hamburg 1938 (Schriften des Reichsinstituts für Geschichte des neuen Deutschland).

Gay, Peter: Freud, Juden und andere Deutsche. Herren und Opfer in der modernen Kultur, Hamburg 1986.

Geck, Martin: Die Bildnisse Richard Wagners, Passau 1970.

Ders.: Richard Wagner, Berlin 2013.

Goebbels, Joseph: Richard Wagner und das Kunstempfinden unserer Zeit (1933), in: Csampai, Attila und Dietmar Holland (Hrsgg.): Richard Wagner. Die Meistersinger von Nürnberg. Texte, Materialien, Kommentare, Reinbek 1981.

Glasenapp, Carl Friedrich: Richard Wagners Leben und Wirken, 1876–77; 3., erw. Aufl. u. d. T.: Das Leben Richard Wagners, 1894–1911.

Glaser, Hermann: Spießer-Ideologie. Von der Zerstörung des deutschen Geistes im 19. und 20. Jahrhunderts, Freiburg 1964.

Golther, Wolfgang (Hrsg.): Bayreuth im Dritten Reich. Ein Buch des Dankes und der Erinnerung, Hamburg 1933. (Dokument der Kooperation Bayreuth – Hitler in Winifred Wagners Namen).

Gradenwitz, Peter: Das Judentum – Richard und Cosima Wagners Trauma, in: Wagner-Symp., S. 77–91.

Graml, Hermann: Reichskristallnacht. Antisemitismus und Judenverfolgung im Dritten Reich, München 1988.

Gregor-Dellin, Martin: Richard Wagner. Sein Leben, sein Werk, sein Jahrhundert, München 1980.

Ders.: Richard Wagner. Eine Biographie in Bildern, München / Zürich 1982.
Ders.: Neue Wagner-Ermittlungen, in: Martin Gregor-Dellin: Was ist Größe? Sieben Deutsche und ein deutsches Problem, München / Zürich 1985, S. 141–175.
Greive, Hermann: Die Juden. Grundzüge ihrer Geschichte im mittelalterlichen und neuzeitlichen Europa, Darmstadt 1982 (2. Aufl.).
Ders.: Geschichte des modernen Antisemitismus in Deutschland, Darmstadt 1983.
Ders.: Zur multikausalen Bedingtheit des modernen Antisemitismus, in: Judaica, Heft 3, September 1984, S. 133–145.
Grunsky, Karl: Deutschlands führende Männer und das Judentum. Richard Wagner und die Juden, München 1920.
Ders.: Der Kampf um deutsche Musik, Stuttgart 1933. (Karl Grunsky war einer der Wortführer nationalsozialistischer Musiktheorie.)
Gutman, Robert: Richard Wagner. The Man, His Mind and His Music, New York 1969. (Die deutsche Übersetzung erschien unter dem Titel „Der Mensch, sein Werk, seine Zeit" 1970 in München.)
Hamann, Brigitte: Die Familie Wagner, Reinbek 2005.
Dies.: Winifred Wagner oder Hitlers Bayreuth, München 2002.
Hanisch, Ernst: Die politisch-ideologische Wirkung und „Verwendung" Wagners, in: Wagner-Handb., S. 625–647.
Ders.: Ein Wagnerianer namens Adolf Hitler, in: Wagner-Symp., S. 65–77.
Hanslick, Eduard: Aus meinem Leben, mit einem Nachwort herausgegeben von Peter Wapnewski, Kassel / Basel 1987.
Harmelin, Wilhelm: Juden in der Leipziger Rauchwarenwirtschaft, in: „Tradition". Zs. für Firmengeschichte, 11/1966, S. 249–282.
Haumann, Heiko: Geschichte der Ostjuden, München 1990.
Hein, Stefanie: Richard Wagners Kunstprogramm im nationalkulturellen Kontext, Würzburg 2006.
Heine, Heinrich: Sämtliche Werke (4 Bde.), hrsg. von Jost Perfahl und Werner Vordtriede, München 1969.
Heister, Hanns-Werner und Hans-Günter Klein (Hrsg.): Musik und Musikpolitik im faschistischen Deutschland, Frankfurt a. M. 1984.
Hermand, Jost (Hrsg.): Geschichten aus dem Ghetto, Frankfurt am Main 1987.
Heuberger, Georg (Hrsg.): Hinaus aus dem Ghetto. Juden in Frankfurt am Main 1800–1950, Frankfurt a. M. 1988.
Heymel, Hans Gerhard: Die Entwicklung Richard Wagners bis 1851 als politischer Künstler und sein Kunstwerkbegriff als gesellschaftliche Utopie, Dissertation Univ. Osnabrück 1981.
Horch, Hans Otto: Conditio Judaica. Juden und Judentum im Spiegel literarischer jüdischer Literaturkritik, Habilitationsschrift Aachen 1984.
Horkheimer, Max und Theodor W. Adorno: Dialektik der Aufklärung, mit ei-

nem Nachwort von Jürgen Habermas, Frankfurt am Main 1986 (Sonderausgabe).

Hudek, Franz-Peter: Die Tyrannei der Musik. Nietzsches Wertung des Wagnerischen Musikdramas, Würzburg 1989.

Idelsohn, A. Z.: Jewish Music in its historical development, New York 1929.

Jacobs, Rüdiger: Revolutionsidee und Staatskritik in Richard Wagners Schriften: Perspektiven metapolitischen Denkens, Würzburg 2010.

Jüdisches Bayreuth. Hrsg. von Bernd Mayer und Frank Piontek, Bayreuth 2010.

Jung, Hans Rudolf: Franz Liszt in seinen Briefen, Ost-Berlin 1987/Frankfurt am Main 1988.

Kampmann, Wanda: Deutsche und Juden, Heidelberg 1963.

Kapp, Julius: Richard Wagner und die Frauen. Eine erotische Biographie, Berlin 1912.

Ders.: Richard Wagner, Berlin 1910.

Kapsamer, Ingrid: Wieland Wagner. Wegbereiter und Weltwirkung, Wien/Graz/Klagenfurt 2010.

Karbaum, Michael: Studien zur Geschichte der Bayreuther Festspiele, Regensburg 1976.

Kastner, Emerich: Wagner-Catalog. Chronologisches Verzeichnis der von und über Richard Wagner erschienenen Schriften und Musikwerke, Wien 1877/Offenbach am Main 1878, Nachdruck Hilversum 1966.

Kater, Michael H.: Die mißbrauchte Muse. Musiker im Dritten Reich, Wien 1997.

Katz, Jacob: Richard Wagner. Vorbote des Antisemitismus, Königstein/Ts. 1985.

Ders.: Vom Vorurteil bis zur Vernichtung. Der Antisemitismus 1700–1933, München 1989.

Klein, Richard: Solidarität mit Metaphysik? Ein Versuch über die musikphilosophische Problematik der Wagner-Kritik Theodor W. Adornos, Würzburg 1991.

Kneif, Tibor (Hrsg.): Richard Wagner: Die Kunst und die Revolution. Das Judentum in der Musik. Was ist Deutsch? Mit einem Kommentar des Herausgebers, München 1975.

Kocka, Jürgen (Hrsg.): Bürgertum im 19. Jahrhundert (3 Bände), München 1988.

Koebner, Thomas: Richard Wagner und der deutsche Nationalismus. Ein Versuch. Vortrag, gehalten im Rahmen des vom Forschungsinstitut für Musiktheater der Universität Bayreuth und der Evangelischen Akademie Tutzing gemeinsam veranstalteten Symposiums zum 100. Todestag von Richard Wagner am 11. August 1983.

Köhler, Joachim: Wagners Hitler. Der Prophet und sein Vollstrecker, München 1997.

Kohut, Adolf: Berühmte israelitische Männer und Frauen in der Kulturgeschichte der Menschen, Leipzig 1901.

Konold, Wulf: Felix Mendelssohn Bartholdy, Darmstadt 1984.

Kramer, Bernd: „Laßt uns die Schwerter ziehen, damit die Kette bricht ..." Michael Bakunin, Richard Wagner und andere während der Dresdner Mai-Revolution 1849. Berlin 1999.

Kreckel, Manfred: Richard Wagner und die französischen Frühsozialisten, Frankfurt a. M. 1986.

Kreis, Rudolf: Nietzsche, Wagner und die Juden, Würzburg 1995

Kreowski, Ernst und Eduard Fuchs: Richard Wagner in der Karikatur, Berlin 1907.

Kröplin, Eckart: Richard Wagner. Theatralisches Leben und lebendiges Theater, Leipzig 1989.

Kuby, Erich: Richard Wagner & Co. Zum 150. Geburtstag des Meisters, Hamburg 1963.

Küng, Hans: Sehnsucht nach Erlösung, in: Parsifal-Programmheft der Bayreuther Festspiele 1982, S. 1–38.

Kulka, Otto Dov: Richard Wagner und die Anfänge des modernen Antisemitismus, in: Bulletin des Leo Baeck Instituts IV, Nr. 16, Tel Aviv 1961, S. 281–300.

Lagarde Paul de: Juden und Indogermanen. Eine Studie nach dem Leben, Göttingen 1887. (Beispielhaft rassistisch-antisemitische Hetz-Schrift.)

Lang, J.: Zur Versöhnung des Judenthums mit Richard Wagner, Berlin 1869.

Lange, Walter: Richard Wagner und seine Vaterstadt Leipzig, Leipzig 1933.

Ders.: Richard Wagners Sippe. Vom Urahn zum Enkel, Leipzig 1938.

Leipziger Beiträge zur Wagner-Forschung 2. Internationales Kolloquim 1983 in Leipzig. Hrsg. vom Richard-Wagner-Verband Leipzig e. V., Markkleeberg 2010.

Lessing, Theodor: Der jüdische Selbsthaß, Berlin 1930, Nachdruck München 1984.

Ders.: Schopenhauer, Wagner, Nietzsche. Einführung in moderne deutsche Philosophie, München 1906.

Levy, Alphons: Geschichte der Juden in Sachsen, Berlin 1900.

Liebeschütz, Hans: Das Judentum im deutschen Geschichtsbild von Hegel bis Max Weber, Tübingen 1967.

Liefmann, Else: Die Legende vom Antichrist und die Sage von Ahasver. Ihre Bedeutung für den Antisemitismus, in: Judaica vom 1. Juli 1947, S. 122–156.

Liszt, Franz: Gesammelte Schriften, hrsg. von L. Ramann, Leipzig 1881, Nachdruck Hildesheim/New York 1978.

Löwith, Karl: Von Hegel zu Nietzsche. Der revolutionäre Bruch im Denken des 19. Jahrhunderts, Hamburg 1941.

Literaturverzeichnis

Loos, Paul Arthur: Richard Wagner. Vollendung und Tragik der deutschen Romantik, Bern / München 1952.

Lucas, Lore: Die Festspiel-Idee Richard Wagners, Regensburg 1973 (Arbeitsgemeinschaft 100 Jahre Bayreuther Festspiele, Bd. 2).

Ludwig, Emil: Wagner oder die Entzauberten, Berlin 1913.

Lütteken, Laurentz (Hrsg.): Wagner Handbuch, Stuttgart 2012.

Mack, Dietrich: Der Bayreuther Inszenierungsstil 1876–1976, München 1976.

Ders. (Hrsg.): Richard Wagner. Das Betroffensein der Nachwelt. Beiträge zur Wirkungsgeschichte, Darmstadt 1984.

Mann, Thomas: Gesammelte Werke in Einzelbänden. Hrsg. von Peter de Mendelssohn (20 Bde.), Frankfurt am Main 1980–1986.

Ders.: Wagner und unsere Zeit. Aufsätze, Betrachtungen, Briefe, Frankfurt am Main 1983.

Marcuse, Ludwig: Das denkwürdige Leben des Richard Wagner, München 1963.

Marek, George R.: Cosima Wagner. Ein Leben für ein Genie, Bayreuth 1982.

Marx, Karl / Friedrich Engels: Studienausgabe in drei Bänden, hrsg. von Iring Fetscher, Frankfurt a.M. 1966.

Maser, Werner: Adolf Hitler. Legende, Mythos, Wirklichkeit, 6. Aufl. München, Eßlingen 1974. (Darin besonders interessant das Kapitel: R. Wagner und Hitler.)

Massing, Paul: Vorgeschichte des politischen Antisemitismus, Frankfurt a.M. 1959.

Mattenklott, Gert: Über Juden in Deutschland, Frankfurt am Main 1992.

Mayer, Bernd und Frank Piontek: Jüdisches Bayreuth, Bayreuth 2010.

Mayer, Hans: Der Ring als bürgerliches Parabelspiel, in: Jahresheft Bayreuth 1966.

Ders.: „Wir Wagnerianer heute", in: Jahrbuch der Bayerischen Staatsoper, München 1978, S. 34–54.

Ders.: Richard Wagner. Mitwelt und Nachwelt, Zürich 1978.

Ders.: Diskussion über Recht, Unrecht und Alternativen, in: Musik-Konzepte 5, Richard Wagner. Wie antisemitisch darf ein Künstler sein?, hrsg. von Heinz-Klaus Metzger und Reiner Riehn, München 1978, S. 54–77.

Ders.: Versuche über die Oper, Frankfurt am Main 1981.

Ders.: Ein Deutscher auf Widerruf. Erinnerungen in 2 Bänden, Frankfurt am Main 1982, 1984. (Besonders interessant darin das Kapitel „Bayreuth", Bd. 2, S. 366 ff.)

Ders.: Das unglückliche Bewußtsein. Zur deutschen Literaturgeschichte von Lessing bis Heine, Frankfurt am Main 1986.

Ders.: Richard Wagner, Frankfurt a.M. 1998.

Metzger, Heinz-Klaus und Reiner Riehn (Hrsgg.): Richard Wagner. Wie antisemitisch darf ein Künstler sein?, Musik-Konzepte 5, München 1978.

Dies. (Hrsgg.): Richard Wagner. Parsifal, Musik-Konzepte 25, München 1982.

Meyer, Michael: Eine musikalische Fassade für das Dritte Reich, in: „Entartete Kunst". Das Schicksal der Avantgarde im Nazi-Deutschland. Katalog zur Ausstellung, hrsg. von Stephanie Barron, München 1992, S. 171–185.

Meyer, Oscar: Von Bismarck zu Hitler, New York 1944.

Meysenbug, Malwida von: Memoiren einer Idealistin – Der Lebensabend einer Idealistin, Berlin 1876/1898.

Millenkovich,Max von (pseud. Max Morold): Cosima Wagner, Leipzig 1937.

Millington, Barry: Das Wagner-Kompendium. Sein Leben – Seine Musik, München 1996.

Mösch, Stephan: Weihe, Werkstatt, Wirklichkeit – Wagners ,Parsifal' in Bayreuth 1882–1933, Kassel 2009.

Mork, Andrea: Richard Wagner als politischer Schriftsteller, Frankfurt am Main / New York 1990.

Moses, Stéphane und Albrecht Schöne (Hrsgg.): Juden in der deutschen Literatur. Ein deutsch-israelisches Symposium, Frankfurt a.M. 1986.

Mosse, George L.: Germans and Jews, London 1971.

Ders.: Die Nationalisierung der Massen. Von den Befreiungskriegen bis zum Dritten Reich, Frankfurt am Main / Berlin / New York 1976.

Motte, Helga de la: Der Hörer bleibt in Prag. Über Sprache und Musik, in: Freibeuter, Vierteljahreszeitschrift für Kultur und Politik, 34/1987.

Moulin-Eckart, Richard du: Cosima Wagner (2 Bde.), München 1929/1931.

Müller, Ulrich (Hrsg.): Richard Wagner 1883–1983. Die Rezeption im 19. und 20. Jahrhundert. Gesammelte Beiträge des Salzburger Symposiums, Stuttgart 1984.

Ders. und Peter Wapnewski (Hrsgg.): Richard-Wagner-Handbuch, Stuttgart 1986.

Neufeld, Siegbert: Die Juden im thüringisch-sächsischen Gebiet während des Mittelalters, Berlin 1917.

Neumann, Angelo: Erinnerungen an Richard Wagner, Leipzig 1907.

Newman, Ernest: The Life of Richard Wagner, New York 1933–1946 (4 Bände), Neuausgabe New York 1968–69.

Niemeyer, Christian: Nietzsches rhetorischer Antisemitismus, in: Nietzsche-Studien, Bd. 26, 1997, S. 139–162.

Nietzsche, Friedrich: Kritische Studienausgabe in 15 Bänden, hrsg. von Giorgio Colli und Mazzino Montinari, München / Berlin / New York, 2. Auflage 1988.

Ders.: Sämtliche Briefe. Kritische Studienausgabe, hrsg. von Giorgio Colli und Mazzino Montinari, München / Berlin / New York 1986.

Nowak, Adolf: Wagners Parsifal und die Idee der Kunstreligion, in: Richard Wagner. Werk und Wirkung, hrsg. von Carl Dahlhaus, Regensburg 1971, S. 161–175.

Literaturverzeichnis

Oberzaucher-Schüller, Gunhild und Jarmilia Weißenböck (Hrsgg.): Giacomo Meyerbeer, Komponist – Jude – Europäer (Mimundus 10), Wien / Köln / Weimar 1998.

Oesterlein, Nikolaus: Katalog einer Richard Wagner-Bibliothek, Leipzig 1882–1895 (4 Bände).

Ornstein, Hans: Der antijüdische Komplex. Versuch einer Analyse, Zürich 1949.

Pachl, Peter: Siegfried Wagner. Genie im Schatten, München 1988.

Panofsky, Walter: Wagner. Eine Bild-Biographie, o. O. 1963.

Peil, Peter: Die Krise des neuzeitlichen Menschen im Werk Richard Wagners. Köln / Wien 1990.

Petzold, Joachim: Wegbereiter des deutschen Faschismus. Die Jungkonservativen in der Weimarer Republik, Köln 1983.

Pretzsch, Paul (Hrsg.): Cosima Wagner und Houston Stewart Chamberlain im Briefwechsel 1888–1908, Leipzig 1934.

Prieberg, Fred K.: Musik im NS-Staat, Frankfurt am Main 1982.

Pütz, Peter: Friedrich Nietzsche, Stuttgart 1967, 2. Auflage 1975.

Puhle, Hans Jürgen: Agrarische Interessenpolitik und Konservatismus im wilhelminischen Reich 1893–1914, 2. Aufl., Bad Godesberg 1975.

Pulzer, Peter G. J.: Die Entstehung des politischen Antisemitismus in Deutschland und Österreich 1867 bis 1914, Gütersloh 1966.

Raabe, Peter: Die Musik im Dritten Reich. Kulturpolitische Reden und Aufsätze, Regensburg 1935. (Nationalsozialistische Programmschrift, wie auch die folgende.)

Ders.: Kulturwille im deutschen Musikleben. Kulturpolitische Reden und Aufsätze, 2. Band, Regensburg 1936.

Raff, Joachim: Die Wagnerfrage, Braunschweig 1849.

Rauschenberger, W.: Die Abstammung Richard Wagners, in: Familiengeschichtliche Blätter 42, 1944.

Rauschning, Hermann: Gespräche mit Hitler, Wien, Zürich, New York 1940.

Reichmann, Eva G.: Die Flucht in den Haß. Die Ursachen der deutschen Judenkatastrophe, Frankfurt am Main 1957.

Dies.: Größe und Verhängnis deutsch-jüdischer Existenz, Heidelberg 1974.

Reihlein, W.: Die Stammtafel Richard Wagners (Leipziger Abschnitt), in: Familiengeschichtliche Blätter 38, 1940, S. 170 ff.

Ders.: Die Eltern Richard Wagners, in: Familiengeschichtliche Blätter 41, 1943.

Renan, Ernest: Das Leben Jesu, Berlin 1864.

Richter, Dieter: Klingsors Zaubergarten. Eine exotische Landschaft in Richard Wagners Parsifal und der ‚Mythos Ravello'. In: Eros und Literatur. Festschrift für Gert Sautermeister, hrsg. von Christiane Solte-Gesser, Wolfgang Emmerich, Hans Wolf Jäger, Bremen 2005, S. 191–201.

Rose, Paul Lawrence: The Noble Anti-Semitism of Richard Wagner, in: The Historical Journal 25,3 (1982), S. 751-763.
Ders.: Richard Wagner und der Antisemitismus. Zürich / München 1999.
Rosenberg, Alfred: Der Mythus des 20. Jahrhunderts, 129.-132. Auflage, München 1938. (Standardwerk nationalsozialistischer Weltanschauung.)
Rosenberg, Hans: Große Depression und Bismarckzeit, Berlin 1975.
Rürup, Reinhard: Sozialismus und Antisemitismus in Deutschland vor 1914, in: Juden und jüdische Aspekte in der deutschen Arbeiterbewegung 1848-1918, Beiheft 2 zum Jahrbuch des Instituts für Deutsche Geschichte, Tel Aviv 1977, S. 203-227.
Rützow, Sophie: Richard Wagner und Bayreuth. Ausschnitte und Erinnerungen, München 1943. (Nationalsozialistische Bayreuth- und Wagnerverherrlichung.)
Ruppin, Arthur: Die Juden der Gegenwart. Eine sozialwissenschaftliche Studie, 2. Auflage, Köln / Leipzig 1911.
Sartre, Jean-Paul: Betrachtungen zur Judenfrage, Zürich 1948.
Schadewaldt, Wolfgang: Richard Wagner und die Griechen, in: Richard Wagner und das neue Bayreuth, hrsg. von Wieland Wagner, München 1962.
Scheel, Walter: Zum Mythos in der deutschen Geschichte. Rede zum 100jährigen Bestehen der Bayreuther Festspiele in Bayreuth (23. Juli 1976). In: Walter Scheel: Reden und Interviews (3). Hrsg. vom Presse- und Informationsamt der Bundesregierung, Bonn 1977.
Schibli, Sigfried: Franz Liszt. Rollen, Kostüme, Verwandlungen, München 1986.
Schieder, Theodor: Richard Wagner, das Reich und die Deutschen. Nach den Tagebüchern Cosima Wagners, in: Festschrift für Walter Bußmann. Staat und Gesellschaft im politischen Wandel, hrsg. von Werner Pöls, Stuttgart 1979, S. 360-382.
Schmidt, Alexander: Wagners ‚Erlösung' und Hitlers ‚Vernichtung'. Weltanschauliche Strukturen im Vergleich. Marburg 2012.
Schmitz, Eugen: Richard Wagner wie wir ihn heute sehen, Dresden 1937. (Typisches Beispiel nationalsozialistischer Wagnervereinnahmung.)
Scholz, Dieter David: Ein deutsches Missverständnis. Richard Wagner zwischen Barrikade und Walhalla. Berlin 1997.
Ders.: „Kinder! macht Neues!" 125 Jahre Bayreuther Festspiele – 50 Jahre Neubayreuth. Bilanz eines Erfolges, Berlin 2001.
Ders.: Richard Wagner. Eine europäische Biographie, Berlin 2006.
Ders.: „Hinweg aus Deutschland gehöre ich". Der Europäer Richard Wagner, unter Deutschen ein Missverständnis, Büdingen 2010.
Schopenhauer, Arthur: Sämtliche Werke in fünf Bänden. Nach den Ausgaben letzter Hand herausgegeben von Ludger Lütkehaus, Zürich 1988.
Schostack, Renate: Hinter Wahnfrieds Mauern. Gertrud Wagner – Ein Leben, Hamburg 1998.

Literaturverzeichnis

Schottlaender, Rudolf: Vom Judenhaß dreier Großer. Nachbemerkungen zum Luther-Marx-Wagner-Gedenkjahr, in: Frankfurter Hefte, 38. Jg., Heft 12/1983, S. 37–46.

Schröder, Leopold von: Die Vollendung des arischen Mysteriums in Bayreuth, München 1911. (Exemplarische Wagner-Vereinnahmung aus völkisch-antisemitischer Sicht.)

Schubert, Erich: Richard Wagners Beiträge zu den Bayreuther Blättern, Wien 1949 (Phil. Dissertation vom 21. Dez. 1949).

Schüler, Winfried: Der Bayreuther Kreis von seiner Entstehung bis zum Ausgang der wilhelminischen Ära. Wagnerkult und Wagnerreform im Geist völkischer Weltanschauung, Münster 1971.

See, Klaus von: Deutsche Germanen-Ideologie vom Humanismus bis zur Gegenwart, Frankfurt am Main 1970.

Seiferth, Werner P.: Richard Wagner in der DDR. Versuch einer Bilanz (Leipziger Beiträge zur Wagner-Forschung 4), Markkleeberg 2012.

Sendrey, Alfred: Musik in Alt-Israel, Leipzig 1970.

Shaw, George Bernard: Ein Wagner-Brevier, aus dem Englischen von Bruno Vondenhoff, Frankfurt am Main 1973.

Sieg, Ulrich: Deutschlands Prophet. Paul de Lagarde und die Ursprünge des modernen Antisemitismus. München 2007.

Sigismund, Volker L.: Ein unbehauster Prinz, Hamburg 1984.

Silbermann, Alphons: Der ungeliebte Jude. Zur Soziologie des Antisemitismus, Zürich 1981.

Silberner, Edmund: Sozialisten zur Judenfrage. Ein Beitrag zur Geschichte des Sozialismus vom Anfang des 18. Jahrhunderts bis 1914, Berlin 1962.

Söring, Jürgen: Wagner und Brecht. Zur Bestimmung des Musiktheaters, In: Wagner-Symp., S. 451–475.

Sorg, Bernhard: Zur literarischen Schopenhauer-Rezeption im 19. Jahrhundert, Heidelberg 1975.

Spitzemberg, Hildegard Baronin von: Das Tagebuch. Aufzeichnungen aus der Hofgesellschaft des Hohenzollernreiches, ausgewählt und herausgegeben von Rudolf Vierhaus, mit einem Vorwort von Peter Rassow, Göttingen, 3. Auflage 1963.

Spotts, Frederic: Bayreuth. Eine Geschichte der Wagner-Festspiele, München 1994.

Stefan, Paul: Die Feindschaft gegen Wagner, Regensburg 1914.

Stengel, Theo und Herbert Gerigk: Lexikon der Juden in der Musik, Berlin 1940. (Standardwerk antisemitischer Musikpolitik im Dritten Reich.)

Stern, Fritz: Kulturpessimismus als politische Gefahr. Eine Analyse nationaler Ideologie in Deutschland, Bern / Stuttgart 1963.

Sternfeld, R.: Richard Wagner und der heilige deutsche Krieg, Oldenburg o. J. ca. 1935

Strauss, Herbert A. und Norbert Kampe (Hrsgg.): Antisemitismus. Von der Judenfeindschaft zum Holocaust, Frankfurt am Main 1985.
Strauss, Herbert A. und Christian Hoffmann (Hrsgg.): Juden und Judentum in der Literatur, München 1985.
Tomenendal, Dominik: Die Wagners. Hüter des Hügels, Regensburg 2013.
Tröbes, Otto: Richard Wagner und deutsche Gegenwart, Frankfurt am Main 1934.
Ders.: Mit Richard Wagner ins Dritte Deutsche Reich, in: Offizieller Festspielführer 1938, hrsg. von Otto Strobel.
Umbach, Klaus: Richard Wagner. Ein deutsches Ärgernis, Reinbek 1982.
Uthmann, Jörg von: Doppelgänger, du bleicher Geselle. Zur Pathologie des deutsch-jüdischen Verhältnisses, Stuttgart 1976.
Vaget, Hans Rudolf: Germanistik und Wagner-Kritik, in: Orbis Litterarum (Zs.) 37/1982, S. 185–195.
Veltzke, Veit: Der Mythos des Erlösers. Wagners Traumwelten und die deutsche Gesellschaft 1871–1918, Stuttgart 2002.
Viereck, Peter: Hitler and Richard Wagner, in der amerikanischen Zs. „Common Sense" Nov./Dez. 1939, übersetzt und abgedruckt in: Musik-Konzepte 5. Richard Wagner. Wie antisemitisch darf ein Künstler sein?, hrsg. von H.-K. Metzger und R. Riehn, München 1981.
Voss, Egon: Richard Wagner, München 2013.
Voss, Egon: Wagner und kein Ende. Zürich / Mainz 1996.
Wagner, Cosima: Die Tagebücher, hrsg. und kommentiert von Martin-Gregor Dellin und Dietrich Mack (4 Bände), München / Zürich, 2., durchgesehene und im Anhang revidierte Auflage 1982.
Dies.: Das zweite Leben. Briefe und Aufzeichnungen 1883–1930, hrsg. von Dietrich Mack, München 1980.
Wagner, Friedelind: Nacht über Bayreuth. Die Geschichte der Enkelin Richard Wagners, Bern o.J. [1945].
Wagner, Gottfried: Wer nicht mit dem Wolf heult, Köln 1997.
Wagner, Nike: Wagner Theater, Frankfurt am Main und Leipzig 1998.
Wagner, Richard an Mathilde Wesendonck. Tagebuchblätter und Briefe 1853–1871, hrsg. von Wolfgang Golther, 7. Auflage, Berlin 1904.
Ders.: Gesammelte Schriften und Dichtungen in zehn Bänden, hrsg. von Wolfgang Golther, Berlin / Leipzig / Wien / Stuttgart o.J.
Ders.: Gesammelte Schriften (14 Bände), hrsg. von Julius Kapp, Leipzig o.J.
Ders.: Mein Leben. Einzige vollst. Ausgabe, hrsg. von Martin Gregor-Dellin, München 1963.
Ders.: Das braune Buch. Hrsg. und kommentiert von Joachim Bergfeld, Zürich/ Freiburg 1975.
Ders.: Sämtliche Briefe, herausgegeben im Auftrag der Richard-Wagner-Stiftung Bayreuth von Gertrud Strobel und Werner Wolf, Hans Joachim Bauer und Johannes Forner, Leipzig 1967–1991, danach von Martin Dürr,

Literaturverzeichnis

Margret Jestremski und Andreas Mielke, Wiesbaden / Leipzig / Paris bis Bd. 22.
Ders.: Sämtliche Werke. Bd. 31, Dokumente und Texte zu unvollendeten Bühnenwerken, hrsg. von Isolde Vetter und Egon Voss, Mainz 2005.
Ders.: Familienbriefe, hrsg. von C. Fr. Glasenapp, Berlin 1907.
Wagner, Richard an seine Künstler. Bayreuther Briefe Bd. 2, hrsg. von Erich Kloss, Berlin / Leipzig 1908.
Ders.: Die Briefe an Judith Gautier, hrsg. von Willi Schuh, Zürich/Leipzig 1936.
Wagner, Richard und König Ludwig II. Briefwechsel, hrsg. vom Wittelsbacher Ausgleichsfond und von Winifred Wagner, bearbeitet von Otto Strobel, Karlsruhe 1936.
Ders.: Briefe, ausgewählt, eingeleitet und kommentiert von Hanjo Kesting, München 1983.
Wagner, Richard und Franz Liszt: Briefwechsel, hrsg. und eingeleitet von Hanjo Kesting, Frankfurt am Main 1988.
Wagner, Wieland: Richard Wagner und das neue Bayreuth, München 1962.
Wagner, Wolfgang: Lebens-Akte, München 1994.
Walther, Siegfried: Frau Cosima Wagner. Studie eines Lebens, Stuttgart 1930.
Wapnewski, Peter: Cosima Wagner und Cosimas Wagner, in: Merkur, Heft 2/ 1977, S. 130–144.
Ders.: Der Ring des Nibelungen. Richard Wagners Weltendrama, München 1995, wiederveröffentlicht als ungekürzte, korrigierte und verbesserte Taschenbuchausgabe, München 1998.
Ders.: Der traurige Gott. Richard Wagner in seinen Helden, München 1978.
Ders.: Mit dem anderen Auge. Erinnerungen 1922–1959, Berlin 2005; Erinnerungen 1959–2000, Berlin 2006, darin: „Mein Wagner", S. 85–101.
Ders.: Richard Wagner – Die Szene und ihr Meister, München 1978.
Ders.: Tristan der Held Richard Wagners, Berlin 1981.
Ders.: Richard Wagner – Das Werk II, die einzelnen Werke, in: Wagner-Handb., S. 223–353.
Ders.: Liebestod und Götternot. Zum Tristan und zum Ring des Nibelungen, Berlin 1988.
Ders.: Thomas Mann und München, Frankfurt/Main 1989.
Ders.: Weisst du wie das wird ...? Richard Wagner: Der Ring des Nibelungen, München 1995.
Weber, Solveig: Das Bild Richard Wagners. Ikonographische Bestandsaufnahme eines Künstlerkultes. 2 Bände, Mainz 1993.
Weiner, Marc A.: Richard Wagner and the Anti-Semitic Imagination, Lincoln / London 1997. (Deutsche Ausgabe: Weiner, Marc A.: Antisemitische Fantasien. Die Musikdramen Richard Wagners, Berlin 2000.)
Wessling, Berndt W.: Bayreuth im Dritten Reich. Richard Wagners politische Erben, Weinheim / Basel 1983.

Westernhagen, Curt von: Richard Wagners Kampf gegen seelische Fremdherrschaft, München 1935. („Vornehm"-nationalsozialistisch inspirierte Wagner-Deutung des späteren Wagner-Biographen).)

Ders.: Richard Wagner. Sein Werk – sein Wesen – seine Welt, Zürich 1956.

Wille, Eliza: Erinnerungen an Richard Wagner, 4. Ausgabe Zürich 1982.

Windell, G. G.: Hitler, Nationalsozialism and Richard Wagner, in: (Zs.) Journal of Central European Affairs, Jg. 22, 1962/1963, S. 479 ff.

Wininger, Salomon: Große Jüdische Nationalbiographie, Czernowitz 1925.

Wistrich, R. S.: Antisemitism as an ideology in the 19th century, in: Jerusalem Quarterly Nr. 28, Summer 1983.

Wulf, Joseph: Kultur im Dritten Reich. Eine Dokumentation, Bd. 5: Musik im Dritten Reich, Berlin / Frankfurt a. M. 1982, Neuausgabe 1989.

Zelinsky, Hartmut: Richard Wagner. Ein deutsches Thema, 1876–1976, Frankfurt am Main 1976.

Ders.: Die „feuerkur" des Richard Wagner oder die „neue religion" der „Erlösung" durch „Vernichtung", in: Musik-Konzepte 5. Wie antisemitisch darf ein Künstler sein?, hrsg. von H.-K. Metzger und R. Riehn, München 1978.

Ders./Klaus Umbach: Zu schönen Klängen eine brutale Ideologie, Gespräch im Spiegel Nr. 29 vom 19. 7. 1982 über „Parsifal" und die Folgen.

Ders.: Rettung ins Ungenaue. Zu Martin Gregor-Dellins Wagner-Biographie, in: Musik-Konzepte 25. Richard Wagner. Parsifal, hrsg. von H.-K. Metzger und R. Riehn, München 1982.

Ders.: Der Tod als Gralsgebiet. Hermann Levy und Bayreuth, Teil I, in: (Zs.) Phono-Forum, Juli 1985, S. 20.

Ders.: Die deutsche Losung Siegfried oder die innere Notwendigkeit des Judenfluches im Werk Richard Wagners, in: Udo Bermbach: In den Trümmern der eignen Welt. Richard Wagners „Der Ring des Nibelungen", Berlin 1989.

Zimmermann, Reiner: Giacomo Meyerbeer. Eine Biographie nach Dokumenten, Berlin 1998.

Zoltai, Dénes: Wagner hier et aujourd'hui, in: (Zs.) Neohelicon IX/1 (1982).

Zuckermann, Moshe: Die Ideologie Richard Wagners als politisches Paradigma Deutschlands, in: Jb. d. Instituts f. Dt. Geschichte Bd. 13, Tel Aviv 1984, S. 179–212.

Zweig, Arnold: Bilanz der deutschen Judenheit 1933. Ein Versuch, Amsterdam 1934.

Register

der Personennamen, Begriffe, Dramatis personae und Werktitel (diese sind in Bildungen mit Artikel unter dem ersten Nomen verzeichnet, also „Das Judentum in der Musik" unter „J"). Das Register bezieht sich auf den Haupttext und die Fußnoten.

Adamy, Jakob 63
Adelaida, Maria 170, 202
Adler, Guido 202
Adler, Israel 188
Adler, J(acques) 202
Adorno, Thedor W. 19, 33, 37, 38, 41, 47, 48, 50, 92, 93, 98, 170, 172–175, 186, 202, 204, 207, 208
Agoult, Marie Gräfin d' 63
Ahasverus 94, 96, 106, 195
Ahlwardt, Hermann 202
Aischylos 190
Alberich 46, 47, 87, 96, 97, 99
Altgeld, Wolfgang 202
Althaus, Horst 202
Amfortas 106–109, 111
Apel, Theodor 8
Arndt, Ernst Moritz 122
Arnoldi, Bischof (zu Trier) 116
Arnswald, Werner Konstantin von 178, 202
Auerbach, Berthold 127, 186

Bach, Johann Sebastian 19, 164
Bahr, Hermann 171, 202
Bakunin, Michail 42, 97, 209
Balzac, Honoré de 127, 136
Barrès, Maurice 8
Barth, Henrik 170, 171, 202
Barth, Herbert 170, 171, 202
Bartoli Bacherini, Maria A. 170, 202
Batka, Richard 173, 202

Battenberg, Friedrich 193, 203
Bauer, Bruno 116, 136
Bauer-Lechner, Natalie 99, 203
Bayer, Batya 188
Becker, Heinz und Gudrun 193, 203
Beckmesser, Sixtus 46, 47, 100–104
Beethoven, Ludwig van 19, 135, 164
Beidler, Franz 49, 176, 203
Bekker, Paul 27, 28, 31, 45, 46, 98, 171, 175, 188, 203
Benjamin, Walter 38
Berl, Heinrich 188, 203
Berlioz, Hector 136
Bermbach, Udo 17, 185, 187, 188, 203, 217
Bernsdorf, Eduard 194
Bethmann, Johann Philipp 63
Bethmann, Schimsche Naphtali 62, 63, 179
Bethmann, Simon Moritz 62, 63, 178
Bischoff, Prof. 194
Bismarck, Otto Fürst von 17, 83, 148, 165, 172, 210, 213
Bleichröder, Curt von 150
Bloch, Ernst 163, 199, 204
Blumenmädchen 108
Böckel, Otto 126, 129
Börne, Ludwig 139–141
Borchmeyer, Dieter 7, 96, 105, 106, 127, 169, 175, 187–190, 192, 203, 204
Bournot, Otto 61, 178, 204
Brahma 93, 117, 118

„Das Braune Buch" 53, 113, 189, 190, 215
Bruckner, Anton 19, 164
Brünnhilde 100
Bry, Carl Christian 190, 204
Buddha 87, 111, 117–119, 146
Büchner, Georg 95
Bülow, Daniela von 155
Bülow, Hans von 69
Bußmann, Maria Elisabeth 63
Bußmann, Walter 63, 174, 180, 213
Buxtehude, Dietrich 19
Byron, George Gordon Noel, Lord 186

Cadenbach, Rainer 173, 204
Chamberlain, Houston Stewart 30, 49, 129, 151, 155–159, 166, 168, 171, 198, 204, 206, 212
Chateaubriand, François René Vicomte de 127
Cohn, Gustav 177, 182
Constantin von Sachsen-Weimar 58, 59
Cornelius, Peter 73
Craig, Gordon 44, 175, 204
Creuzer, Georg Friedrich 118
Czerski, Joh. 117

Dahlhaus, Carl 103, 104, 106, 112, 113, 186, 188–190, 205, 211
Dahn, Felix 127
Danuser, Hermann 188
Darwin, Charles 127, 129, 145
Deathridge, John 23, 170, 171
Deutsch-Katholiken 116
Dickens, Charles 128
Dingelstedt, Franz Freiherr von 128
Dinter, Arthur 126
Disraeli, Benjamin, Earl of Beaconsfield 128
Don Juan 96
Dreimüller, Kamillus 13

Dühring, Eugen 12, 86, 126, 129, 141, 191, 204
Dümling, Albrecht 170, 205
Dumas, Alexandre 186

Eger, Manfred 13, 173, 200, 205
Eichenauer, Richard 199, 205
„Ein Ende in Paris" 119
„Eine Mitteilung an meine Freunde" 94, 100, 186
Engel de Jánosi, Josef 46, 171, 175, 205
Engels, Friedrich 96, 187, 194, 210
„Erkenne dich selbst" 74, 84, 97, 144, 149, 195, 196
Eulenburg und Hertefeld, Philipp Fürst zu 157, 198, 205
Eva 103

Faust 18, 96
Fest, Joachim C. 180, 199
Feuerbach, Ludwig 42, 97, 116, 128, 135
Fichte, Johann Gottlieb 122
Fischer, Günter 13
Flavigny, Vicomte de 63
„Der Fliegende Holländer" 46–48, 94–96, 141, 185, 187, 195
Förster, Bernhard 83, 123, 155
Fontane, Theodor 128
Frank, Manfred 200, 206
Frankenstein, Ludwig 170, 206
Freigedank, R. 171, 193
Freud, Sigmund 15, 170, 183, 206
Freudenthal-Nürnberg, Max 177, 206
Freytag, Gustav 90, 123, 124, 127, 186, 206
Friedmann (Rabbi) 145
Friedrich, Sven 188, 206
Friedrich II., König von Preußen 17
Friedrich Wilhelm II., König von Preußen 156, 158, 172, 192, 195, 197, 212, 214

Register

Friedrich Wilhelm III., König von Preußen 122
Fries, Jakob Friedrich 123, 206
Fritsch, Theodor 126, 155
Fuhrmann, Wolfgang 187

Ganzer, Karl Richard 172, 206
Gautier, Judith 107, 189, 216
Gautier, Théophile 107
Gay, Peter 18, 20, 79, 170, 183, 206
Geyer, Ludwig 37, 39, 59–61, 173, 178, 180, 203, 204
Girth, Peter 170, 205
Glasenapp, Carl Friedrich 47, 60, 72, 175, 178, 182, 206, 216
Gluck, Christoph Willibald 193
Gobineau, Joseph Arthur Comte de 42, 78, 85, 86, 110–112, 149–153, 155, 183, 188
Goedsche, Hermann (alias Sir John Retcliffe) 127
Görres, Joseph 118
Goethe, Johann Wolfgang von 18, 19, 29, 164, 186
Gogol, Nikolaj 128
Golther, Wolfgang 165, 201, 206, 215
Goncourt, Edmond und Jules de 127
Gott 46, 73, 83, 84, 87, 97, 108, 109, 113, 114, 116, 118, 122, 134, 136, 154, 155, 164, 170, 188, 200, 206, 216
Gradenwitz, Peter 39, 62, 174, 178, 179, 206
Graml, Hermann 124, 127, 191, 192, 206
Gregor-Dellin, Martin 8, 34, 35, 38, 59, 65, 161, 173, 174, 177, 178, 190, 191, 204, 206, 207, 215, 217
Greive, Hermann 44, 171, 174, 192, 193, 202, 207
Grunsky, Karl 155, 161, 172, 199, 203, 207
Gutman, M. 174
Gutman, Robert 38, 47, 62, 63, 172–176, 178, 189, 207

Händel, Georg Friedrich 193
Hagen 46, 99
Halévy, Jacques Fromental 39, 82, 90, 103, 174
Hamlet 96
Hanisch, Ernst 198, 207
Hanslick, Eduard 100–102, 155, 188, 197, 207
Hardenberg, Karl August Fürst von 122, 130
Harmelin, Wilhelm 177, 207
Hartenstein, Johannes 177
Hauff, Wilhelm 186
Haug 184
Hegel, Georg Wilhelm Friedrich 17, 92, 209
Heidegger, Martin 15
Heine, Ferdinand 134
Heine, Heinrich 8, 94, 107, 131, 134, 136, 139, 186, 195, 207, 210
Heinse, Wilhelm 42
„Heldentum und Christentum" 85, 144, 151, 195, 197
Henrici, Ernst 129
Herakles 151
Herodias 106, 107
Herwegh, Georg 128
Heym, Stefan 186
Heymel, Hans Gerhard 195, 207
Heyse, Paul 186
Hitler, Adolf 7, 8, 10, 12, 16, 17, 19, 20, 22–25, 28–30, 39, 42, 48–52, 55, 89, 126, 128–130, 155, 158–162, 164–168, 170, 172, 175, 176, 178, 186, 199, 200, 204–208, 210–213, 215, 217
Hoffmann, E. T. A. 19
Holländer, der 46, 47, 94–96, 141, 185, 187, 195
Horch, Hans Otto 192, 207
Hugo, Victor 127
Humboldt, Wilhelm von 122
Hunding 46, 97, 99
Hundt-Radowsky, Hartwig von 122

Idelsohn, A. Z. 188, 208

Jacobsohn 188
Jahn, Friedrich Ludwig 122
Jehova 145
Jesus (Christus, Heiland) 67, 72, 85, 86, 94, 105, 106, 108–110, 112, 113, 115, 119, 152, 154, 158
„Jesus von Nazareth" 87, 112, 119
„Das Judentum in der Musik" (Judenbroschüre) 15, 24–26, 31, 32, 40, 42, 45, 64, 74, 76–78, 80, 82, 83, 90, 100, 120, 121, 130, 131, 135, 142, 149, 153, 171, 174, 180, 188, 193–195, 203, 204, 208
Jung, Hans Rudolf 184, 208
Jungfrau von Orléans 113

Kampmann, Wanda 44, 175, 208
Kapp, Julius 37, 173, 182, 195, 208, 215
Karbaum, Michael 167, 176, 200, 208
Kastner, Emerich 170, 208
(Katholische) Kirche 61, 113, 117, 148
Katz, Jacob 11, 13, 20, 40, 44, 48, 61, 128, 140, 142, 167–171, 174, 176, 178, 191, 192, 194, 195, 200, 208
Katz, Ruth 188
Klein, Richard 174, 208
Klindworth, Karl 198
Klingsor 46, 105, 106, 108–110, 190, 212
Kneif, Tibor 208
Köhler, Joachim 19, 164, 168, 170, 199, 200, 208
Kohut, Adolf 179, 209
Kolland, Hubert 162, 199
Kowarik, Ingo 13
Kreckel, Manfred 184, 208
Kröplin, Eckart 187, 209
Kuby, Erich 47, 50, 158, 172, 175, 176, 198, 209
Kühnel, Jürgen 144, 195, 197
Küng, Hans 109, 190, 209
„Das Künstlertum der Zukunft" 135

Kundry 46, 47, 96, 105–109, 195
„Die Kunst und die Revolution" 43, 119, 134, 194, 208
„Das Kunstwerk der Zukunft" 119, 135, 146, 147, 194

Lagarde, Paul de 12, 86, 125, 129, 141, 155, 191, 209, 214
Lang, J. 171, 209
Langbehn, Julius 126, 129
Lange, Walter 178, 209
Laube, Heinrich 128
Lenau, Nikolaus 95, 186
Lessing, Theodor 173, 209
Levi, Hermann 32, 68, 81, 83, 84, 103, 154
Levin, Walter 12, 13
Levy, Alphons 177, 209
Lewandowski, Louis 188
Liebenfels, Jörg Lanz von (alias Adolf Lanz) 192
„Das Liebesmahl der Apostel" 119
Liefmann, Else 94, 187, 209
Lienhardt, Friedrich 186
Liszt, Franz 18, 19, 62, 63, 68, 76, 77, 84, 132, 136, 137, 142, 183, 184, 193, 194, 203, 208, 209, 213, 216
Loge 46, 97, 99
„Lohengrin" 161
Loos, Paul Arthur 30, 119, 172, 173, 190, 191, 210
Lucas, Lore 16, 169, 210
Ludwig II., König von Bayern 185, 216
Luther, Martin 17, 175, 214

Mack, Dietrich 170, 174, 203, 210, 215
Mahler, Gustav 99, 204
Mann, Thomas 37, 49, 50, 89, 128, 173, 175, 185–187, 200, 210, 216
Marcuse, Ludwig 50, 51, 172, 176, 210
Marek, George R. 180, 210
Marr, Wilhelm 123, 127, 130, 169

Marx, Karl 15, 78, 82, 97, 134–136, 149, 150, 175, 187, 194, 210, 214
Massing, Paul 192, 210
Maupassant, Guy de 127
Mayer, Hans 15, 40–42, 174, 176, 187, 210
„Die Meistersinger von Nürnberg" 47, 100–102, 104, 114, 161–163, 175, 185, 187, 204, 206
Mendelssohn-Bartholdy, Felix 35, 39, 40, 83, 120, 133, 137–139, 180, 183, 204, 208, 210
Mendès, Catulle 107
Metternich, Klemens Wenzel Fürst von 122
Metzger, Heinz-Klaus 51, 172, 174, 176, 210, 215, 217
Mewes, Emil Rudolf 167
Meyer, Oscar 32, 172, 211
Meyerbeer, Giacomo 8, 35, 39, 40, 90, 114, 120, 131–134, 137–139, 141, 180, 193, 203, 204, 212, 217
Miller, Norbert 13
Mime 46, 47, 87, 97, 99, 138
„Modern" 145, 195
Mommsen, Theodor 25, 171
Monod, Gabriel 32
Monsques, Philipp, Bischof von Tournai 94
Moritz, Herzog von Sachsen 57
Mork, Andrea 199, 200, 211
Motte, Helga de la 186, 211
Mottl, Felix 72, 154, 191
Moulin-Eckart, Richard du 180, 211
Mozart, Wolfgang Amadeus 19, 164, 193
Muchanoff-Kalergis, Marie 74, 171
Müller, Ulrich 13, 15, 169, 197, 199, 204, 211

Napoleon Bonaparte 59, 121
Nathan (der Weise) 183
Neufeld, Siegbert 177, 211

Neumann, Angelo 151, 197, 211
Newman, Ernest 32, 37, 49, 60, 68, 172, 173, 176, 178, 180, 211
Niemeyer, Christian 11, 211
Nietzsche, Friedrich 8, 11, 15, 18, 19, 29, 31, 36, 37, 59, 61, 68, 75, 88, 92, 108, 114, 118, 144, 155, 157, 164, 168, 173, 185, 189–191, 197, 198, 205, 208, 209, 211, 212
Novalis 119
Nowak, Adolf 92, 186, 211

Odysseus 94
Oesterlein, Nikolaus 170, 171, 212
Oldenberg, Hermann 118
Offenbach, Jacques 8, 138, 139, 170
„Oper und Drama" 43, 135

Paasch, Karl 128
Pachl, Peter 160, 199, 212
Pätz, Johanna Rosine 56, 58
Panofsky, Walter 32, 172, 174, 212
„Parsifal" 17, 43, 46, 47, 51, 68, 73, 75, 83, 86, 92, 96, 104–115, 119, 146–149, 152–154, 158, 166, 169, 174, 175, 179, 183–186, 189, 190, 195, 200, 204, 205, 209, 211, 212, 217
Patersi de Fossombroni, Madame 69
Paucker, Pauline 192
Peil, Peter 195, 198, 210
Porges, Heinrich 67
Pott, Prof. 85
Prieberg, Fred K. 200, 212
Proudhon, Pierre-Joseph 42, 97, 135, 184, 221
„Publikum und Popularität" 112, 145, 147, 195, 196
Puhle, Hans Jürgen 142, 192, 195, 212
Pulzer, Peter G. J. 192

Quinet, Edgar 127

Raabe, Peter 199, 212
Raabe, Wilhelm 127
Raff, Joachim 171, 212
Rauschning, Hermann 172, 176, 212
Rée, Paul 68
Religion 34, 42, 43, 57, 63, 64, 71–73, 82, 84, 85, 91, 92, 105, 111, 114–116, 118, 119, 132, 134, 144, 146–149, 154, 156, 158, 174–176, 179, 180, 186, 187, 189–191, 196, 204, 211, 217
„Religion und Kunst" 111, 115, 119, 147–149, 195, 196
Reuter, Fritz 127
Rheintöchter 87
Richter, Dieter 110, 190, 212
Riehn, Reiner 51, 210
„Rienzi" 164
„Der Ring des Nibelungen" 46–48, 89, 96–103, 114, 135, 149, 175, 179, 185, 187, 203, 210, 216, 217
Risches 32, 83
Ritter, Karl 193
Ronge, Johannes 116
Rose, Paul Lawrence 17, 48, 88, 168, 170, 176, 177, 185, 200, 212
Rosenberg, Alfred 48, 129, 155, 158, 198, 213
Rubinstein, Josef 32, 68, 83

Sachs, Hans 100, 101, 103, 146
Sayn-Wittgenstein, Carolyne Fürstin von 84, 183
Scheel, Walter 7, 169, 213
Scheffler, Siegfried 166
Schemann, Ludwig 30, 129, 155
Schering, Arnold 19
Schieder, Theodor 174, 179, 213
Schiller, Friedrich von 146, 164
Schilling, Hans 199
Schlegel, Friedrich 119
Schlesinger, Moritz 136, 138
Schmidt, Julian 26, 171
Schmitz, Eugen 199, 213

Schnebel, Dieter 93, 111, 186, 190
Schönberg, Arnold 39, 178
Schopenhauer, Arthur 42, 87, 94, 95, 106, 111, 113, 114, 117–119, 146–149, 156, 187, 191, 209, 213
Schottlaender, Rudolf 47, 175, 176, 214
Schroeder, Leopold von 30
Schubert, Erich 43, 174, 195, 214
Schüler, Winfried 155, 172, 197, 198, 214
Schütz, Heinrich 19
Schuler, Alfred 192
Sendrey, Alfred 188, 214
Shaw, George Bernard 96, 97, 187, 214
Shelley, Percy Bysshe 186
„Die Sieger" 119
Siegfried 51, 185, 217
Sigismund, Volker L. 99, 178, 214
Silberner, Edmund 185, 194, 214
Söring, Jürgen 214
Sonnenberg, Max Liebermann von 123
Spitzemberg, Hildegard Freifrau von 156, 198, 214
Stein, Heinrich von 30, 155, 182
Stirner, Max 97, 135
Stoecker, Adolf 123, 129, 142
Stolzing, Walther von 103, 104
Straus, Walter A. 192
Strauss, David Friedrich 116
Strindberg, August 186
Sue, Eugène 95, 127, 186
Sventsen, Johan 84

„Tannhäuser und der Sängerkrieg auf der Wartburg" 100, 101
Tausig, Karl 32, 83
Thackeray, William Makepeace 128
Thode, Henry 155
Tieck, Ludwig 119
Treitschke, Heinrich von 86, 125, 129, 141

Register

„Tristan und Isolde" 47, 100, 112, 114, 139, 175, 189, 190, 202, 216
Tröbes, Otto 199, 215

„Über das Weibliche im Menschen" 197
„Über den Standpunkt der Musik Meyerbeers" 193
Uhlig, Theodor 194
Umbach, Klaus 51, 176, 186, 215, 217

Vaget, Hans R. 188, 215
Vetter, Isolde 169, 216
Viereck, Peter 32, 49, 89, 172, 176, 215
Vigny, Alfred de 127
Voss, Egon 169, 203, 205, 215, 216

Wackenroder, Heinrich 118
Wagner, Albert 178
Wagner, Cäcilie 60, 178
Wagner, Carl Friedrich Wilhelm 56, 58, 59, 61, 178
Wagner, Eva 156
Wagner, Friedelind 199, 215
Wagner, Gottfried 20, 170, 215
Wagner, Gottlob Friedrich 58
Wagner, Johanna Rosine (geb. Pätz) 56, 58, 59
Wagner, Samuel 58
Wagner, Siegfried 60, 71, 72, 155, 159, 160, 166, 180, 198, 199, 212
Wagner, Winifred 8, 22, 30, 54, 159, 160, 164, 166, 185, 198, 200, 206, 207, 216

Wapnewski, Peter 13, 21, 104, 105, 112, 170, 180, 185, 188–190, 197, 204, 207, 211, 216
„Was nützt diese Erkenntnis?" 149, 195, 196
Wessling, Berndt 51, 176, 216
Westernhagen, Curt von 31, 172, 178, 217
„Wie verhalten sich republikanische Bestrebungen dem Königtum gegenüber?" 195
Wilhelm Prinz von Preußen 157
Wilhelm II., Kaiser von Preußen 157, 158, 172, 192, 195, 197, 212, 214
Windell, George G. 47, 172, 175, 217
Wininger, S. (Salomon) 179, 215
„Wollen wir hoffen" 146, 147, 195, 196
Wolzogen, Hans Paul Freiherr von 30, 112, 143, 155
Wotan 99
Wulf, Joseph 200, 215

Zelinsky, Hartmut 17, 27, 33, 38, 42–45, 47, 50–52, 64, 73, 77, 86, 88, 90–93, 98, 99, 104, 105, 108–110, 112–115, 119, 132, 161, 164, 167, 168, 172–176, 180, 185–191, 193, 199, 216
Zimmermann, Moshe 24, 171
Zola, Émile 127
Zoltai, Dénes 13, 52, 177, 217
Zuckermann, Moshe 51, 176, 217